大学院に合格できる！

研究計画書
書き方実践講座

青山IGC学院　学院長
工藤美知尋
Michihiro Kudo

ダイヤモンド社

大学院に合格できる!
研究計画書
書き方実践講座

はじめに

　2013年の『日経キャリアマガジンVol.2』の特集「社会人の大学院ランキング2014」によれば、日本国内でのMBA（経営学修士）の倍率は2.5〜3倍といったところのようです。
　1978年に初めて設けられた国内のMBAは、北は小樽商科大学大学院から南は九州地方の大学院まで、実に60数校を数えるまでに増えました。高度の専門知識を仕入れてその道の専門家になろうと志している方にとって、選択の幅が広がることは望ましいことです。
　さて、一般に大学院の試験は、秋季（9〜11月）と春季（1月末〜2月）の2回にわたって行なわれます。いずれの日程の場合も、その1カ月以上前には、受験に必要な研究計画書（調書）、志望理由書、（自己）推薦書などを大学院側に提出しなければなりません。
　なかでも大学院入試が大学入試と一番違う点はおそらく、この研究計画書なるものの存在の有無でしょう。研究計画書は、大学院入試の願書提出の際、必ず課せられています。この研究計画書の出来・不出来が大学院入試の合否に大きく関係してくるのですから、受験生にとっては決して侮ることのできない、最大の難関となります。
　それでは、大学院入試で合格できるレベルの研究計画書を仕上げるためにはどうすればよいのでしょうか？　本書を手にとってくださったあなたも、もしかしたら研究計画書の書き方について悩んでいる最中かもしれません。
　研究計画書を書くにあたっては、いくつかのポイントがあります。まず、(1)**どんなテーマ**で、(2)**どのような分析方法**を使って研究するかを必ず記すこと。さらに、(3)**研究の狙い**、あるいは**期待される成果**、(4)**仮説に対する実証**、などについても記述しなければなりません。またこのほかにも、受験する大学院の研究内容によっては(5)**その後のキャリアにどのようにつながるのか**（つなげようとするのか）、(6)**あなたがどのような点で大学院に貢献できるのか**、についても記述を求

められる場合があります。

　ざっと要点を並べただけでもこれだけの項目が挙げられるわけですが、問題は、それらの要素をどのように構成すれば合格につながるクオリティの高い研究計画書に仕上がるのか、ということです。その疑問に、明快かつ具体的に答えてくれるガイドブックが欲しい——そうした大学院受験者の声を受けて編んだのが、この『大学院に合格できる！　研究計画書書き方実践講座』です。

　私は1992年から20年以上にわたり、東京にある青山IGC学院の学院長を務めています。本学院は日本初の大学院入試向け予備校として開校し、社会人・大学院入試ではこれまで延べ3,500名以上の合格者を輩出してきました。彼らのなかには人気校の褒賞を受賞するほどの成績優秀者や奨学金受賞者も多数おり、大学院修了後もそれぞれのフィールドで大いに活躍しています。大学院予備校第1位に認定される（吉元聡太郎＆資格試験研究会編『資格の取れる専門学校・ダメな専門学校』エール出版社、2000年）など、実績を高く評価していただいているのは光栄なことです。

　本書は、長年にわたり実績を上げてきた青山IGC学院の方法論と合格実績をもとに、「本当に役立つ、実践的な大学院受験対策」の秘訣をお教えするものです。

　第1章では、大学院入試の概要について説明します。大学院入試に必要なものは何か、準備はどうすればいいのかなどを解説しますので概要をつかんでください。

　続く第2章で、研究計画書の書き方について具体的にレクチャーを行ないます。合格できる研究計画書を作成するには、研究テーマに対する問題意識が必要不可欠です。その問題意識をどう醸成するか、知見をどのように深めるかについて、詳しく解説しました。

　第3章から第5章では、青山IGC学院の卒業生のご協力を得て、さまざまな大学院に合格した研究計画書を掲載し、特に優れた点、受験生が参考にすべき点を具体的に指摘しています。ご協力くださいました元学院生の皆様方に、心から感謝申し上げます。

研究計画書をどのように書けばよいかと悩んでいる方にとっては、喉から手が出るほど欲しい本に仕上がったと確信しています。第2章で紹介する方法を身につけながら、合格者の研究計画書のサンプルを参考にすれば、きっとあなたにも合格レベルの研究計画書が書けることでしょう。

　大学院に進みたいと考えている社会人にとっては、仕事とどう両立するか、学費をどう工面するかなどについて大いに悩まれることでしょう。そのような読者のために、巻末付録では現役大学院生および修了者のインタビューを掲載しています。大学院生活を送ってきた先輩たちが、こうした問題をどのように乗り越えてきたかを率直に語っていますので、大いに参考になるはずです。

　「小手先の指導で合格を目指すのではなく、各自が真剣に人生観を練り、大学院で必要な基礎学力や教養を身につける」。これは、青山IGC学院の受験指導において最も大切にしているモットーです。本書では、「研究計画書の書き方」についてはもちろんですが、受験者が押さえておくべきポイントを総合的にお伝えすることで、大学院合格を目指すあなたの背中を力強く後押しできればと願っています。

青山IGC学院　学院長
工藤　美知尋

はじめに ……………………………………………………………………… 003

第Ⅰ部　なぜ研究計画書が大事なのか

第1章　まだまだ志願者は高止まり！大学院進学最新事情

1. 社会人による大学院進学の多くはMBA志望 …………………… 013
2. 仕事と両立できる夜間開講制大学院に人気が集中 …………… 014
3. 大学院を選ぶ際に押さえておきたい7つのポイント ………… 015
　Column　入学説明会参加のススメ ……………………………… 018
4. 大学院入試の準備 …………………………………………………… 018
5. 研究計画書について ………………………………………………… 019

第2章　研究テーマが見つからない人でも書ける！青山IGC流　研究計画書の書き方実践講座

1. 優れた研究計画書は問題意識から導き出される ……………… 021
2. 社説を要約して、自分の関心と向き合う ……………………… 022
　Column　「解説記事」でさらに理解を深める …………………… 024
3. 書籍で問題意識を明確にする …………………………………… 025
4. 研究計画書の作成 ………………………………………………… 027
　Column　専門事典で問題の概要を知る ………………………… 029
5. 研究計画書でよくある失敗 ……………………………………… 029
6. 論文を要約して教養を身につける ……………………………… 030
7. 大学院志願者なら誰でも知っておきたいテーマ ……………… 032
　【 1 】近代化の概念 ……………………………………………… 032
　【 2 】日本の近代化 ……………………………………………… 034
　【 3 】中流の崩壊 ………………………………………………… 038
　【 4 】大衆社会──他人指向社会 ……………………………… 040
　【 5 】国民の知る権利 …………………………………………… 042
　【 6 】吉田ドクトリン …………………………………………… 045
　【 7 】文明の衝突 ………………………………………………… 047
　【 8 】IT革命の意義 ……………………………………………… 049

【 9 】アメリカニズム……051
　　【10】グローバリゼーション……053
　　【11】2020年開催の東京オリンピック効果……054
　　【12】ニューディール政策とアベノミクス……056
　　【13】TPP（環太平洋経済連携協定）の意義……058
8. MBA志望者ならぜひ知っておきたいテーマ……060
　　【 1 】日本的経営……060
　　【 2 】デフレーション……063
　　【 3 】コーポレート・ガバナンス……064

第Ⅱ部　すべて合格実例！　研究計画書合格サンプル

第3章　夜間開講制MBA合格実例集

　　【 1 】早稲田大学大学院商学研究科専門職学位課程ビジネス専攻　O・S……070
　　【 2 】早稲田大学大学院商学研究科専門職学位課程ビジネス専攻　S・M……076
　　【 3 】早稲田大学大学院商学研究科専門職学位課程ビジネス専攻　K・T……081
　　【 4 】早稲田大学大学院商学研究科専門職学位課程ビジネス専攻　N・M……086
　　【 5 】早稲田大学大学院商学研究科専門職学位課程ビジネス専攻　O・T……092
　　【 6 】早稲田大学大学院商学研究科専門職学位課程ビジネス専攻　Y・M……095
　　【 7 】早稲田大学大学院商学研究科専門職学位課程ビジネス専攻
　　　　　　　　　　　　　　　　　　　　　　　　　　吉村真佐子……099
　　【 8 】早稲田大学大学院商学研究科専門職学位課程ビジネス専攻　N・K……103
　　【 9 】早稲田大学大学院商学研究科専門職学位課程ビジネス専攻　R・M……107
　　Column　早稲田大学大学院……109
　　【10】筑波大学大学院ビジネス科学研究科経営システム科学専攻　U・T……110
　　【11】筑波大学大学院ビジネス科学研究科経営システム科学専攻　T・H……123
　　【12】筑波大学大学院ビジネス科学研究科経営システム科学専攻　F・H……137
　　【13】筑波大学大学院ビジネス科学研究科経営システム科学専攻　I・Y……155
　　【14】筑波大学大学院ビジネス科学研究科経営システム科学専攻　M・M……167
　　Column　筑波大学大学院……179
　　【15】中央大学大学院戦略経営研究科戦略経営専攻　M・T……180

第4章　全日制MBA合格実例集

　　【16】慶應義塾大学大学院経営管理研究科経営管理専攻　A・Y……188

【17】慶應義塾大学大学院経営管理研究科経営管理専攻　S・K　195
【18】慶應義塾大学大学院経営管理研究科経営管理専攻　S・Y　201
Column　慶應義塾大学大学院　208
【19】一橋大学大学院商学研究科経営学修士コース　H・T　209
【20】一橋大学大学院商学研究科経営学修士コース　B・N　213
【21】一橋大学大学院商学研究科経営学修士コース　Y・K　216
【22】一橋大学大学院商学研究科経営学修士コース　T・D　220
Column　一橋大学大学院　225
【23】立教大学大学院ビジネスデザイン研究科　N・S　226
Column　立教大学大学院　234
【24】法政大学専門職大学院イノベーション・マネジメント研究科
　　　　　　　　イノベーション・マネジメント専攻　O・Y　235

第5章　その他大学院　合格実例集

【25】筑波大学大学院ビジネス科学研究科企業法学専攻　I・K　240
【26】筑波大学大学院ビジネス科学研究科企業法学専攻　A・R　247
【27】青山学院大学大学院会計プロフェッション研究科
　　　　　　　　会計プロフェッション専攻　K・S　254
Column　青山学院大学大学院　257
【28】文京学院大学大学院経営学研究科
　　　　　　　　経営学専攻税務マネジメントコース　K・M　258
【29】専修大学大学院法学研究科公法学（税法）専攻　N・W　266
【30】国士舘大学大学院法学研究科税法専攻　K・K　268
【31】日本大学大学院法学研究科公法学専攻（税法）　K・Y　271
Column　会計系大学院　274
【32】筑波大学大学院人間総合科学研究科
　　　　　　　　生涯発達専攻カウンセリングコース　M・K　275
【33】聖徳大学大学院臨床心理学研究科臨床心理学専攻　I・H　280
【34】早稲田大学大学院公共経営研究科　W・M　284
【35】法政大学大学院政策科学研究科政策科学専攻
　　　　　　　　地域・コミュニティ政策プログラム　T・W　300
【36】早稲田大学大学院社会科学研究科地球社会論専攻　H・D　305
【37】横浜国立大学大学院国際社会科学研究科
　　　　　　　　国際関係法専攻（開発協力コース）　A・Y　307
Column　国際協力系大学院　311

【38】青山学院大学大学院国際政治経済学研究科
　　　　　　国際コミュニケーション専攻　T・T ……… 313
【39】東洋大学大学院福祉社会デザイン研究科社会福祉学専攻　S・M ……… 318
【40】日本大学大学院法学研究科私法学（労働法）専攻　S・N ……… 321

巻末付録　人気大学院合格者　ホンネの合格体験記
おわりに ……… 341

第Ⅰ部
なぜ研究計画書が大事なのか

第1章
まだまだ志願者は高止まり！大学院進学最新事情

　本章では大学院進学についての概要を説明します。すでに大学院入試についてある程度知識がある読者は読み飛ばしていただいても構いません。

　大学院に進学する人の数は、年々増えています。1990年代後半より、専門職大学院、特に国内でMBA（経営学修士）の取得を目的としたビジネススクールへの進学が目立って増えてきました。現在では仕事と両立できる夜間開講制の大学院に人気が集中しています。MBAというと海外留学を連想する方も多いと思いますが、近年の国内ビジネススクールの充実には目を見張るものがあり、十分質の高い教育を受けることができます。

　大学院の入試科目では、①小論文、②語学試験、③研究計画書の3つが課せられるのが一般的です。そのなかでも特に研究計画書はかなり重要なウェイトを占めています。

　大学院入試は秋入試（9〜11月）と春入試（1〜2月）の2回開催されることが多いですが、受験生は募集人数の多い秋入試を視野に入れるべきでしょう。そのためには、遅くても7月、できれば5月には準備を始めましょう。

1. 社会人による大学院進学の多くはMBA志望

　文部科学省の中央教育審議会による調査（『グローバル化社会の大学院教育』2011年）を見ると、大学院の学生数は急速に増加していることがわかります。

　1991年度は98,650名（修士課程68,739名、博士課程29,911名）だった進学者数が、2000年度は205,311名（修士課程142,830名、博士課

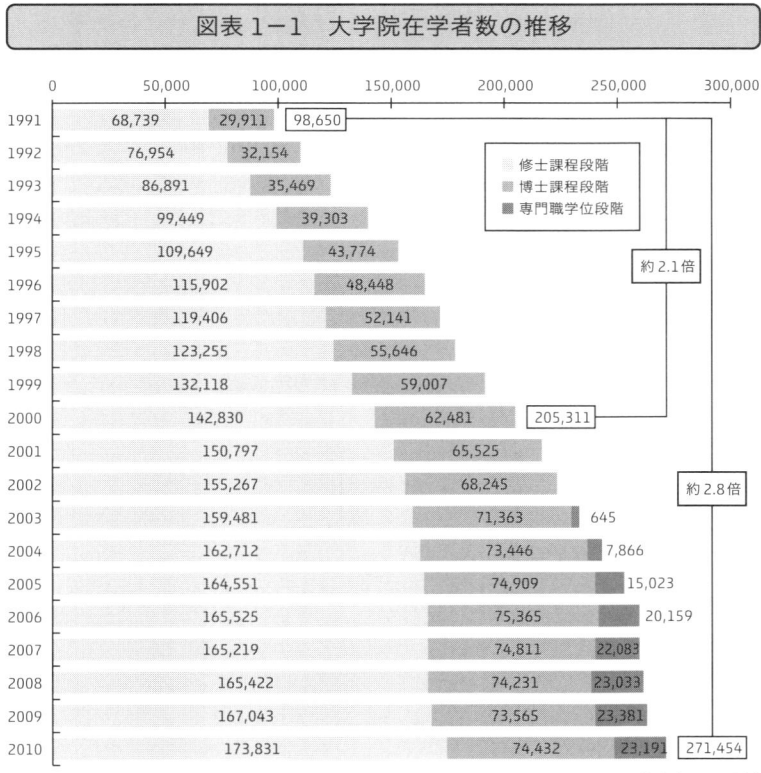

図表1-1　大学院在学者数の推移

（各年度5月1日現在）
出典：学校基本調査

「修士課程段階」：修士課程、区分制博士課程（前期2年課程）および5年一貫制博士課程（1,2年次）の合計
「博士課程段階」：区分制博士課程（後期3年課程）、医・歯・薬学（4年制）、獣医学の博士課程および
　　　　　　　　5年一貫制博士課程（3～5年次）の合計

中央教育審議会『グローバル化社会の大学院教育～世界の多様な分野で大学院修了者が活躍するために～』2011年　p128より

程62,481名）と倍増しています（図表1－1参照）。

　従来の大学院は将来の大学教員を育てることを主たる目的にしていましたが、1990年代後半にはさまざまな大学で高度専門職業人に特化した大学院設立の検討が活発化します。

　1999年、まず経営管理やファイナンスの分野で実践的な教育を行なう大学院修士課程が創設されました。その後の2003年に専門職大学院が制度化され、2011年には法科大学院（74専攻）、教職大学院（25専攻）などをはじめとして131大学に186専攻が置かれています。

　近年では特にビジネススクールに人気が集まっています。1990年前後のバブル崩壊によって日本の大手企業が留学予算を絞るようになり、それまで活況を呈していたMBA留学は大幅に減少します。そこで国内のビジネススクールににわかに注目が集まります。1978年に慶應義塾大学で日本初のMBAが設けられて以来、現在に至るまで北は小樽商科大学大学院から南は九州地方の大学院まで、日本国内には実に60数校に上るMBA大学院が設立されています。

2.　仕事と両立できる夜間開講制大学院に人気が集中

　ビジネススクールのなかでも特に夜間開講制大学院への希望者が多数を占めています。一般的に会社を2年間も休職することは簡単なことではありません。社会人が全日制のビジネススクールに行くには会社を辞める覚悟が必要です。そうしたリスクを回避すべく、近年のMBA取得希望者は夜間開講制を選ぶ傾向にあります。

　このような背景から、大学院側も社会人のニーズに合わせて学習環境を整備しています。平日の夜間や土曜・日曜の講義を充実させ、仕事に直結するような研究科・専攻を設置し、実践的なカリキュラムや講義を編成し、都心にサテライトキャンパスなどを設けて通学の便を図る、などの工夫を凝らしています。

3. 大学院を選ぶ際に押さえておきたい7つのポイント

　どの大学院を選ぶかに関しては、次の7点に注意して選択するとよいでしょう。つまり、(1) 専攻、(2) 教員、(3) 開講時間、(4) 立地、(5) 博士課程の有無、(6) キャンパス内の教育環境、(7) 試験日です。

(1) 専攻

　大学院を選ぶ際、まず専攻を何にするかを明確にすることが重要です。これで具体的に研究科を選べます。間違っても大学名で大学院を選んではいけません。「実は大学入試のとき、ここを受けて失敗しました。だからどうしてもここに入りたいと思って……」などと答える受験生を、大学院側が欲しがるとは思えないですよね。
「貴大学院の貴研究科には●●分野の権威である■■教授がいらっしゃいます。だから私は貴研究科に入学し、■■教授の下で研究したいと考えています。修了後は、貴研究科での成果を▲▲というように活かすつもりです」と答えられる人が合格します。

(2) 教員

　教員を調べることも重要です。たとえば国際協力分野の研究科であっても、政治学系の教員と文科系の教員とでは、研究内容はまったく異なります。入学したい大学院がどの学部の系統に属しており、どの系統の教員がいるか、押さえておく必要があります。
　社会人大学院と言っても、講義内容やスタンスは大学院や研究科ごとに大きく異なっています。数ある研究科のなかから、各自の想いに応えてくれる研究科を探す必要があるでしょう。
　特に有名ビジネススクールに在籍している教員の多くは著作物を出しています。誰がどのような専門分野で、どのような研究をしているか、教員の著作物を読んでおけばわかるでしょう。

(3) 開講時間

　夜間開講制（平日夜間および休日）か全日制（平日昼間）か、それとも昼夜開講制（その両方）の大学院に行くかは、社会人が大学院を選ぶ際の重要なポイントです。社会人であれば今いる職場を辞めるかどうかに直接関わります。2年間休職することができれば全日制や昼夜開講制に通うことができますが、そうでなければ働きながら夜間開講制に通うのが現実的です。

　全日制、昼夜開講制の大学院に通う場合は収入が途絶えますので、授業料の他に生活費を用意しなければなりません。30歳を超えて親がかりというわけにはいかないでしょう。大学院に2年間通うとして、一般的に1,000万円ほどの貯蓄が必要です。

　安直に奨学金をあてにすべきではありません。育英会の割り当て枠は限られています。ただし大学が勧める低利の教育ローンが活用できますので、いよいよ資金に困った場合は利用するといいでしょう。当然ですが返済義務がありますので忘れないように。

(4) 立地

　次に大学院の立地の問題です。働きながら夜間開講制の大学院に通う場合は特に、立地が致命的に重要です。職場から30分以内で着くのがベスト。ご自分が通う姿を想像していただきたいのですが、夕方6時までに仕事を終わらせなければ6時30分もしくは7時から始まる大学院の授業に間に合いません。3時間みっちり授業を受け、午後10時頃に授業が終わり、ようやく自宅に帰れます。自宅での予習・復習も考えて毎日4、5時間しか睡眠時間が取れない計算です。大学院の立地がいかに重要かおわかりいただけると思います。

　ただし、大学院には長期休暇があります。夏期・春期を合計すれば一般的に4、5カ月間にも及びます。ここで身体を休ませ、また必読の論文や著書を読むことができます。これまで大学院生で過労死した例は聞いたことがありませんので、研究に対する熱い気持ちさえあれば、きついといっても恐るるに足りません。

(5) 博士課程の有無

　大学院に入って研究の面白さに惹かれ、修了後に博士課程に進んで勉強を続けたいと思う社会人は、実はとても多いのです。博士課程に進むということは将来的に大学の教員を目指すということを意味しているのですが、その場合、通っている大学院に博士課程が併設されていなければ他の大学院に移らなければなりません。せっかく慣れ親しんだ大学や教授とも別れ、また一から人間関係をつくっていく必要があります。大学院に残るつもりなら、博士課程を併設している大学院を選んだほうがいいのです。

(6) キャンパス内の教育環境

　大学院のキャンパスにある資料の量や質も重視すべきです。図書館の充実度などに目を向けましょう。カリキュラムや講義内容は確かに重要ですが、必要に応じてすぐに資料を集められる環境であることも、意外と重要なポイントです。

　よく都心にサテライト校舎があることを売りにしている大学院がありますが、大学院生が研究に使用するのに十分な著書や資料が置いてあるとは限りません。

(7) 試験日

　上記6点を参考に行きたい大学院を選んでも、併願としてもう何校か選ぶべきです。その際、試験日が重なっては併願できません。

　社会人を対象とした大学院の入試は、一般的に週末に行なわれます。試験が10月に行なわれるとして、土日は8回しかありません。1次の論述試験が行なわれた1、2週間後に2次の面接試験が行なわれることを考えると、受験校は必然的に絞られてくるでしょう。

　最新の『大学院受験案内』（晶文社）、『日経大学・大学院ガイド』（日経BPコンサルティング）などを読んでしっかり調べましょう。試験科目の共通項と入試の時期から受験校を絞り込むとすれば、多くても3、4校に絞られるのではないでしょうか。

> **Column　入学説明会参加のススメ**
>
> 　大学院の入学説明会に参加することは、大学院選びにおいて非常に有益です。大学院の多くは7月から9月にかけて入学説明会を実施していますから、ぜひ参加してみましょう。
>
> 　交通のアクセスが実際にわかりますし、大学院の授業風景（模擬授業を実施しているところもあります）、入試の傾向説明、教授やOBとの相談など、さまざまな企画が用意されています。こうしたイベントに参加すれば、大学院の雰囲気を直接感じ取ることができるでしょう。

4.　大学院入試の準備

　一般に大学院入試は、9月から11月にかけて行なわれる秋試験と、翌1月末から2月にかけて行なわれる春試験があります。いずれも4月入学です（一部大学院は9月入学を実施）。最初から春試験を目指すのではなく、まず秋試験に全力を上げ、それがうまくいかなかったときのみ春試験を受験すべきです。

　ただし秋試験から春試験までは4、5カ月もあるので、その間緊張を保ち続けるのは並大抵のことではありません。多くの社会人は、その緊張感に耐えかねて春受験を諦めてしまうようです。この大きなストレスがかかる期間に、何度も「なぜ大学院に入ろうとするのか」を自問自答することになるでしょう。単なる思いつきや、肩書きを飾ろうという軽い気持ちでいるようでは、受験準備を乗り越えて大学院に合格することはできません。

　入試で課される科目は大学院によります。研究計画書は必ず課されますが、他に小論文のみ課されたり、英語と小論文の2科目が課されたりとさまざまです。一般的に、夜間開講制の大学院ならば「研究計

画書」と「小論文」および「面接」、全日制ならばそれに「英語」が課せられると思えばいいでしょう。「研究計画書」と「面接」だけという大学院もあります。

MBA取得志望者が秋試験を受ける場合、理想的にはその年の4月頃から半年間本格的な受験勉強をしたいものです（3〜4月は人事異動などでお忙しい方も多いでしょうから、本腰を入れて受験準備にかかるのは5月からが現実的でしょう）。

ビジネススクールの試験では、経営学全般の基礎知識が必要です。読むべき書籍も優に10冊以上はありますので、それを読むだけでも相当時間がかかります。1カ月や2カ月の受験勉強で早稲田、慶應義塾、筑波のような人気校に入ろうとするのは不遜とさえ言えます。「来年4月からビジネススクールで勉強したい」と決意したら、次の4、5月には順序立てて準備を始めましょう。

臨床心理士の指定大学院を希望しているならば、試験準備に1年間はかかると思ってください。臨床心理士指定大学院の試験では一般的に「研究計画書」「英語」の試験の他に必ず心理学全般の専門試験が課せられます。大学時代に心理学を専攻していない人は、専門試験の準備に最低1年はかかると思ってください。

5. 研究計画書について

大学院受験の際に最も大事なことは、研究計画書をいかに作成するかにあります。研究計画書の善し悪しで合否の大半が決まると言っても過言ではありません。ある人気大学院の入試担当者が「研究計画書とそれに基づいて行なう面接で合否の6割を決める」と明言しているほどです。

研究計画書とは、現時点での修士論文の構想および作成計画を述べた2,000字程度の書類のことです。小論文などの筆記試験が行なわれる1カ月以上前にはこれらの研究計画書を仕上げなければなりません。10月上旬に試験がある場合、遅くても9月上旬には提出する必要

があります。

　合格できる研究計画書はどのようにすれば書けるのか、次章から見ていきましょう。

第2章
研究テーマが見つからない人でも書ける！青山IGC流研究計画書の書き方実践講座

> 本章では、大学院受験の合否の鍵を握る研究計画書について、何をどう書いたらいいのか解説します。
>
> 研究計画書では「このテーマについて、このような段取りで修士論文を執筆する」ということを書きます。つまり入学前の段階で研究テーマを決めて一定の知識を蓄えなければなりません。いきなり修士論文レベルのテーマ設定を要求されるわけですから、一筋縄ではいきません。これから青山IGC学院での研究計画書の考え方をご紹介しますので、これで自分の問題意識と向き合い、合格レベルに達する研究計画書が書けるようになるはずです。

1. 優れた研究計画書は問題意識から導き出される

「経営学全般を学びたい」では大学院の求める研究テーマとは言えません。「定年を延長した場合の人事制度をいかに構築すべきか」「シニア層の人材活用の仕方」「若年層の早期退職を防ぐにはどうしたらいいのか」という程度に具体的にして初めて、大学院で研究に値する

テーマ設定と言えます。

　研究テーマは、**自分の問題意識から導き出されるもの**であるべきです。考えてみれば当然ですが、今までまったく関わったことのない分野の研究テーマは本来考えつかないはずでしょう。「これまでの自分の経験」「自分の経験に裏打ちされた問題意識」「問題意識から導き出される研究テーマ」「研究を今後にどう活かすか」の4つをストーリー性豊かにつなげられれば、説得力がある研究計画書を作成することができます。

2. 社説を要約して、自分の関心と向き合う

　問題意識を明確にするために青山IGC学院で行なっている方法があります。それは**新聞の社説を200字で要約する**というものです。毎日20分と時間を決めて、手書きで200字に要約するのです。

　この訓練を毎日行なうことで時事問題に詳しくなり、幅広い分野の教養が身につきます。これを毎日続けていくうちに、おぼろげながら「自分はこの問題について特に関心が高いんだな」ということがわかってきます。ここまでくれば、あとはテーマに沿った一般書・専門書を読み、問題意識を先鋭化させればよいのです。

　社説200字要約は同時に小論文の訓練にもなります。文章読解力や理解力、豊富な語彙力と表現力を習得し、漢字に強くなれます。なお、必ず手書きで行なってください。小論文試験は短時間のうちに手書きで長文を書くことが求められます（60〜90分で800〜1,200字程度）。これは日々訓練をしないと太刀打ちできるものではありません。

　限られた時間のなかで、的確に文章の要旨を捉え、構成を考え、1つの文章にまとめる。最初は難しく感じられるかもしれませんが、数カ月間続ければ誰しもができるようになります。

　紙は原稿用紙をお勧めします。書いていくうちに文字数の感覚がつかめます。日々の積み重ねで大きな力がつきますので、この「社説

200字要約」は試験直前まで継続していただきたいと思います。

　大学院側は、現代日本を取り巻く内外のさまざまな問題に鋭い問題意識を持ち、かつ自分なりの見解を述べることができる人物を採りたいと思っています。時事問題に詳しくなり、同時に文章の表現力を鍛えられる社説200字要約はまさに大学院準備に適した訓練なのです。

　ここにサンプルをお示ししますので、参考にしてください。

（原文：『日本経済新聞』2013年9月24日朝刊）

　日本企業が株式を発行して資金を調達する動きが加速してきた。堅調な株式相場を背景として、思い切った投資をするための資本を手当てしようと考える企業が増えているようだ。

　産業資本の供給は、株式市場が経済のなかで果たす重要な役割の1つである。そうした市場の機能をうまく活用し、企業は成長を加速させる時だ。

　調査会社トムソン・ロイターの集計では、2013年1月から9月半ばまでの増資などの累計額は約3兆6,000億円と、すでに12年通年の1.7倍に達した。

　過去にも増資が高水準だったことはある。09〜10年はリーマン・ショック後の自己資本比率規制に対応する必要があった金融機関などが資本調達を急いだ。

　当時と比べて今回の特徴は、金融以外の企業が成長資金を得るために実施する増資が多いことだ。

　サントリー食品インターナショナルは7月の新規上場に伴い、企業買収のために公募増資で約2,800億円を調達した。9月には実際に英製薬会社の飲料事業の買収を発表し、調達資金を有効に活用する姿勢を示した。

　明快な戦略を掲げてすばやく動く企業は、増資後も株式市場の高い評価を保つことができる。そうした企業が増えれば株式市場が全体として活性化し、大企業だけでなくベンチャー企業にも資金が回りやすくなるはずだ。

しかし、一部には成長の道筋をはっきりと描き切れない企業が増資に踏みきる例も見られる。
　1,700億円弱の増資を発表したシャープは、主力の液晶パネルの収益回復が遅れている。早く再建を軌道に乗せないと、株主の失望を招きかねない。増資を実行する企業は重い責務を負うことも忘れてはならない。
　日本の株式市場は、業績不振の企業や資金需要に乏しい企業の増資が増え、その後に相場が低迷したり、不正取引の温床になったりした苦い経験を持つ。
　そんな過去を踏まえて、日本証券業協会が公募増資の制度改革に関する提言を、このほどまとめた。提言には法改正が必要と思われるものもあるが、増資の資金使途に関する詳細な情報開示を求めるなど、すぐに実行できそうな内容も含まれている。
　市場からの資金調達は重い説明責任を伴うという大原則を、企業は改めて確認すべきだ。

(要約例)
　日本企業が株式を発行して資金調達する動きが加速している。堅調な株式相場を背景として、大きな投資で企業を成長させる狙いだ。
　今回の資金調達の特徴は、金融以外の企業が実施する増資が多いことだ。明快な戦略を掲げてすばやく動く企業は、株式市場の高い評価を得られる。しかし、成長戦略を描けない企業は、増資に踏み切っても重い責務を負うことになるだろう。企業側は資金調達には重い説明責任を伴うことを確認すべきだ。

Column 「解説記事」でさらに理解を深める
新聞の社説を要約することは問題意識の醸成と文章力向上

に効果的ですが、実はそれに留まるものではありません。社説の前後に掲載されている解説記事を丹念にフォローすることで、より時事問題について見識を深めることができます。

社説はその新聞社の見解と思われがちですが、必ずしもそうとはいえません。社説と言っても総花的内容であることが多いのです。字数も限られていますし、読者離れを防ぐ意味もあり、結論をはっきり書かずにピンぼけした記事になることもあります。社説の末尾に「期待したいものだ」とか「望みたい」などの希望的文章を書くことで、お茶を濁している記事もよく目にします。

こうした社説だけでは食い足りないと思っている方は、ぜひ解説記事を読むようにしてください。「政府決定の背景」「法案提出に至った背景」「法案・政策の詳細」「首相の本音と狙い」「事件の背景」というような記事のことです。

MBA取得志望者は『日本経済新聞』の解説記事が大いに参考になるでしょう。大学教授による経営学、経済学の講義が掲載されています。

その他、『中央公論』や『世界』と言った総合誌を読むこともお勧めします。『文藝春秋オピニオン・2014年の論点』もわかりやすくまとまっています。経済雑誌では『週刊ダイヤモンド』や『週刊東洋経済』が挙げられます。このような総合誌や経済誌に日頃から目を通すことで、いっそう深い知見を得ることができるでしょう。

3. 書籍で問題意識を明確にする

新聞の社説要約を続けて自分の問題意識をある程度絞り込めたら、

次は新書などの一般書を読みます。浅く広く、関連するテーマについての全般的知識を身につけるようにしてください。たとえばMBA志望者であれば、次の新書を読むとよいでしょう。これらはすべて900円程度で購入できます。

・遠藤功著『経営戦略の教科書』光文社新書、2011年
・三品和広著『経営戦略を問いなおす』ちくま新書、2006年
・山口周著『世界で最もイノベーティブな組織の作り方』光文社新書、2013年
・藤本隆宏著『現場主義の競争戦略』新潮新書、2013年
・濱口桂一郎著『新しい労働社会』岩波新書、2009年

　新書を問題意識の足がかりにした後は、専門書にあたります。社会科学の分野で定評のある有斐閣の書籍を推薦します。有斐閣は、大学の教科書として使えるよう、初学者から専門研究家まで段階に応じた何種類かの本を刊行しています。いずれの本も学会の第一線の教授が執筆しています。
　MBA取得志望者であれば、**『日本の企業システム』（第1期）シリーズ**（有斐閣、1993年〜）**は必読**でしょう。執筆・編集者は伊丹敬之（一橋大学）、加護野忠男（神戸大学〔刊行当事〕）、伊藤元重（東京大学）の三氏ですが、各項目には日本の経営学界をリードする教授がそれぞれ執筆しています。
　他にも必読書として3冊挙げておきます。

・伊丹敬之・加護野忠男著『ゼミナール・経営学入門（第3版）』日本経済新聞社、2003年
・伊丹敬之著『経営戦略の論理（第4版）』日本経済新聞出版社、2012年
・ヘンリー・ミンツバーグ著、池村千秋訳『MBAが会社を滅ぼす』日経BP社、2006年

特にミンツバーグの本は、MBA教育が陥りやすい弊害、MBAのあるべき姿を述べていますので、ぜひお読みください。

4. 研究計画書の作成

　問題意識が先鋭化した段階で、いよいよ研究計画書の作成に入ります。青山IGC学院で教えている方法を紹介しますので、この通りに行なえばレベルの高い研究計画書を作成することができるでしょう。

(1) テーマを列挙する

　新聞200字要約および書籍を読み、興味を持ったテーマを列挙します。そのなかから研究計画書に相応しいテーマを2、3本選んでください。概要を知るためにインターネットを活用してもいいでしょう。

(2) 立脚する論文を決める

　国会図書館や大学図書館に行き、(1)で選んだテーマに関する研究論文を検索します。やり方がわからなかったら、専門の相談員や司書がいますので遠慮なく尋ねてください。大して時間がかからずに研究論文目録に辿り着くでしょうから、早速それに目を通して、納得できる論文を数本選び、コピーします。面白いと思った論文や著書がとんでもないキワモノ本だったりすることもあるので注意してください。学界で権威ある教授の論文であれば間違いないでしょう。この作業には半日ほどかかります。

　コピーした論文を丹念に読み、論文作成上、立脚できそうな研究論文や著書を1つ選んで、これを徹底的に分析・解剖してみてください。論文の「参考文献」や「注」に注目して、そのなかで使われている論文や著書もすべて読みます。

　すべての論文・著作を徹底的に読み込み、何が問題なのかを把握し

ます。必ずノートをとって内容や問題点を解剖してください。皆さんが参考にしようとしている論文は学術論文特有の修辞に満ちているものです。反対論の存在を意識しているため必要以上に持って回った言い方をしています。ノートをとりながら丁寧に読み込んでください。

(3) 型にそって論述する

関心のある問題について知見をためたら、論文の一般的な展開＝型にはめ、論文を書くイメージで研究計画書を論述していきます。一般に論文の展開といえば、「序論─本論─結論」の三段構成、あるいは「起─承─転─結」の四段構成をとることが多いでしょう。

私がお勧めする展開をご紹介します。

①問題の所在について述べます。何が問題なのか、どんなところが論争点なのかを明らかにします。
②次にその問題についての代表的な見解を２つ紹介します。肯定と否定の見解両方あると望ましいでしょう。
③これまでの論争の歴史的経緯について論述します。
④上記の検討を踏まえて、自分の見解を述べます。自分の見解まで提示できないならば、「結論に代えて」という形で、今後の研究課題について簡略にまとめるのもいいでしょう。

「研究計画書」ですから、この段階ではあくまでも研究の手立てや構想を示せればいいのです。あまり大上段に構えてテーマを広げ過ぎますと、修士課程の2年間ではとても扱えきれなくなり、修士論文として適当でないということになります。

実際の修士論文は、修士課程2年生の夏休み以後に執筆を始めるというのが一般的です。4、5カ月集中して400字詰め原稿用紙200〜300枚程度にまとめられるテーマが修士論文の研究計画書として相応しいと言えます。

ℭolumn　専門事典で問題の概要を知る

　研究したいテーマの概要や主要文献を調べるには、専門辞典が便利です。少し大きな図書館ならたいていの辞典は備えています。各項目に執筆者名、主要参考文献などが記載されていますので、研究を進めていくうえで非常に便利です。主なものを挙げておきます。

- 奥林康司・坂下昭宣・宗像正幸・神戸大学大学院経営学研究室編『経営学大辞典』中央経済社、1999年
- 猪口孝・田中明彦・恒川惠一・薬師寺泰蔵・山内昌之編『国際政治辞典』弘文堂、2005年
- 川田侃・大畠英樹編『国際政治経済辞典（改訂版）』東京書籍、2003年
- 金子宏・新堂幸司・平井宜雄編『法律学小辞典（第4版補訂版）』有斐閣、2008年
- 中島義明・子安増生・繁桝算男・箱田裕司・安藤清志・坂野雄二・立花政夫編『心理学辞典』有斐閣、1999年
- 岩下豊彦著『心理学（第3版）』金子書房、2003年
- 伊藤元重・植田和男・小峰隆夫・猪木武徳・加護野忠男・樋口美雄編『日本経済事典』日本経済新聞社、1996年
- 濱嶋朗・石川晃弘・竹内郁郎編『社会学小辞典』有斐閣、2005年
- 京大西洋史辞典編纂会編『新編　西洋史辞典』東京創元社、1993年

5.　研究計画書でよくある失敗

　大学院入試の面接の際、面接官から「君は何年かけてこの研究をす

るつもりだい？」などと皮肉を言われることがあるそうです。これは「研究テーマが広過ぎて修士論文として不適当」という意味です。研究テーマをいかに絞ってゆくかが非常に大事なのですが、初学者にはそれができません。専門的な本を読めば読むほど面白くなり、読んだすべてが目新しくて重要そうに見えてしまうためです。

　端的に言って、参考にされた著書の1章くらいの範囲に研究分野を絞り込むといった心構えが必要です。

　次によくある失敗がアンケートです。あまりにも安易に「アンケートを採って分析します」と記載することがよくありますが、そのアンケートを「どこで、誰に頼んで」採るのかがまったく想像できてないことが多いのです。

　臨床心理士系の大学院の研究計画書でよくある悪い例としては、ほとんど不可能と思われる調査データを使って1つの結論を導き出そうとするものです。たとえば「社内でうつに罹っている人に対する聞き取り調査」といった類です。こうした類のデータは、会社側では従業員のプライバシーを守るため慎重に扱っています。それなのに、そうした人から聞き取り調査をしようというのですから、土台無理な話というものです。データの扱い方、統計の取り方や手法、その信頼性についてもしっかりした知識がないといけません。

　誤字や変換間違いというのも多いものです。研究計画書や大学院入試の小論文試験では、修士論文を書く力があるかどうかを見られています。誤字や変換間違いは単なるミスで済まされません。1つの誤字に対しては「5点から10点の減点」があるはずです。

　試験官に対して受験者は、研究計画書を通していかに優れた国語能力を持っているかをアピールしてください。

6.　論文を要約して教養を身につける

　自分の問題意識について見識を深めるのに並行して、ぜひ行なって

いただきたいことがあります。それは**論文を要約して教養を身につける**ということです。専門的な文章を読むだけでなく、知識を自分の言葉に噛み砕き、手を動かして1つの文章にまとめることで、確実に知見を深めることができます。

「自分の志望する研究テーマだけ詳しくなればいい」という考え方では、まともな研究計画書を書くことは不可能です。どのような研究テーマも複数の問題が複雑に絡み合ってできています。自分の関心のある分野だけ詳しくなったとしても、バランスが悪く視野の狭い研究計画書しか書けません。幅広い知識＝教養を身につけて初めて、多角的な見地から問題を論じることができ、価値ある研究計画書、さらには修士論文を書くことができるのです。一見遠回りに見えるかもしれませんが、論文を要約して教養を身につけることは、優れた研究計画書を作成する一番の近道なのです。もちろんそのまま「小論文」の試験対策になります。

次項より、すべての大学院受験者が知っておくべきテーマを挙げておきました。私見ではありますが、専門的なテーマについて論文を掲載いたしますので、これらを要約してください。本来はそれぞれのテーマについて何冊も書籍を読み、時間をかけて理解しなければならないものですが、文章の要約をすることで効率よく知識を得ることができます。60分で800文字程度にまとめてください。

書き終わったものは、できれば論文に精通した第三者に読んでもらい、客観的評価をしてもらうのが望ましいでしょう。論文の採点基準は、一般的に3つにまとめることができます。

(1) 題意が正確に把握されているかどうか。論旨が題意からはずれて展開されていないかどうか。
(2) 論旨が理論的に厳密に構成されているかどうか。
(3) 文章表現が適切であるかどうか。原稿用紙の使用ミスや誤字脱字は減点される。

7. 大学院志願者なら誰でも知っておきたいテーマ

　これより、大学院を目指すすべての人に知っていただきたいテーマを13個紹介します。繰り返しますが、あくまで知識を得ることが目的であり、論文は私見です。「この論文のような理解でなくてはならない」という意味ではありません。

【1】近代化の概念

概要

　我々が近代文明に関わるすべての物事について議論をする際には、その前提として「近代化」に関する共通理解がなければなりません。そこでまず「近代化」の概念を学習する必要があります。

　日本は非西洋国家のなかでいち早く近代化することに成功しましたが、それはなぜでしょうか。日本の近代化の成功の原因を考えてみることによって、発展途上国の近代化の条件を探るヒントになります。

論文例

　今日の日本は、世界史の大きな動向のなかで、どこに位置し、どこを向いていると考えるべきであろうか。近代化の問題は、日本の自己意識・アイデンティティについてヒントを与えてくれる。

　近代がそれ以前の時代から区別されて、新しい時代として認識されるためには、その間に質的な差異があるという認識がなければならない。

　「前近代」は伝統的、自然経済的、封建的社会と見なされている。それに対して前近代と対立する新しい時代は、資本主義経済や社会主義経済などの新しい大量生産、大量消費の経済体制とそれに伴う特徴を持っている。

　日本の知識人は、明治以後の定型として「近代・西洋」「前近代・

日本」という図式を描いてきた。したがって、その方向に社会が変化することは好ましいことであるという認識があった。

　ここで、アメリカの歴史家のジョージ・ホールの近代化の基準を、以下要約してみる。
(1) 個人が環境に対して、非宗教的、かつ、ますます科学的に対応していこうとする志向の伸張を伴う、普及した読み書き能力。
(2) 人口の比較的高度な都市集中と、都市を中心にして組織化されていく社会。
(3) 無生物質エネルギーの比較的高度な使用、商品の広範な流通、およびサービス機関の発達。
(4) 社会成員の広範な空間的相互作用と、かかる成員の経済的、および政治的過程への広範な参加。
(5) 広範で、かつ浸透性を持ったマスコミ網。
(6) 政府、実業、工業のような大規模な社会的諸施設の存在と、それら施設の編成がますます官僚制的になっていくこと。
(7) 諸々の大きな人口集団が、次第に1つの統制（国）のもとに統一されること。

　アメリカの経済学者であるロストウは、『経済成長の諸段階』（木村健康・久保まち子・村上泰亮訳、ダイヤモンド社、1961年）のなかで次の5つの段階を経て近代化すると説いた。
(1) 伝統的社会、(2) 離陸の準備期、(3) 離陸期、(4) 成熟期、(5) 高度大衆消費の時代。

　ロストウによれば、(1) 伝統的社会から高度大衆消費社会への移行が近代化の過程となるが、(2) その離陸のためには、複数の工業部門が高い成長率を持ち、国民所得のうち生産的投資に向けられる部分が大きくなり、(3) そうした経済成長の持続に適合する政治、社会、制度的環境がつくられなければならない、と説いた。

　この3つの条件があれば、伝統社会からの離陸が可能となるが、現在のアメリカはすでに第5段階にあり、西欧や日本もそこに突入して

おり、ロシアもそれに続いているという状況診断がなされている。

ロストウの近代化論は、「1つの非共産主義宣言」でもある。すなわち、近代化論は、社会主義化へ「ノー」という姿勢を持った社会変動論であった。

「伝統社会」から「近代化」に移行するという、ホール、ロストウ、ライシャワー、ベラー（堀一郎・池田昭訳『日本近代化と宗教倫理』未来社、1962年）らの近代化論への反論として、「伝統社会」から「近代化」をして「社会主義化」になるとするマルクス主義の立場がある。

東大教授川島武宜は、「研究対象として、いわゆる東と西における社会的変化のみならず、低開発諸国や新興国家を含むべきことを提案している。しかも、単にそれらを含むというだけではなくて、これらを世界史における同一方向への異なる過程として、理論上、取り扱い得る可能性を仮説的に予定している」と述べている。

この考え方に立つならば、近代化の過程を「産業主義型」のイギリス型と、「政治主導型」の日本型と分類することもできる。

近代化の要因として（1）産業化→近代化のほか、（2）マスコミによる社会化→近代化、（3）文化大革命→近代化、（4）宗教→近代化（ベラー）、（5）教育→近代化（ドーア）、などの立場がある。

【2】 日本の近代化

概要

百数十年を経て日本は世界有数の経済大国に成長したわけですが、それはなぜ可能だったのでしょうか。日本の近代化の光と陰を考察することによって、現在近代化を目指している新興国のヒントを探ることができます。

たとえば今日1つのテーマになっているミャンマーの近代化について、日本はどういう形で貢献することができるのでしょうか。アジアの発展途上国は、日本の近代化を分析して発展のヒントをつかもうと

しています。日本も近代化の条件を理解することによって、ミャンマーなどの発展途上国に対するコミットメントのあり方にヒントを得ることができるでしょう。

論文例

まず「近代化」の概念と定義について述べてみたい。「近代化」という語の定義上の意味は、「近代的になる」ことである。それでは「近代的」とは何か。

日常上で、この語が用いられる際の語義は非常に多様であるが、ここではまずそれらが用いられる文脈を次の2つに区分する。

第1に近代とは、歴史上の時代区分としての意味である。第2に、第1の意味の「近代」をより抽象度の高いレベルにおいて特徴づけるような「近代的なもの」という意味である。第1の用法における西洋史上の歴史事実としての「近代」から、第2の意味である「近代的なもの」を抽出すれば、西洋という特定の場所を離れた、より一般的な概念化を目指すことができる。課題の「日本の近代化」という場合、第2の用法について考えなければならない。

16世紀から19世紀のヨーロッパにおける宗教改革や市民革命、産業革命以後の歴史過程が「近代化」と呼ばれるのと同様に、明治維新後の日本や辛亥革命以後の中国における歴史過程もまた「近代化」と呼ばれる。

西洋文化に触れることで始まった非西洋諸国の近代化が、16世紀から19世紀まで続いた西洋諸国の近代化とどのような差異があるのか、十分に比較することが重要である。「近代的なもの」の構成要素を、経済、政治、社会、文化のサブシステムに分解したうえで、西洋諸国と非西洋諸国を比較してみたい。

(1) **経済サブシステムにおける近代化**──経済活動が自律性を持った効率性の高い組織によってになわれ、「近代経済成長」を達成していくメカニズムが確立されているということ。
(2) **政治サブシステムにおける近代化**──政治的意志決定が大衆レ

ベルにおいて民主主義的基盤の上に乗るようになり、またそれの実行が専門化された高度の能力を持つ官僚制組織にになわれるようになること。

(3) **社会的サブシステムにおける近代化**——社会集団が、血縁的紐帯(ちゅうたい)からなる包括的未分化な親族集団から、親族集団から分離されて機能的に分化した目的組織として形成されるようになる。また地域社会が封鎖的な村落ゲマインシャフトから、開放的で都市度の高い地域ゲゼルシャフトに移行することによって、機能分化、普遍主義、業績主義、手段的合理主義などの制度化が進む。

(4) **文化的サブシステムにおける近代化**——人間の思惟(しゆい)によってつくり出されシンボルによって客観的に表現されている文化要素のなかで、とりわけ科学および科学的技術の制度化が進み、それらが自律的に進歩するメカニズムが社会システムそのもののうちにビルトインされていること。ならびに教育が普及することによって、迷信や呪術や因習など非合理的な文化要素の占める余地が小さくなっていくこと。

　日本の近代化を考察する際、日本においてこれら4つの近代的要素がどのように形成されてきたかが重要である。

　日本は非西洋の国であって、近代以前の日本は、経済、政治、社会のいずれの領域でも西洋とは異なる発展を遂げてきた。そのため、日本の明治以後の発展に近代化という概念を適用しても、近代化の中身は西洋の近代化とは異なると考えなければならない。日本の近代化を考察する場合、西洋の近代化と比較して、いつもその「特殊性」ばかりが強調されてきた。

　しかしながら今日、日本の近代化がもはや非西洋途上諸国の近代化の唯一のケースではない。日本のあとにNICs（新興工業国）諸国をはじめ、いくつかの非西洋途上諸国の近代化が続きつつある事実を考慮に入れる必要がある。日本の歴史的経緯のなかから、非西洋途上社会の近代化についての一般的命題を引き出す可能性が出てきた。

日本の近代化の成功の原因（1）江戸文化の成熟度の高さ——徳川幕

府の崩壊と明治維新は、産業革命以後急速に国力をつけてきた西欧に日本が接触して引き起こされたものであった。徳川幕藩体制では西欧の力に勝てないと思った幕末の志士たちは、「尊皇攘夷」をスローガンにして、倒幕運動へ走った。

　その結果、徳川幕府が倒れて明治新政府が樹立した。明治政府は「富国強兵」というスローガンのもとに「上からの近代化」を急いだが、それを見事に消化したのはいうまでもなく日本国民であった。日本は国家組織から殖産興業の範のすべてを西欧に求め、明治初期には大臣の俸給と大して変わらないほどの待遇をもって「お雇い外国人」の指導を仰いだが、数年のうちに摂取・吸収して、後は日本人自身が自前で国家運営をして産業を興した。進んだ西欧の科学技術を容易に消化する素養、すなわち基礎学力が日本人には備わっていたのである。

　江戸期には、たとえば石田梅岩の心学などが隆盛した。石田は、誠実で几帳面、そして客に信頼を得られる商人道の重要性を説いた。それらは近代資本主義精神の萌芽とも言えるものであった。

　江戸は元禄期にして、俗に八百八町、人口80万を超えていた。すなわち江戸はイギリスのロンドンやフランスのパリを抜いて世界最大の都市であった。

　またシェイクスピアとほぼ同時代に近松門左衛門が『曽根崎心中』や『心中天網島』『女殺油地獄』『堀川波鼓』など、今日でも歌舞伎で上演される人間心理の深層に迫る名作を書いた。

　経済活動・土木事業・鉱山開発も著しい進歩を見せたが、なかでも関孝和の数学（和算）は特筆されるべきことであり、円周率研究ですばらしい業績を上げた。

　幕末になると、伊能忠敬とその弟子たちは、三点測量によって、精度の高い「大日本沿海輿地全図」を完成させた。

(2)　**日本のリーダーたちの進取性**——明治4年から1年10カ月にわたって、岩倉具視、木戸孝允、大久保利通、伊藤博文らがいわゆる「岩倉遣外使節団」を組み、日本のあるべき姿を求めて、アメリカ、

ヨーロッパを歴訪し、先進文明に直接触れた。欧米列強の実態を目の当たりにした大久保は、「富国強兵」の必要を痛感し、帰国後は「征韓論」に反対し、外征より内治を優先すべきと主張した。

今日、大久保の写真を見ると、モーニングとフロック・コート姿しかないが、明治のリーダーたちは、日本が積極的に文明開化すべきことを自ら実践してみせた。

日本近代化の陰——日本の近代化は、「上からの革命」であった。徳川幕藩体制の崩壊と明治維新は、フランス革命のようにブルジョワジー（市民）が主役となって成就したわけではなかった。国民の間に政治意識の醸成がなされていないなかで、近代化の主役になったのは官僚たちだった。すなわち、今日まで続いている日本の官僚主導型の政治文化は、明治期に形成されている。

「強兵」をもって「国を富ます」政策は、軍部主導の政治を許すことになり、第1次世界大戦から昭和に入ると、軍部（特に陸軍）の横暴と堕落ははなはだしくなり、ついには対米戦争に突入して亡国の淵にさまようことになった。

【3】 中流の崩壊

概要

1990年のバブルの崩壊や小泉改革を経て、今の日本は格差社会だと指摘されています。これには学力格差、企業格差、地域格差も含みます。今まで「1億総中流」と言われてきた社会の崩壊が何を意味するのか、いかなる影響をもたらすのか考える必要があります。

論文例

内閣府が毎年行なっている国民生活調査での「お宅の生活程度は世間一般から見て、上、中の上、中の中、中の下、下のうち、どれに入ると思うか」という問いに対する回答のうち、「中」のどれかに属すると答えた人は、1960年以降ほぼ9割という比率で現在まで推移して

いる。こうした事態を指して、日本社会は「1億総中流」であると言われることがある。実際、高度経済成長に伴い、一般国民の生活水準は飛躍的に上昇していたため、階層差が見えにくくなり、生活水準が平等化していると人々に実感させた。

　高度経済成長以降の日本社会の変容を捉え直そうとしたのが、経済学者の村上泰亮だった。村上は、経済成長期では中流階級の輪郭は曖昧になり、「新中間大衆」という概念にとって代わられていたと指摘した。

　この中流階級とは、資本主義社会下で資本家階級と労働者階級の間に存在する階級である。マルクスはその存在を認めたものの、やがて2つの階級が対立するなかで消滅すると考えていた。マルクスが予感したように伝統的な商工業者などの旧中流階級は没落していったが、それに代わってホワイトカラーと呼ばれる新中流階級が台頭してきた。中流階級は政治的次元でいえば、行政機構、民間企業、および地域社会で何らかの管理者的な役割を果たしている。文化的次元でいえば、高等教育を受け、独特の中流生活様式を持っている階級と言うことができる。

　勤勉、節約、家族重視といった徳目や、計画性、効率、責任感といった産業社会に適合した手段的価値を信奉している。東京でいえば「山の手階級」がこのような特徴を満たしている。

　高度経済成長期の日本に登場した「新中間大衆」による社会はどのような特徴を持っているのであろうか。政治的、経済的には、平等化が進行する。選挙権が拡大し、名望政治家に代わって大衆政党が登場する。ホワイトカラーとブルーカラーとの所得格差が縮まり、福祉政策によって富の再配分が行なわれる。

　また資本と経営の分離が進行し、株主＝資本家の影響力は弱まっていった。耐久消費財の普及によって、国民全体の生活様式が均質化した。9割以上の人々が高等教育や高等学校教育を受け、マス・メディアが発達し、生活様式の均質化を促進させた。ともかくも、高度経済成長後の日本とは、「みんな中流になれる」と思っていた社会だった。

ところがバブル崩壊後の不況は「努力すれば道が開ける」という価値観を崩すことになった。「努力してもたかがしれている」という空洞化の感覚は、現実に「団塊の世代」以降深く浸透している。

　これでは、大人・子ども問わず、学校や職場で頑張ることに意味を見出せなくなる。かつては、たとえ自分は駄目でも子どもに期待をかけ、子どものために必死で働くことが戦後日本の質の高い労働力につながっていた。現在その基盤が消滅しつつある。

　格差があること自体は決して悪いことではない。問題は機会の平等があるか否かである。機会の平等化は、競争社会に不可欠である。「明日はもっとよくなる」と思えるからこそ、「今日は我慢して」と言える。そのような考え方があればこそ、日本人はこれまで一生懸命働いてきた。しかし中流が崩壊しつつあるとすれば、日本人のエネルギーもまた収縮するのは避けられないのである。

【4】大衆社会──他人指向社会

概要

　大衆社会とはどのような特徴を持っているのでしょうか。大衆の思考と行動を理解していれば、彼らにどう働きかければよいかのヒントになります。

　大衆の思考と行動を鋭く分析したのが、アメリカの社会学者であるデビッド・リースマンでした。リースマンは『孤独な群集』（加藤秀俊訳、みすず書房、1964年）のなかで、大衆の指向を「他人指向型」という概念を使って説明しました。リースマンはこの「他人指向型」という概念を、市民社会下の市民の「内部指向型」と対比して論じています。

論文例

　アメリカの社会学者のデビッド・リースマンは、第2次世界大戦直後、『孤独な群衆』と題する著書を発表した。リースマンは、大衆社

会とは「他人指向型社会」であると規定した。他人指向型社会とはどのような概念なのか、以下述べる。

　リースマンは大衆社会下の他人指向型社会を、それ以前の近代市民社会下の内部指向型社会と対比しつつ考察した。

　市民社会の「市民」とは、「教養と財産」と形容されるように、経済的にも精神的にも、主体的かつ自立的な生き方をしている人々を指す概念である。この時代の市民は、それぞれ自分の生活様式（ライフ・スタイル）と価値観を持っていた。ヨーロッパ社会の場合、それを支えていたのが、キリスト教、特にプロテスタントの宗教倫理であった。

　市民は労働に励み、日曜日は教会に行くといった健康的生活を営んでいた。彼らの生活には、勤労に対する喜びと神に対する感謝があった。それぞれの家庭には、格式と家風があり、父親は家長として厳然と家族を支え、取りしきっていた。

　ところがこのような市民社会は、欧米では第1次世界大戦後に崩壊することになった。それに代わって出現したのが、大衆社会といわれるものだった。

　大衆社会（マス・ソサイティ）のマスとは、ひとかたまりを指す概念である。市民社会の市民が自律的生活を営んでいたのに対して、大衆の営みは他律的である。元来大衆には、個人とか個性とかいう意識が極めて薄い。それでは大衆はどのような指針をもって日々行動しているのであろうか。

　そこでリースマンが考えた概念が他人指向という概念だった。この概念は、他人の行動、あるいは生活様式に、自分の行動と生活様式、考え方、価値観を、過度に同調させようとする生き方のことを指す。

　具体的には「隣の家でテレビを買ったからうちでもテレビ」「お隣の子どもがピアノを習い始めたからうちの子どもにもピアノ」「友達の○○さんがカルチャースクールに通い出したから私も……」といった生活パターンのことを指す。そこには主体性の概念はない。

　現代社会は、大量生産と大量消費に支えられている。そこで生きて

いる我々は、よりいっそうの豊かさを求めて身を粉にしている。

　欧米でも、都市社会では毎週日曜礼拝に行く人は非常に稀になった。ましてや日本人の場合、宗教を捨てて久しい。日本人の大部分は仏教とは葬式のためにあるものだと思っている。

　さらに日本では、太平洋戦争で敗北したため、天皇支配や軍国主義につながるとして、戦前の価値観や生活様式を一掃してしまった。今日、日本の社会には家柄とか格式などという概念は存在しない。

　日本の親たちは、確信すべき精神的支柱を失ったため、子どもを単に甘やかすだけが取り柄になってしまった。今日ほど、「個性的な生き方」「個性的ファッション」「個性的考え方」と、何かにつけて個性が叫ばれている時代はないが、現代人の生き方を観察してみれば、今ほど没個性的な時代はないのである。我々の生き方も、流行も、ファッションも、すべては大衆誌、カタログ雑誌のなかでつくられている。

【5】国民の知る権利

概要

　先般「特定秘密保護法」が成立しました。ここで注意しなければならないことは、機密保護と国民の「知る権利」のバランスです。明治国家は「有司（官僚）専制国家」と呼ばれてきました。官僚が情報を独占することができたため、官僚が失政しても責任が問われず、不祥事がうやむやにされてきた歴史があります。情報公開と国民の知る権利の関係を理解しておく必要があります。

論文例

　リンカーンは、民主主義の定義を「人民の、人民による、人民のための政治」と述べたが、今日の日本の政治状況を概観すると、「官僚の、官僚による、官僚のための政治」とでも呼びたくなるような様相を呈している。民主主義と情報のありようを語るとき、しばし引用さ

れるのが、第4代米国大統領で「合衆国憲法の父」と呼ばれるジェームズ・マディソンの次の言葉である。

「正確な情報、あるいは、それを入手する手段を持たない人民の政府は、道化芝居の序章か、悲劇の序章であり、あるいは、その双方以外の何物でもない。情報を持つ者は、持たない者を永久に支配する。かくして自らの統治者となろうとする人民は、知識の力により自ら武装しなければならない」

情報社会の世の中にあっては、情報をいち早く取る者は最大の利益をつかむことができ、反対に情報から疎外されている者は、最大の不利益をこうむることになる。

日本の官僚がなぜ政治権力を握っているかといえば、情報を最も早く知り得るからである。憲法には、国会は唯一の立法機関であると書いてあるにもかかわらず、日本では議員立法はほとんどなく、大半が政府提出によって法律が制定される。政府提出法案とは、政府すなわち各行政機関の官僚が作成する法律のことである。とすれば日本の政治過程において、実際的権力者は国会議員ではなくて、官僚ということになる。

しかもこの官僚は、いったん任用されると、定年までよほどのことがない限り辞めさせられることがない。政治家は、数年に一度選挙による洗礼を受けなければならないのに対して、官僚はさまざまな法律に守られながら身分保障がなされ、実質的な法案作成者にもかかわらず、その責任を問われることはほとんどない。

実質的な政治権力者に厳しく責任が問われないとすれば、権力は腐敗するだけである。

イギリスの政治学者アクトン卿は、「絶対権力は絶対に腐敗する」と言っている。

重要な情報が行政や官僚に独占され、国民の目に触れないとすれば、生命や財産、そして国民のさまざまな権利が侵害される怖れが生じることになる。そして政治や行政に対して、失望感や不信感が増大することになる。

薬害エイズ問題の悲劇は、この問題を端的に示す事件となった。厚生労働省が非加熱血液製剤の危険性を黙認していたことが早い段階で公になっていたら、犠牲者の拡大は防げたはずである。情報が誰にでも十分適切に公開、流通していない社会は、真に開かれた民主主義社会とは言えない。

　世界人権宣言は第19条で、「意見及び表現の自由は、情報及び思想を求め、受け伝える自由を含む」と規定している。

　日本国憲法も第21条で表現の自由を保障しているが、これは情報を受ける自由や、情報を収集する自由も含まれると言える。情報の収集、伝達、受領という自由な流通がなければ、表現の自由は確保できないからだ。つまり、表現の自由は、知る権利を含むと考えられる。

　日本の情報公開には、下記の条件が必要である。

(1) 不開示情報は、全体として不開示の範囲を極力狭めるように、具体的、限定的規定が必要であること。
(2) 外交、防衛情報には、一定の年限が経てば公表する「時限開示」の規定を盛り込むこと。イギリスやアメリカでは25年ルールや30年ルールを採用している。
(3) 意思形成過程や行政執行の情報機関を不開示とするときは、開示した場合の支障を具体的に示すことを義務づける。
(4) 行政の一翼をになう特殊法人などの行政関係法人も情報公開法の対象とする。
(5) 最終的な救済機関である司法で、裁判官が不開示とされた行政文書を裁判官室で直接検分する「イン・カメラ・インスペクション」が必要である。
(6) 行政情報のデータベース化と、パソコンによる閲覧が可能になるように法的整備をする。

　情報公開制度の実現の過程は、情報を独占する「官」に対する「政」「民」の闘いでもある。我々には、単に行政機関から情報の提供を受けるのではなく「情報の公開を求める」という積極的姿勢が必要だ。

【6】吉田ドクトリン

概要

　戦後日本の繁栄の大きな要因として、戦後に首相となった吉田茂が「軽武装経済優先策」、いわゆる「吉田ドクトリン」を採用したことがあります。現在でも日本の歴代内閣は、防衛費は国家予算の1％以内を目安にしています。この「吉田ドクトリン」の歴史的意義を論ずることは、非常に意味があります。

　明治期から続いた「富国強兵」政策は、太平洋戦争の敗北によって大きく挫折しました。首相になった吉田茂は、国際社会に復帰するにあたって「軽武装経済優先策」を外交政策の基本に据えましたが、憲法改正と再軍備を図る鳩山一郎などから厳しく批判されることにもなりました。現在安倍内閣が掲げる「戦後レジームからの脱却」は「吉田ドクトリン」を否定するものか否か、注視する必要があります。

論文例

　「吉田ドクトリン」とは、終戦直後、東久邇宮内閣および幣原内閣の外務大臣を務めた後、第1次、第2次、第3次と内閣を組閣した吉田茂の政治基調のことを言う。私はこの政治方針は今日に至っても色褪せていないと考えている。我が国の内政・外交の基本である「軽武装経済優先策」は、将来とも維持されるべきものである。

　現行憲法の最大の特徴は象徴天皇制と平和憲法にあるが、その基本方針の策定に吉田は深く携わった。

　日本が第2次世界大戦に敗北した主因として軍国主義が挙げられる。日本陸軍は、1931（昭和6）年9月の満州事変以降中国を侵略し、次第に英米列強との対立を深めることになった。ますます孤立感を深めた日本は、1940（昭和15）年9月に日独伊三国軍事同盟を結ぶ。当時吉田茂は駐英大使として、ヒトラーが率いるナチス・ドイツと提携することに強く反対した。

　太平洋戦争末期、吉田は日本の全滅を逃れるべく早期終戦を説き、

近衛文麿公爵と共に昭和天皇に対して上奏文を認めた。ところがこれが東条首相の知るところとなり、憲兵隊によって数週間留置所に送られることになる。

　1945（昭和20）年8月15日、日本は太平洋戦争に敗北し、マッカーサー元帥が率いるGHQ（連合国軍最高司令官総司令部）の占領下に置かれる。吉田は戦争末期に東条倒閣運動をした親英米派の人物として、マッカーサーをはじめ連合国やGHQの信頼を得た。

　吉田は戦争によって廃墟となった日本を復興すべく、食糧の確保とインフラ整備、経済復興に傾注した。そのため吉田は、戦前陸海軍費が国家予算の半分以上占めていた事態を改め、陸海軍を廃止した。

　吉田の経済優先政策は、1951（昭和26）年サンフランシスコ講和条約によってGHQの占領が解け、日本が再独立してからも維持された。我が国の防衛費が、今日に至ってもなおGDP（国民総生産）1％以内に抑えられていることを見れば、「吉田ドクトリン」が今なお効力を保っていることがわかる。

　サンフランシスコ講和条約をめぐって、日本国内では英米を中心とするいわゆる多数講和を結ぶべきか、それともソ連をはじめとした共産圏諸国とも講和すべきか（全面講和論）の議論があったが、吉田は一刻も早い再独立を果たすべく、ソ連などの共産主義諸国との講和は後回しにして、現実的な英米との多数講和の道を選択した。

　戦後の日本は、アメリカを基軸とする国際自由主義経済体制、いわゆるブレトン・ウッズ体制に組み込まれることになった。資源のない日本は、1929年の世界大恐慌以降、英米列強によるブロック経済に苦しめられたが、戦後は一転してブレトン・ウッズ経済体制の恩恵を享受することができた。戦争には負けたが、経済分野において勝利を収めたことを世界に証明してみせた。

　吉田は、英米との提携こそが日本の国益であるとの信念を貫き通した。外交官として培った国際情勢を読む吉田の目に狂いはなかった。吉田は国民から「ワンマン」と言われはしたが、「独裁者」ではなかった。伝統を重んずる保守リベラリストであった。

【7】文明の衝突

概要

　第2次世界大戦終結以来45年間にわたって米ソという核超大国の厳しい対立が続いてきましたが、1989年12月、ゴルバチョフソ連書記長とブッシュ米国大統領との間でマルタ島会談が行なわれ、ここに冷戦は終結しました。1996年、サミュエル・P・ハンチントンはその著作で、冷戦が終わった現代世界においては、文明と文明との衝突が対立の主要な軸であると喝破しました。

　エマニュエル・トッドは、宗教や表面上の文化のみで文明を分けるべきでないと、ハンチントンの主張に対して反論しています。

論文例

　ハーバード大学のハンチントン教授によれば、新時代における紛争は、冷戦のようにイデオロギーや経済をめぐる対立によって引き起こされることはないとしている。むしろ人類を隔て、紛争をもっぱら引き起こすことになるのは、文化的な要素ではないかと考えている。

　国民国家は世界政治における最も力強いアクターとして存続するだろう。だが今後の世界政治をめぐる紛争は、異なる文明下にある国家や集団によって引き起こされる文明上の対立が主要な要因になるとハンチントンは主張している。

　近代世界における紛争の形態として、文明間の対立は極めて新しいものである。1648年のウェストファリア条約以後の1世紀半、立憲君主たちは、彼らの官僚組織、軍隊、重商主義的経済利益の拡大、とりわけ領土の拡大を試みたために戦争が引き起こされた。このプロセスを通して国民国家が形成され、さらにはフランス革命と共に、紛争は主に君主による争いではなく、国家対立によって規定されるようになった。

　君主、国民国家、イデオロギーによる紛争のすべては西欧文明諸国によるものであり、これらは西欧の内戦だった。だが、冷戦の終結と

共に、国際政治は西欧という枠組みを越えた広がりを見せ、問題の中枢は西欧文明対非西欧文明という構図によって規定されるようになった。これまでのように非西欧諸国の政府や民衆が植民地主義の対象とされることもなくなり、彼らは自ら歴史の構築者として西欧諸国と肩を並べるようになった。

冷戦期、世界は第一、第二、第三世界へと分裂していた。しかし、もはやこうした境界線が現実を規定しているわけではない。政治・経済システムや経済開発の段階によって国家群が区分されているわけでもなく、今や文化、文明によって国家がまとまりを見せつつある。

文明という概念はどのようなものであるのか考えてみたい。村落、地域、民族集団、国籍、宗教グループのすべては、それぞれ固有の文化を具えており、文化的同質性という点で見れば一様ではない。イタリア南部の村は、イタリア北部の村とは違っているのかもしれないが、双方ともイタリア文化を共有しており、ドイツの村とはまったく異なる文化を持っている。とはいえアラブ人、中国人、西欧人を結びつけるような文化的な絆は存在しない。文明というものは、民衆の集団化、組織化を促す最も大きな枠組みであり、文化的なアイデンティティを持っている点こそ重要なのである。文明は、言語、歴史、宗教、生活習慣、制度といった共通の枠組み、そして主観的な自己認識をめぐる共通の基盤や目的によって導かれる。

今後の世界は7つ、あるいは8つの主要な文明の関係によって規定されていくことになるであろう。この主要な文明とは、西欧文明、儒教文明、日本文明、イスラム文明、ヒンズー文明、スラブ文明、ラテン・アメリカ文明であるが、これにアメリカ文明を加えるのも可能なのかもしれない。今後の紛争は、文明的な対立点をめぐって引き起こされるだろう。

ここで、なぜ文明的な対立が今後の紛争の要因となっていく可能性が高いのか考察する。

第1に、文明は、歴史、言語、伝統、さらには宗教によって限定され、大きな隔たりがあるからである。また、それぞれの文明は、神と

人間との関係や、個人と集団、市民と国家、親と子ども、夫婦の関係についても異なる見方をしており、また権利や義務、自由と権威、平等とヒエラルキーなどの重視の仕方も一様ではない。紛争が必ずしも暴力を意味するわけではないが、文明上の違いが長期にわたる暴力的な紛争を引き起こしてきたのも事実である。

　第2に、世界は地理的な空間を克服したために、異なる文明との接触が増加したことである。自分の文明に対する意識や、特定の文明間の違いが意識されることが多くなった。

　第3に、世界における経済の近代化と社会変化が、これまでの地域的、国家的なアイデンティティを希薄にしたためである。これに代わり、世界の多くの地域で宗教が重視され始めており、他の宗教に非寛容な、いわゆる「原理主義」が台頭しやすくなっている。イスラム教ばかりではなく、西欧のキリスト教、ユダヤ教、仏教、ヒンズー教もそうした原理主義的な動きが認められる。

　第4に、文化的な特質や文化間の違いを克服していくのはなかなか困難であるからである政治・経済問題にも、まして教理上の妥協や解決を図るのは難しい。宗教的な差別は、民族問題にもまして熾烈で排他的な性格を具えている。

　最後に経済的な地域主義が強まりつつある点を、今後の問題解決の鍵として指摘する。1980年当時は51％に過ぎなかったヨーロッパの地域内貿易は、89年には59％へと上昇している。東アジアは32％から36％に増加と、それぞれ増加傾向にある。経済的地域主義の成功は、文明的な意識の覚醒をもたらす。経済的な地域主義が成功するのは、それに関わる国が1つの文明を共有している場合のみである。

【8】IT革命の意義

概要

　IT革命によって企業の生産性は飛躍的に増大しました。この現象はどのような意義を持っているのでしょうか。

アルビン・トフラーは、IT革命を「第三の波」と呼びました。半面IT社会は、サイバーテロをはじめとした、さまざまなネット犯罪をもたらしています。我々は、IT社会のマイナス面も十分理解しておく必要があります。

アメリカはIT革命に先鞭をつけることによってベトナム戦争後の長期不況から抜け出すことができました。一方IT社会は、軍事的にアメリカの一国主義を可能にしています。このような大変革をもたらしつつあるIT革命の意義を考えてみましょう。

論文例

　IT（情報技術、Information Technology）革命という言葉がマスコミを賑わせて久しい。ITという概念は決して新しいものではない。コンピュータが日本に普及していった1960年代、すでに「情報化」というキーワードは出現していた。新幹線の運行システム、座席予約システム、銀行のオンライン・システムなど、ITを用いた複雑で大規模なシステムが当時から続々と導入されていた。

　それでは今回のIT革命と、従来のITとの本質的相違とは何か。いうまでもなく鍵はインターネットと、それらに結ばれた手軽な端末にある。つまり従来のITはあくまで一部のプロのものであった。対して今日のITは子どもから老人まで全員のものであり、一般の人々の生活様式を変えた。

　インターネット接続携帯電話やBS（衛星放送）、デジタルテレビの登場によって、普通の人々の身近な生活環境のなかにITが否応なく入り込んできている。

　産業社会からIT社会への転換は、大きな経済効果が期待できる。しかしそこには、思いがけない落とし穴も待ち受けている。

　端的にいってIT社会とは便利な半面、極めて脆弱な社会である。サイバーテロはもちろんのこと、些細なミスによって巨大な社会的混乱が発生する怖れは決して小さくない。

　もともとインターネットは、性善説に基づくオープンな研究者用の

システムだった。それを、電子商取引などが実行される社会基盤に転用する場合、さまざまな問題が発生する怖れがある。電脳犯罪の増大を防ぐため、専門的なインターネット運用技術者の育成が必要不可欠である。

　また、IT革命を経て、実体経済と金融経済は大きく乖離してしまった。アメリカ企業はITを使ってあらゆる生産性を高め、コストを下げた。インフレなき持続的成長が可能になったとも言われるようになった。その一方、一部の企業がITを駆使してマネーゲームに走っている面もある。ITが金融へのアクセスを容易にしたおかげで資金が集中し、金融が肥大化している。

　ITの恩恵を受けられる層と受けられない層との間で新たな格差（情報格差、デジタル・デバイド）も生まれている。1台2,000ドルするパソコンは、日本やアメリカなどでは約1カ月分の給与で買えるが、途上国では何年分にもあたる。情報格差はさらなる経済格差をもたらしかねない。

　途上国の産業活性化のためにITをどう活用するか、アイディアを提供することが大切である。ネット社会は直接、外に情報を発信できるのと同時に、外の知恵を活用することもできる。金融だけでなく、途上国の主要産業である農業や水産業、工業でも、ITが利用できることを実例で示すことが必要である。

【9】アメリカニズム

概要

　アメリカの基本理念は、リベラリズム、デモクラシー、フロンティア・スピリットから成り立っています。リベラリズムの伝統は、アメリカがイギリスの植民地から独立したことから来ています。国王や貴族がいなかったため、アメリカ社会は元来民主的志向を好む社会です。アメリカ社会がいまだに開拓精神の旺盛なことは、世界の若者を惹きつける要因になっています。

論文例

　冷戦後、アメリカの世界一極支配のなかで「アメリカニズム」という言葉が使われるようになった。アメリカニズムとは、アメリカを中心としたグローバルな普遍主義、人権主義、さらに市場競争などを加えた概念を指す。

　冷戦が終わってから20数年、とりわけ金融資本のグローバル化、情報のグローバル化が進展した。この趨勢を積極的に推進したのがアメリカである。一方アメリカは、国家的理念というべき個人的自由、デモクラシー、人権思想、市場競争というイデオロギーを世界的なものにしようとする傾向がある。これらの思想を普遍的なものと見なして、世界に拡張、適用しようとする。この傾向がグローバリズムの流れと関連し合っている。

　1990年代に世界的な潮流として市場主義が強まった。その原動力は「情報技術と金融技術の結婚」と呼ぶべき技術革新にあった。

　1992年以降の統計を見ると、製造業の伸びは年5％台だが、ヘッジファンドなど貯蓄機関以外の金融業の伸びは100％を超えている。アメリカは、ものづくり国家からマネー国家へと比重を移した。

　また1980年代から90年代にかけて、コンピューターなど情報技術革新の波が興隆した。この波は冷戦期までとりわけ軍事に貢献した。他国を圧倒するアメリカの軍事力の本質は、戦わずに相手の通信指揮系統を破壊することすら可能なハイテク能力にある。

　軍事力の優位性を確立した情報技術が、冷戦後は金融へと流れ込んだ。防衛産業に集積していた頭脳が、今度は金融市場を舞台に、コンピューターを駆使して資本のオンライン化を発展させた。並行して資金の受け皿としての金融派生商品（デリバティブ）を次々に開発した。世界をめぐるカネの流れは、今や実需の100倍にも膨れ上がり、主役の座をアメリカの投資家が占めているのである。

　グローバリズムは、政治制度や経済制度だけでなく、思想的、文化的な意味においても、それぞれの国や地域の独自性を過小評価し、世界を画一化する方向に作用している。しかし、この普遍化の圧力が強

まれば強まるほど、逆に普遍化しえない個別的なものが、その独自性を主張することとなった。

　つまり民族主義や宗教的ファンダメンタリズム（原理主義）、さらに、広範な範囲でのナショナル・アイデンティティやリージョナル・アイデンティティを模索する時代になったのである。

【10】 グローバリゼーション

概要

　グローバリゼーションとは、グローブ（地球）的規模でさまざまな現象が起こることを言います。環境問題などは、グローバリゼーションの典型的なものです。国家の枠を超えた問題であるため、問題解決のためには国家の利害を超えて人類的利益や地球の利益を求めなければなりません。グローバリゼーションをめぐる問題は、金融、情報、経営、軍事、食糧、テロ、麻薬など、広範な分野にわたります。

論文例

　冷戦終了と情報技術革命が相互に影響し合って、グローバリゼーションが急速に進んだ。

　グローバリゼーションは我々に大きな利益を与えた。民主主義と市場経済主義が、人類にとって普遍的で最も優れた社会運営システムであることを実証しつつある。しかしながらグローバリゼーションは新たな問題を突きつけている。

　第1は、あらゆる企業が、市場から世界標準の尺度で評価されることである。具体的には透明性やアカウンタビリティーなどを常に要求されるようになった。

　日本においてすら、被雇用者は単なる学歴や年齢、勤務年数ではなく、その個人の持つ市場価値によって判断されるようになっている。また、企業も政府も、市場からの信頼と国民に対するアカウンタビリティーがなければ存続できなくなっている。透明性の欠如などどこか

に歪みがあれば、国債の暴落などを通して市場の鉄槌が下される。

　日本の場合、世界的競争にさらされてきた製造業は、企業文化と世界標準の間に大きな歪みがなかった。しかし護送船団方式で守られてきた金融界は、ビックバンの大きな嵐に見舞われた。

　第2の問題は、グローバリゼーションに内在する問題、すなわち、競争の敗者、社会的弱者の問題である。グローバリゼーションによる競争の激化は、必然的に競争に参加できない者、競争に負けた者を生む。これは失業や犯罪の増加という深刻な社会問題を引き起こしかねない。グローバリゼーションをわが世の春とばかりに謳歌しているアメリカでさえ、所得格差の増大という大きな爆弾を抱えている。国際的にも、グローバリゼーションの波に乗り遅れた地域を容赦なく疎外する。また、波に乗っているように思われる国でも、突然国債や株価の暴落に見舞われ、一気に周辺地域全体に波及する。

　第3の問題は、グローバリゼーションによる国境消滅の結果、発生しつつある新たな脅威である。モノ、カネ、ヒト、情報が自由に国境を越えるようになると、悪いモノ、ヒトなども自由に世界を動き回るようになる。テロ、麻薬取引の拡大、武器密輸、ハイテク犯罪、犯罪組織によるマネーロンダリングなどが、我々が構築しようとしているシステムそのものを脅かそうとしている。こうした国境を越える問題を解決するため、司法、租税、関税などの分野で各国間の協力関係を一段と高めていくことは、重要な外交課題である。

　第4は、市場経済そのものでは解決できない問題の出現である。環境問題、食糧問題、エネルギー問題など、有限性に起因する問題である。これらは、価格メカニズムだけでは解決しえない。規則、備蓄などの措置を国際的枠組みのなかで講じなければならない。

【11】2020年開催の東京オリンピック効果

概要

　2020年に開催される東京オリンピック効果とは、具体的にどのよ

うなものでしょうか。私はバブル崩壊後の「失われた20年」から脱却できるビッグチャンスの到来と考えます。

論文例

　1964（昭和39）年に開催された東京オリンピックでは、日本のインフラが大幅に整備された。その第1は、日本の大動脈である東海道新幹線の開通である。それまで東京大阪間は在来特急で8時間もかかっていた。それまでは、東京の会社に勤めている人が大阪に出張するなら日帰りは無理で、2、3日の日程を組んだものだった。それが東海道新幹線の開通によって日帰り出張が可能になった。このように東海道新幹線の開通によって日本経済の発展を支える物流の大動脈が整備された。

　第2に東京に首都高速道路が完成し、以後全国津々浦々に高速道路網が張りめぐらされることになったことである。その後、日本は本格的なモータリゼーション時代に突入した。

　第3に代々木の国立競技場をはじめとして、代々木第二体育館、代々木オリンピック水泳プールなど、近代建築によるスポーツ施設が多数完成したことである。これによって日本のスポーツ環境が大いに整備・改善した。

　また東京オリンピックは、日本の国際化を大幅に前進させた。来日した外国人は、日本人の律儀さともてなしに感心したが、一方日本人の間にも英会話熱が高まった。このあたりから日本人の海外雄飛の熱が急激に高まった。当時の学生の就職先で特に人気があったのは、海外に行く機会がある航空会社と商社だった。

　1959（昭和34）年、皇太子殿下のご成婚をテレビで見ようと日本人の家庭に白黒テレビが入ったが、それから5年後の1964年には、オリンピックを見るべくカラーテレビに代わった。日本人はカラーテレビを通してオリンピック競技を見ることによって、日本人としての誇りと外国人選手に対する畏敬の念を再認識した。同時に1945年の太平洋戦争の敗戦から19年にして訪れた平和と繁栄のありがたさを

思い知った。

　このように先のオリンピック効果を顧みると、今度のオリンピックの効果もおおよそ想像できる。

　まず多くの競技施設が整備されるだけでなく、航空・鉄道・リニアモーターカーなどの交通インフラが急ピッチで整備されるだろう。

　1990年のバブルの崩壊から20年、これまで日本は長期不況にあえいできた。それが今回のオリンピックバブルの到来によって、若者は再び夢と希望を抱くことができるようになるのではないか。

　先のオリンピックのときは、橋幸夫と吉永小百合の二人が歌う『いつでも夢を』や、坂本九の『上を向いて歩こう』、さらに三波春夫の『東京五輪音頭』など、将来に夢を抱かせる数々の歌が流行った。今度のオリンピックでも同様の現象が起こるであろう。こうして日本人は、東日本大震災の悲劇から脱却できたことを実感すると思う。

　オリンピックの経済浮揚は、東京のみならず、次第に全国にもその効果が及ぶことになるだろう。日本人の精神は、目標が定まっていないときはバラバラであるが、いったん目標が定まると一丸となって成功のために邁進する性向を持っている。これは1970年の「大阪万博」のときにも見られた現象であるが、2020年のオリンピックの際にも同様の現象が起こると考える。その際、東北の被災者が恩恵を受けられるように、手厚い配慮が払われるべきである。

【12】ニューディール政策とアベノミクス

概要

「失われた20年」とまで言われた長期不況は、安倍首相による「アベノミクス」によって、ようやく脱出の兆しを見せているように思います。1929年に発生した世界大恐慌からの脱却を図ったルーズベルト米国大統領によるニューディール政策と、アベノミクスの関連性について考察してみましょう。

論文例

　1929（昭和4）年10月、アメリカから始まった経済恐慌は瞬く間に各国に伝播し、世界大恐慌に発展した。

　世界大恐慌の最大の原因は、ベルサイユ講和条約によって課せられた天文学的な金額の賠償金によってドイツ経済が破綻したことにある。ドイツに課せられた賠償金はまずイギリスとフランスに支払われ、それをアメリカに払った。そのアメリカは、資金をまたドイツに貸し付けるという形で世界経済は何とか回っていたが、当のドイツ経済が疲弊し破綻してしまったため、ドイツから英仏への賠償金の支払いが停滞することになり、さらにはイギリスとフランスからアメリカへの支払いもできなくなって、世界経済は完全に破綻してしまった。

　当時、日本の貿易相手国の約30％はアメリカによって占められていた。アメリカ経済が破綻したため、直ちに日本経済にも影響が出た。第1次世界大戦を通して日本経済はバブルの状態にあったが、アメリカで発生した大恐慌のため金融恐慌に陥ることになった。

　このときアメリカ大統領のルーズベルトは、大恐慌を脱出すべく、政府が主導して、テネシー川流域のダムや高速道路の建設、港湾の整備など大規模なインフラの整備を積極的に行なうことによって、失業者を救済しようとした。こうした一連の政策はニューディール政策と呼ばれるが、イギリスの経済学者ケインズが助言して実行された政策だったため、ケインズ革命とも言われている。

　安倍晋三首相による「アベノミクス」であるが、ルーズベルト大統領によるニューディール政策と類似点がある。

　通貨の供給量を大幅に増やして為替を円安に誘導し、貿易の拡大を狙う。多少インフレ状態にすることによって消費を活発化させ、日本経済を押し上げさせる。こうした一連の経済政策、いわゆる「アベノミクス」によって、安倍政権誕生時に日経平均株価は9,000円であったが、今では1万6,000円台（2014年1月現在）にまで回復している。円安のおかげで、自動車、家電など、日本の輸出関連企業は軒並み業

績を回復させている。

　日本は民主党政権の3年間、深刻なデフレ状態を脱却できなかった。その政策の稚拙さなどさまざまな要因があったが、いずれにせよ日本経済は深刻な不況に陥っていた。安倍首相は野党時代に健康の回復に努め、思い切った政策を着々と準備していた。前民主党政権に比べ、安倍首相の手際のよさが非常に印象的に映る。

【13】 TPP（環太平洋経済連携協定）の意義

概要

　交渉妥結に向けて必死の努力が続けられているTPPの本質とはなんでしょうか。我々はこのTPPをどのように捉えればいいのでしょうか。第2次世界大戦後の世界経済の歩みを概観することによって、日本の採るべき政策は自ずと明らかになるはずです。

論文例

　第1次世界大戦後の平和がわずか20年間しか続かず、1939年には第2次世界大戦が始まってしまった原因の1つに、ベルサイユ講和条約の破綻があった。

　戦勝国の英米仏は、敗戦国のドイツに対して天文学的といわれるような巨額の賠償金を課した。その結果1929年10月に発生した世界大恐慌によって、国際経済体制は完全に崩壊した。

　世界経済体制が破綻したため、各列強はブロック経済を敷いた。各列強は自国通貨を基軸にして、外国製品に対して高関税を課した。こうして世界は、英米仏ソの「持てる国」と日独伊の「持てない国」の二大ブロックに分裂することになった。この二大ブロックの形成が、第2次世界大戦の遠因になった。

　第2次世界大戦後、国際社会は、米ドルを基軸通貨とした自由貿易体制、すなわちブレトン・ウッズ体制を敷いた。関税を低く抑え、輸出入を活発化させれば各国の相互依存体制は強められ、世界平和は増

進すると考えた。

　ブレトン・ウッズ体制は、主にIMF（国際通貨基金）と世界銀行の2つの機関から成っている。さらにGATT（関税と貿易に関する一般協定）を推進することによって、第2次世界大戦後の自由貿易は推進された。

　日本は太平洋戦争敗北後、米軍の占領下に置かれ、GHQ（連合国軍最高司令官総司令部）の主導の下に広範な民主化改革を行なった。憲法改正、財閥解体、農地改革によって、日本は戦前まで存在していた封建遺制を一掃し、戦後の経済発展の礎を築くことができた。

　1951年に独立した後、日本は自由主義陣営に与して経済発展を遂げた。資源のない日本にとって、発展の源は貿易以外になかった。

　日本の進むべき道は、今後もアメリカを中心とする自由主義陣営諸国との共存共栄以外にないはずだ。

　近年、東アジアでFTA（自由貿易協定）締結へ向けた交渉が活発化している。この交渉が結実すれば、世界の国内総生産（GDP）の2割を占める経済圏が東アジアに生まれることになる。しかしこれには中国が加わっていることに注目すべきである。TPPは、中国を封鎖する形で合意に向けた交渉が進んでいる。

　中国がTPPに反対するのは、世界経済におけるアメリカの主導権を許さないという思惑からである。日本はこの点を見落としてはならない。TPPの本質はアメリカを中心とする同盟体制の再構築の一環なのである。「安全保障はアメリカ頼み、しかし経済は中国頼み」という虫のいい考え方は許されない。TPPと安全保障は表裏一体なのである。

　今やアメリカの仮想敵国は、急速に国力をつけつつある中国である。中国は第2次世界大戦後のアメリカを基軸とする世界システムに対する挑戦者なのであり、だからこそアメリカは中国包囲網を取っているのである。

　現在日本国内でTPPに反対している勢力は、JA（農協）と日本医師会である。これらの団体は戦後一貫して保守政権下でさまざまな恩

恵を受けてきた。あまりにも政府の保護を受けすぎてきたため、日本の農業は国際競争力に弱く、自ら産業化することができずにいる。

また日本の医師の平均収入は約1,400万円を超えている。これまで特権を享受してきた勢力だけが現在TPPに反対していると言える。日本にとっての国益はアメリカとの同盟以外にはありえないことを、我々は肝に銘ずべきである。

8. MBA志望者ならぜひ知っておきたいテーマ

ここからは特にMBA志望者ならぜひ知っていただきたいテーマについて、要約用の論文を掲載します。前項と同様、60分800字程度で自分なりに要約して、知識を自分のものにしてください。

【1】 日本的経営

概要

日本的経営とは、一般的に（1）終身雇用制、（2）年功序列賃金制、（3）企業別組合の3つの特徴を持つ経営手法のことです。1970〜80年代、日本経済の絶頂期には、日本的経営は欧米から絶賛されていました。それが90年代に入ると、日本はバブル崩壊で長期不況に陥るようになり、それまで海外から賞賛されていた日本的経営は非効率や無責任体制を助長するものとして批判されるようになったのです。反対に成果主義や能力主義を基調とするアメリカ型経営が脚光を浴びるようになりました。ところがリーマンショック後は、再び日本型経営が再評価される兆しがあります。

終身雇用制を中心に据えている日本的経営がいいのか、それとも成果主義を基本とするアメリカ型経営がいいのかは、いまだ結論が出ていません。まずは両者の長短を比較してみる必要があります。

この問題は過去何度もMBA大学院の「小論文試験」として出題さ

れています。

論文例

　日本的経営は日本企業の高度成長を下支えする原動力として機能し、かつて世界各地で模倣、導入された経緯がある。日本的経営に対する高い評価は、実は海外の研究家から発信され、日本国内に広まったものだった。

　ジェームズ・アベグレンは1958年に『日本の経営』（山岡洋一訳、日本経済新聞社）を著し、終身雇用、年功賃金などの制度について効用を論じ、これを端緒に日本の経済成長を企業経営の側面から論じる研究が相次いだ。特に1970年代後半以降、オイルショックからいち早く日本経済が立ち直ったのを契機に、エズラ・ボーゲルの『ジャパン・アズ・ナンバーワン』（広中和歌子・木本彰子訳、ティービーエス・ブリタニカ、1979年）が著され、そのなかで日本型経営が賞賛され、日本以外の企業にも適用できる可能性が主張された。

　しかし英誌『エコノミスト』の元日本支局長のビル・エモットは、『日はまた沈む』（鈴木主税訳、草思社、1990年）のなかで日本的経営の神話を否定し、その衰退を予言した。事実、日本の不況が長期化の様相を呈するようになった1990年代後半以降、日本的経営を賛美する研究は激減した。そして今や日本的経営は、その存在自体が日本企業の構造改革を妨げ、日本経済を長期的な不況に陥れた元凶であるかのように見なされるようになった。

　日本的経営を構成する要素としては、終身雇用、年功序列賃金、企業別組合の「三種の神器」に加えて、手厚い福利厚生が挙げられる。しかし、広義の意味では、(1) これら雇用制度に加えて、(2) 定期的な人事異動によるゼネラリストの養成や、中堅社員になるまで社員間で目立った差をつけない長期の昇進競争モデル、(3) 稟議制などによる集団的意思決定や、QC（品質管理）サークルに見られる現場の知恵の活用など勤労面に見られる特徴以外に、企業と外部主体との関係として、(4) 生産・販売の取引面に見られる系列関係や、株式による

自己資本充実よりも金融機関からの借入に依存する資金調達体質、企業間の株式の相互持合いなども含まれる。この他、(5) 企業と政府の一体的な関係も、時として含まれる場合もある。

　これらの諸制度は相互に他の制度を補完するなど密接に関係しており、成り立ちには論争がある。代表的なのが、「1940年体制」の言葉に象徴される、戦時体制に起源を求める説である。戦時下、国家目標を達成するための総動員体制が企業レベルにまで徹底された。これが終戦後の復興の時期においても有効であるとの判断により、企業内部に残存、固定化したとの考え方である。

　これに対して、基本的な制度の起源は戦時期にあるものの、多くの制度の導入と普及、さらには各制度の精緻化においては戦後の高度成長期の企業発展と並行して行なわれたという戦後発展説を唱える論者もいる。

　その起源がいずれの時期にあったにせよ、日本的経営の基本的考えは、人材・設備・原材料・資本などの経営資源が限られているという制約の下、欧米諸国のキャッチアップを目指して、企業全体が一丸となってこうした隘路を打開するため構築されたものと言える。

　たとえば、終身雇用、年功序列賃金などの制度は外部への人材流動を回避するために導入されたが、従業員を解雇の危険から解放した結果、愛社精神と自己啓発へのモチベーションを高揚し、自己の持つ技能を惜しげもなく同期や下の世代に伝承させるなど、限られた採用人員での経営効率を高めるよう機能した。

　この他、生産におけるかんばん方式（トヨタ生産方式）も、人材を有効活用する以外にも、生産資源の有効活用の面から、中間在庫の徹底的圧縮と歩留まりの向上を目指して開発されたものである。

　欧米諸国へのキャッチアップ期においては極めて合理的に機能した日本的経営がその第一目標を実現した今、グローバル化や社会、環境との共生といった新しい経営課題の出現に直面して逆に陳腐化し、新時代の企業経営の足枷となる危険性が高くなってきている。

【2】デフレーション

概要

　アベノミクスの効果によって幾分改善されたようですが、それまでの日本は深刻なデフレスパイラルの状況下にありました。デフレスパイラルとは、物が売れなくなって企業の業績が悪化し、物価と従業員の給与が下がり、それがますます業績の悪化を加速させる悪循環のことを指します。このテーマも、過去に何度もMBAの「小論文試験」で出題されています。

論文例

　アベノミクスまでの数年間、日本の不況は深刻なものだった。その原因としては、バブルの崩壊、そして金融機関の破綻に加えて、デフレスパイラルが拡大したことによる。

　デフレとは、インフレの反意語で物価下落のことであるが、これには2種類ある。第1は、景気の後退と共に物価が下落したときに起こるものである。通常は原料や賃金も下落するので、それによって投資条件が改善され、比較的短期間のうちに景気が回復する。

　第2は、景気後退に伴う物価下落が進行しても、投資条件が改善されるどころか悪化して、さらなる需要の減少と物価の下落を促進するデフレ、すなわちデフレスパイラル（悪循環的デフレ）である。

　前者は市場の調整機能が均衡促進的に働く場合であり、第1次大戦前にしばしば見られた循環型の短期の恐慌に伴うデフレである。

　これに対して後者は、1929年のアメリカの大恐慌において現れたデフレである。このとき市場機能は、均衡破壊的に作用し続けた。つまりデフレが進めば進むほど、投資は縮小し、ほとんどゼロに近づいた。この結果、失業者は史上最高の水準に増大した。

　この違いはなぜ生じるのか。1929年の場合には、アメリカ経済を事実上支配するほど寡占的大企業が成長しており、いわゆる下方硬直性（物価が下落しても、自社の商品価格をできるだけ下げないように

する仕組み）が現れ始めていた。また大企業の賃金率（時間賃金）もできる限り引き下げないような仕組みが生まれていた。

　寡占的大企業が需要の減少に直面したとき、商品価格と賃金率を維持しようとして、投資の大規模な縮小を実行した。このことが社会的需要をさらに収縮させ、景気は螺旋的に悪化した。現在の先進国には、寡占的大企業の存在などによる硬直的な価格構造が定着している。この意味で、デフレスパイラルが発生する可能性が常に存在している。

　デフレ下では、債務者の実質負担が増え、投資が圧迫され、将来価格が低下するという予想が生まれるので買い控えも起こる。もちろん消費者の実質購買力が上昇したり、債権者が得をするということも起こるが、物価が下落している状態で景気がよいという例は歴史的に見ても皆無であることを考えると、デフレというのはマイナス面が大きいといえる。

【3】コーポレート・ガバナンス

概要

　コーポレート・ガバナンスとは、企業の統治能力を高めるための考え方や、仕組み、モラルなどを指します。より具体的に言えば、企業組織のなかにいても、経営陣からは距離を置き、必要な変革のための圧力をかける仕組みのことをいいます。

論文例

　戦後最悪の経済危機や相次ぐ企業不祥事などをきっかけに、日本の会社経営のあり方に疑問を唱える声が高まってきた。そこで最近注目を集めているのが、日本型のコーポレート・ガバナンス（企業統治）を見直そうという動きである。

　欧米では、企業の意思決定プロセスや経営に携わる者のあり方、役員候補の選定、役員報酬の決定方法、株主と経営者の意志疎通のあり

方など「企業統治（コーポレート・ガバナンス）」の問題を見直し、適切な基準を設ける動きが、株主サイドから急速に広まっている。

一方日本では、第2次世界大戦後、企業の資本と所有の分離、および関係会社間の株式の持ち合いによって、経営者は「誰に対して、どのような責任を負うか」を不明確にした。取締役を従業員からの登用で固めることを通じて企業権力を握り、その権力を行使する存在となった。上場企業の株主総会が一年のうちの特定日に集中する異常さも含めて、株主主権は日本では形骸化しているといわざるを得ない。

コーポレート・ガバナンスを定義づけると、「会社のビジネスの運営——特に株主、取締役会とその委員会、経営者、従業員、地域社会、主要な顧客と仕入先などの関係のあり方——における権力の行使とコントロールのための法的・実際的システム」のことである。

コーポレート・ガバナンスという言葉が今日のような意味を持つ用語として使われ始めたのは、1970年代のことである。その頃、大企業の経営の仕方、および取締役会の機能と役割について、さまざまな疑問がアメリカ社会に広がり出したことを出発点にしている。

それらの疑問とは、「株主、取締役、経営者（オフィサーズ）それぞれの役割、権限、義務は何なのか」「それぞれが、本来の機能を実際に果たしているのか」「企業のあるべき姿のためにはどういう改善をどのように進めるべきか」などという基本的問題であった。

言い換えればコーポレート・ガバナンスとは、株主主権主義に基づいて、広範な領域にわたって経営の透明度を高め、経営者の専横な行動を戒め、主要関係者の責任と権限を明らかにしようとする動きのことである。

年金基金や生保など日本の機関投資家も、欧米のように日本の実情に即した企業統治基準を設け、その推進母体となる義務がある。企業のリスクを管理し、資金運用成績の向上を図ることで、初めて資金の委託者である一般株主への責任を果たすことができる。

企業は自ら経営体制の健全化に努めるべきである。アメリカでは、年金資金運用者が所属する投資信託企業に対して、株主議決権の行使

や経営監視を義務づけた厳しい基準を設けているが、日本でも制度面の検討が必要である。

　企業統治基準は、経営の効率化や業績向上のためであると同時に、日本の証券市場を内外の投資家や市民が安心して投資できるようにし、企業の資本調達を容易にするための必要条件である。日本では国民の金融資産に占める株式の比率が先進国で最低といわれているが、これを少しでも高めることができれば、証券市場の活性化に大きく貢献することができる。

第Ⅱ部
すべて合格実例！
研究計画書合格サンプル

第3章
夜間開講制MBA合格実例集

1. 早稲田大学大学院 商学研究科 専門職学位課程 ビジネス専攻
   O・S
2. 早稲田大学大学院 商学研究科 専門職学位課程 ビジネス専攻
   S・M
3. 早稲田大学大学院 商学研究科 専門職学位課程 ビジネス専攻
   K・T
4. 早稲田大学大学院 商学研究科 専門職学位課程 ビジネス専攻
   N・M
5. 早稲田大学大学院 商学研究科 専門職学位課程 ビジネス専攻
   O・T
6. 早稲田大学大学院 商学研究科 専門職学位課程 ビジネス専攻
   Y・M
7. 早稲田大学大学院 商学研究科 専門職学位課程 ビジネス専攻
   吉村真佐子
8. 早稲田大学大学院 商学研究科 専門職学位課程 ビジネス専攻
   N・K
9. 早稲田大学大学院 商学研究科 専門職学位課程 ビジネス専攻
   R・M

   Column 早稲田大学大学院

10. 筑波大学大学院 ビジネス科学研究科 経営システム科学専攻
    U・T
11. 筑波大学大学院 ビジネス科学研究科 経営システム科学専攻
    T・H
12. 筑波大学大学院 ビジネス科学研究科 経営システム科学専攻
    F・H
13. 筑波大学大学院 ビジネス科学研究科 経営システム科学専攻
    I・Y
14. 筑波大学大学院 ビジネス科学研究科 経営システム科学専攻
    M・M

    Column 筑波大学大学院

15. 中央大学大学院 戦略経営研究科 戦略経営専攻 M・T

研究計画書合格サンプルの見方

次ページから、実際に大学院に合格した研究計画書のサンプルを掲載します。どのような研究計画書なら合格レベルに達することができるのか、イメージしながらお読みください。特に参考にしていただきたいポイントには、下線を引いて私のコメントを挿入しています。

原則的に実際の研究計画書をそのまま掲載していますが、日本語の誤りなど、一部を修正しています。また作成者の年齢は作成当時のものです。ご了承ください。

> ⚠ 言うまでもないことですが、一部をそのまま転載するなどないようにしてください。どの大学院もたいてい「この研究計画書は自分一人の力で書いた」旨の誓約をさせられます。違反することのないよう気をつけてください。

早稲田大学大学院

再生過程の企業に属していた経験から、財務面の改善だけではなく経営者の強いリーダーシップ、多面的な経営能力、そして従業員のモチベーションやモラルの向上なくして、持続可能な企業への再生は成しえないと考えた。

再生ビジネスは、企業を投資対象として捉え、表面的な企業価値向上のために、財務面の改善に重点が置かれているように思う。確かに企業再生に金融的手法は不可欠である。●●●産業再生機構の下で、財務面で大幅な改善を図ることができた。しかし、財務面での改善が成されても、現場で働く従業員に対し、再生へ向けて会社の進むべき方針の情報はまったく提供されず、新聞紙面が先行する有様であった。このような経緯から、貴研究科において、真の持続可能な企業へ再生するための効果的な経営戦略・オペレーションについて学びたいと考えるに至った。

ハーバード・ビジネス・スクールのロザベス・モス・カンターは、「ターンアラウンドの要は、社員たちの自信回復の構築である」と述べている。●●のケースでは、経営陣は変わっても、以前と変わらない旧態依然とした数値管理や業務を課し、会社への忠誠心は薄れ、従業員は働くことの目標や価値観を見出せなくなっていた。結果として、生産性は低下の一途であった。●●の再生は最終局面を迎えており、売却先の選定が始まった。しかしながら、産業

> ✏ O・Sさんは、企業の倒産と再生を内部から見てきた結果、コンプライアンスがいかに重要であるかを深く認識しました。またこれまで経営学そのものに関して、あまりにも知らなさ過ぎた(...)として述べられている点が非常に優(...)さんのキャリアゴールは、大学院修了(...)ドやコンサルティング会社に入るこ

> 勤務先など、執筆者を特定できてしまうような一部の固有名詞は伏せてあります。

> これから研究計画書を作成するにあたり、ぜひ参考にしていただきたい箇所に下線を引いています。コメントは、ページ下部を参照してください。

早稲田大学大学院
商学研究科
専門職学位課程ビジネス専攻

O・S(28歳)

> **研究計画書を読むにあたって**
>
> O・Sさんは大学卒業後、今は倒産してしまったメーカーの地域販売会社に入社し、数年後に主任に昇進して多忙な毎日を過ごしてきました。ところが本社の経営陣の無能と粉飾決算が重なって遂に倒産に至り、吸収合併されることになったのです。このことはO・Sさんにとっては晴天の霹靂でしたが、これを機に会社を辞めることにしました。
>
> 大学院に入ってこれまでのサラリーマン生活を総括すると共に、修了後のキャリアチェンジに備えるため、「再生過程の企業の効果的な経営戦略」について研究したいと思うようになりました。
>
> 大学院修了後、外資系の化粧品会社に再就職し、頑張っています。

エッセイ1

本大学院における貴方の研究計画をテーマ、アプローチ方法などに言及したうえで具体的に述べてください。（1,000字以内）

テーマ

「再生過程の企業における効果的な経営戦略とオペレーションの構築」

再生過程の企業に属していた経験から、財務面の改善だけではなく経営者の強いリーダーシップ、多面的な経営能力、そして従業員のモチベーションやモラルの向上なくして、持続可能な企業への再生は成しえないと考えた。

　再生ビジネスは、企業を投資対象として捉え、表面的な企業価値向上のために、財務面の改善に重点が置かれているように思う。確かに企業再生に金融的手法は不可欠である。●●は産業再生機構の下で、財務面で大幅な改善を図ることができた。しかし、財務面での改善が成されても、現場で働く従業員に対し、再生へ向けて会社の進むべき方針の情報はまったく提供されず、新聞紙面が先行する有様であった。このような経緯から、貴研究科において、真の持続的経営が可能な企業へ再生するための効果的な経営戦略・オペレーションの構築について学びたいと考えるに至った。/1

　ハーバード・ビジネス・スクールのロザベス・モス・カンター教授は、「ターンアラウンドの要は、社員たちの自信回復と信頼関係の再構築である」と述べている。●●のケースでは、経営陣は変わっても、以前と変わらない旧態依然とした数値管理や業務を課し、会社への忠誠心は薄れ、従業員は働くことの目標や価値観を見出せなくなっていた。結果として、生産性は低下の一途であった。●●の再生は最終局面を迎えており、売却先の選定が始まった。しかしながら、産業

/1　O・Sさんは、企業の倒産と再生を内部から見てきた結果、コンプライアンスがいかに重要であるかを深く認識しました。またこれまで経営学そのものに関して、あまりにも知らなさ過ぎたことを、真剣に自己批判せざるを得ませんでした。これらのことが、一貫したストーリーとして述べられている点が非常に優れています。なお、O・Sさんのキャリアゴールは、大学院修了後、企業の再生投資ファンドやコンサルティング会社に入ることにあります。

再生機構の下では、人的資源に関する効果的な再生は行なわれていないため、真の持続可能な企業へ向けての再生が成されたか疑問を感じている。2

　真の持続的経営が可能な企業へ再生するためのプロセスを学ぶため、●●の事例に基づき下記のプロセスで検証する。3
(1) 企業経営の失敗とその要因の分析を通じて、現状認識と再生戦略のための糸口を掴む。
(2) ●●のように多角化経営の企業であれば、事業価値の選別を行なわなければならない。競争優位性のある事業やコア・コンピタンスを明確にする再生戦略を研究する。
(3) ファンド運用会社、コンサルティングファーム、公的機関など再生のプレーヤーは多様化している。MKSパートナーズの「福助」のように外部からリーダーを招集し独自の経営改善を図りつつある事例等を参考に研究することで、より有効な再生スキームを検証する。
(4) 上記の検証を通じて、研究テーマを統括する。

2　O・Sさんが経験したことは、たとえ経営陣が代わっても、前と同じく数値管理や業務を要求したため、従業員のモチベーションや忠誠心が上がらなかったという点でした。働くことに目標や意義を見出せなくなったことが率直に述べられており、読み手の胸を打ちます。アメリカのM＆Aの流れについて概観しておくと、なおよいと思います。

3　(1) 企業経営の失敗の原因の分析、(2) 事業の選別の問題、(3) ファンド、コンサルティング会社、公的機関、リーダーの外部招聘など、事業再生のための検証プロセスが具体的に述べられていて、説得力があります。

エッセイ2

あなたの人生のこの時期に本研究科の修士課程へ出願した理由は何ですか？（500字以内）

　私は、●●再生の経緯を内部で経験してきた。刑事事件にまで発展した約2,000億円に及ぶ粉飾決算を経験し、私自身も決算期の架空取引に携わってきた。上司からの指示や古くからの慣習ではあったにせよ、疑問を感じつつも諦め的な思いで行なってしまった。私の行為がコンプライアンスに反したことであると認識できず、判断力の欠如と社会人としての未熟さを痛感する契機となった。*4* また、従業員は、そうした行為を慣行してきた会社に対する不信感を抱き、仕事に対する自尊心が持てなくなり、士気の低下が職場に蔓延していた。そのことから、強い憤りと疑問を抱くようになった。

　私は、会社が危機的状況に直面したことで、自身の能力を棚卸し、転身を決意した。

　目の前で起きている事象を傍観するだけではなく、体系的に捉えることで今後のキャリア形成に生かすための能力を高めたい。個人の能力が尊重されつつあるなかで、高いレベルでの分析力・思考力・判断力、そして実践的なリーダーシップを身につける必要があると考えている。また同時に、それらのビジネススキルが不足していることを強く認識し、貴研究科を志望した。

エッセイ3

あなたのキャリアゴールを具体的に設定してください。それをどのように達成しますか。本大学院の修士号がそのなかでどのような意味を持ちますか。（500字以内）

---

4 上司の指示によるとはいえ、結果として粉飾決算に関わっていたことの慙愧（ざんき）の念を率直に述べており、誠実さが感じられます。

私は、企業再生における経営戦略分野のターンアラウンド・マネジャーになることをキャリアゴールとして考えている。

　企業再生には、企業経営を多面的な視野で体系的に捉える能力が必要である。実践的な経営スキルのみならず、法律知識、財務・会計知識を学ぶうえでは、「スペシャリストではなく経営者の養成」を目指す貴研究科にて身につく能力は、キャリアゴールに不可欠なものとなると確信している。卒業後は、戦略系コンサルティングファームにてコンサルタントとしての素地やさまざまな業界分析を広く学び、実務を通じて「問題点を的確に把握・解決し、新たなビジョンを策定し確実に実行する」能力に磨きをかける。40歳までには企業再生投資ファンド運営会社やコンサルティングファームにてターンアラウンド・マネジャーへ転身することを考えている。

　私の再生過程の企業に在籍した経歴や、今後再生ビジネスに携わり積み重ねた能力を活かし、持続可能な企業への再生・育成に従事したい。そして、広い視野と先見性を兼ね備えた事業戦略策定能力を身につけ、企業経営における戦略や再生プロセスモデルの構築に挑戦したい。

エッセイ4

学業・職業・地域社会等において表彰されたことなどこの願書のなかに記述されなかったものを挙げてください。また、アドミッションズ・オフィスに注目してほしい意義のある業績を挙げ、その理由を述べてください。（500字以内）

　2004年度の店頭売上計画・回収計画を105％達成することができ、営業部門の表彰を得ることができた。●●を取り巻く市場環境（売上高前年比94％）のなかで、この成功体験が、私の営業スタイルに確信と自信を持たせるものとなった。同時に、リーダーと部下の相互理解を深め、私自身が仕事において心掛けてきた「協働」をチームに根づかせることができた。

入社後から、化粧品販売の美容部員のチームリーダーとして運営から労務管理を4年間任されてきた。私は、リーダーシップとは、その人間の経験や知識のバックグラウンドがあって確立される能力であり、その深まりとともに変化していくものであると考えている。実際には、最初の段階としてサーバント・リーダーシップ論といわれる「リーダーが部下を支えて、部下に奉仕する。その結果、部下がリーダーについてくる気になる」を実行してきた。社会人として経験も知識も勝っている相手が部下であれば、強制的なリーダーシップは受け入れられない。自らが動き共に作業を行なう姿勢を見せ、時には各美容部員の能動的な働きを活かしつつチーム管理や運営を行なってきた。5

5　参考文献として下記を挙げます。
　　久保田潤一郎「企業倫理・コンプライアンス活動とCSR」亀川雅人・高岡美佳編著『CSRと企業経営』第5章、学文社、2007年

早稲田大学大学院
商学研究科
専門職学位課程ビジネス専攻

S・M（36歳）

研究計画書を読むにあたって

　S・Mさんはある公立大学大学院経済学研究科修士課程を修了した後、石油元売会社に入社しました。しかしここでの仕事に面白さを見出すことができずに5年半で退職し、半年間にわたり介護ビジネスの研修を受けた後、介護サービスの会社を起業しました。

　会社を設立して約4年半が経ち、ある程度経営が軌道に乗ってきたのを機会に、これまでの経営を振り返ったとき、若さに任せてやってきた部分が相当あったことに気づきます。そこで大学院のMBAに入学して、根拠に基づいた経営を行ないたいと考えるに至りました。現在S・Mさんは、横浜を中心にして介護ビジネスを展開されていますが、順調に発展し、5年後の上場に向けて頑張っておられます。私が指導してきた学院生のなかで、最もエネルギッシュに満ちた青年の1人でした。

エッセイ1

これまでの実務経験、および現在の担当業務（離職中の方は直近の業務）についての詳細（1,000字以内）

　大学院（●●大学大学院・経済学修士）修了後、石油元売会社に5

年半、勤務した。所属した部署と期間は、経営企画3年、経理2年半であった。

その後、上記の会社を退職し、半年ほど起業の準備をして、在宅介護のサービスを行なう会社を起業した。会社を設立してから約4年半経っている。

石油会社時代、経営企画部門では、全社の収益予想、収益分析、また事故時等、イレギュラーな出来事に対して、会社の収益にどのようなインパクトがあるかを計算していた。経理部門では、本社の経理決済、入金管理、各支店の経理の集計等を行なった。

石油会社を退職後、介護スクールに通いながら、介護施設で夜勤などをするなどして介護の実務経験を積み、在宅介護サービスの会社を2007年4月に設立し、代表取締役として現在に至っている。

現在、私の会社が行なっているサービスは、訪問介護、居宅介護支援、福祉用具貸与・販売、介護スクールの運営で、横浜市内に4拠点ある。現在、正社員は25名、非常勤社員は150名ほどいる。

会社設立から3年ほどは、事業所長兼介護職員として管理職と介護現場をフルにかけ持ちしていたが、後輩社員がだんだんと育ってきた。その結果、事業所を増やし、各拠点に所長を配置した。私自身は、会社全体の状況、中長期的視野から、経営戦略を見る余裕が出てきた。

現在、私が代表取締役として担当業務としているのは以下の事柄である。

経営会議（月1回）・全体営業会議（月1回）の運営、資本政策の決定・実施（銀行との交渉）、経費、給与の決済、管理者の育成、正社員の採用業務、新入社員教育、行政情報収集（次期介護報酬の動向、自治体の政策動向）などである。

/1　S・Mさんの起業に賭ける進取性が、実に具体的に述べられています。

一般の会社で言う経営企画、財務、人事教育部門などの業務を主に私1人で行なっている状況にある。特に直近では教育に力を入れている。サービス業のため、その質は人がすべてと言ってよいからだ。そのなかでも管理者候補の教育に注力している。彼らが育たないと拠点を増やせない。事業所マネジメント、介護関係の法令を教育している。2

エッセイ2

あなたのキャリアゴールおよび達成方法（500字以内）

　経営者として、経営能力をたえず向上させると同時に、その知識、能力を体系的に整理していきたい。
　私自身が、MBAで身につけた実践的経営知識を社内の各管理者またはその候補者に伝授していき、会社の健全なる発展と、組織力の向上を図っていきたい。
　理想の経営モデルを構築し、そのモデルを拡大させ、企業規模も拡大していく。上場も視野に入れたい。
　自社においてその取り組みが一定の水準に達してからは、業界団体を通じて、他の中小零細の介護会社に対して、経営知識、能力の伝授を行ない、介護業界の健全なる発展に寄与していきたいと考えている。今後、ますます進む高齢社会の質の向上を図り、我が国の福祉、雇用政策に貢献することを切望している。
　また、韓国、中国をはじめとするアジアの国でも、今後急激な高齢化が進むとされているが、そうした国に対し、日本の優れたロールモ

---

2 介護サービス会社の実態が詳細に記されていて、実際に経営していることがよくわかる内容になっています。
3 近い将来、中小の介護会社や、東南アジアにも、介護ビジネスでもって進出したい意向であることが明らかにされています。

デルを示していきたい。我が国の優れた介護ビジネスの輸出も視野に入れる。*3*

エッセイ3

志望プログラム（モジュール）への期待と入学後の研究テーマ（1,000字以内）

テーマ：介護業界における競争戦略（異業種間競争の視点から）

　私の属する介護業界では、介護以外の異業種からの参入事例に事欠かない。業界大手のニチイ学館は、医療事務事業からの参入、ベネッセは、教育事業からの参入である。伝統的な大企業から参入している事例としては、パナソニック、東京電力、東急不動産などがある。

　また、私自身も石油業界で働いていて、まったく異業種からの転身である。業界がまだまだ未成熟なため、その様子はさながら戦国時代である。

　日本の高齢化は、団塊の世代が75歳以上になる2025年に最大のピークを迎えると言われている。そして、そのときの介護業界のトップ企業は、現在と違う会社であるだろうとも言われている。

　貴モジュールでは、異業種からの競争戦略の理論*4*、事例について研究し、それを介護業界に当てはめていきたいと考えている。

　現在の段階で考えられる事例としては、以下の通りである。ワタミ

4　競争戦略については、伊丹敬之著『経営戦略の論理（第4版）』（日本経済新聞出版社、2012年）を参考にするとよいでしょう。このなかで伊丹氏は、「製品差別化やサービス差別化は、確かに価格差別化よりは難しい。しかし顧客の立場に立って徹底的に考え、資源を集中すれば、意外な製品差別化やサービスの差別化が可能になる。そうした『常識を越えた』差別化が実現できると、競争上の優位は一気に築ける」と述べています。

が飲食業のノウハウを活かし、効率的でおいしい食事を老人ホームで提供している事例。ツクイという会社が、祖業の建築業のノウハウを活かし、安価なコストで老人施設を建設している事例。学研が幼児教育などのノウハウを活かし、保育園と高齢者住宅を融合させている事例などがある。[5]

　介護保険は2000年に始まり、その歴史はわずか10年足らずで、その競争戦略の体系化はほとんどなされていない。

　私は、現在までの介護業界における各社の競争戦略を整理し、他業界の事例を参考にして、今後の介護業界における競争戦略の方向性を探っていきたいと考えている。

　また、介護業界が抱える大きな問題についても考察していきたいと思っている。

　介護業界は、恒常的な人材不足、教育体制・キャリアパスの不備、職員の高齢化、介護の専門性が過度に重視されていて経営のプロが少ない、などの問題点を抱えている。

　上記のような問題を、他業界の成功事例を大いに参考にして解決の糸口を探り、魅力のある業界にしていきたいと願っている。

---

[5] 同業他社のことが比較研究されており、S・Mさんの問題意識の高さを表しています。(コメント内の参考文献：亀川雅人「序章・ホスピタリティとサービス」、浅岡柚美「第1章・戦略としてのホスピタリティ」、山口一美「第2章・ホスピタリティと人材マネジメント」、亀川雅人編『ビジネスクリエーターとホスピタリティ』創成社、2006年)。

早稲田大学大学院
商学研究科
専門職学位課程ビジネス専攻

K・T（41歳）

> **研究計画書を読むにあたって**
>
> 　K・Tさんは都内にある大学の経済学部経済学科を卒業し、外資系海運会社に入社します。その間、アメリカの大学で会計学に関する科目を30単位取得しました。その後転職を一度行なった後、現在の外資系ロジスティック会社の取締役に就任しました。
> 　K・Tさんは、MBA取得を通じ、さらなる業務の拡大と、社会に貢献できる人材になることを目指しています。早稲田大学ではグローバル・マネジメント系のモジュールを志望していました。今後の活躍が大いに期待できる人材です。

エッセイ1

これまでの実務経験、および現在の担当業務（離職中の方は直近の業務）についての詳細（1,000字以内）

　私は1995年4月に新卒で外資系海運会社に入社以来、これまで計3社にてキャリア構築を行なってきた。それぞれの会社での「実務経験のなかで成し遂げたこと」および「現在の担当業務に関する詳細」を以下に記述する。

実務経験のなかで成し遂げたこと *1*

1995年4月～2003年2月　●●株式会社（海運業）

- 入社2年目に大手アライアンスにおける北米・欧州航路スケジュールおよびスペースコントロール業務担当として、北米航路における本社選定のMVPを獲得。
- 入社5年目に国内輸送企画管理課長に就任。効果的・効率的な空コンテナーのポジショニングにより、就任初年度より約10億円のコスト削減を実現。
- 入社7年目より労働組合の委員長として年功序列賃金制度から成果主義（職能・職務）型賃金制度への移行を主導、導入を実現。
- 2002年日韓ワールドカップ開催時、ブラジル国営放送向けの放送用サテライト型アンテナ車輸送プロジェクトのプロジェクトマネジャーを担当。200人超の関係者を率いプロジェクトを成功させた。

2003年3月～2006年10月　●●株式会社（●●グループ）

- 日系大手自動車のSCM構築、外資系金融投資企業の業務デューディリジェンス、外資系大手PC製造販売企業の会計システム構築、大手たばこ企業連合のTASPO導入、大手外資系飲料メーカーの新会社設立における戦略構築などのプロジェクトを経験。計9つのプロジェクト中、ほぼ全プロジェクトにて社内最高評価のE（Exceed Expectation）を獲得。
- 2006年5月には社内選抜により●●コンサルタント代表として、●●主催のコンサルティング研修（春季コース）に参加。

現在の担当業務に関する詳細

　私は現在、●●株式会社日本オフィスの副代表（取締役）として、

---

1 キャリアを具体的に明かすことで、K・Tさんがグローバル人材として有能であることを読み手に印象づけています。

サードパーティーロジスティクス事業の企画、運営、管理業務を行なっている。詳細および実績を以下に記述する。
・トップセールスおよび広報活動
・事業およびマーケティング戦略策定・実行
・人材採用・開発・管理
・予算策定、管理・財務会計報告
・2006年の赴任以来年率約40％超の（売上）成長を実現。
・内外資問わず大手小売企業の大型ロジスティクスマネジメントプロジェクト（日本国内）の受注を実現。

エッセイ2

あなたのキャリアゴールおよび達成方法（500字以内）

　私のキャリアゴールは、日本企業のグローバルマーケット、特に今後成長が期待されるアジア市場進出を成功に導くプロフェッショナルとなることである。
　私はこれまで●●をキャリア構築上のコンピテンシーとしてコンサルティング、企業経営を経験してきた。これら経験を活かし、海外市場、特にアジアを中心とした新興国市場への日本企業進出の成功に寄与したいと考えている。具体的な達成方法を以下に記述する。

(1) 早稲田大学ビジネススクール（WBS）に集う優秀な人材とMBA獲得に向け切磋琢磨することで、より総合的に経営能力を洗練させると共に、深い信頼関係に結ばれた人脈の形成を行なう。
(2) 現在所属する●●本社のアジア営業統括部門に異動するか、日本オフィスにて代表取締役となる。
(3) WBSで洗練させた経営能力および人脈、現業で培う知識・経験をフルに活用し、日本企業の中国およびアジアを中心とした海外新興国市場進出の成功事例を蓄積する。
(4) 実績蓄積を通じて自身のプレゼンスを高め、海外進出を目指す日

本企業の経営者となるか、コンサルタントとして海外市場進出の成功に寄与するプロフェッショナルとなる。

WBSにてMBAを取得する過程において、上記ゴールに近づくことができるものと確信している。

エッセイ3

志望プログラム（モジュール）への期待と入学後の研究テーマ（1,000字以内）

テーマ：企業の海外市場進出に伴うサプライチェーン構築成熟度と進出成否の関連性

はじめに、志望プログラム（モジュール）への期待を述べる。私は「グローバルビジネス戦略系」モジュールへの進学を志望している。

私が現在所属する●●グループは●●の上場企業であり、海運業、グローバル・ロジスティクス事業を中核として世界で成功を収めてきた。ここでの私の経験は、「アジア新興市場の台頭」および「サービスビジネスの国際化」という本モジュールにおける重要な視点と合致するものであり、講義時の議論において貢献できると考えている。

また、複雑化するメタナショナル競争環境にフィットしたグローバル戦略の探求が本モジュールの主要なテーマであるが、日本企業の海外進出を成功に導くプロフェッショナルとなることをキャリアゴールに設定している私にとって、まさに現在の自分に必要な視点だと考えている。

次に入学後の研究テーマについて述べる。

2　「現在の担当業務に関する詳細」で説明したK・Tさんの現在と研究テーマが完全に一致しているため、一貫性のある計画書に仕上がっています。

BRICSを中心とした新興国が成長を続けるなか、日本企業は海外市場進出で苦戦している。これまで世界のブランドとなってきた自動車を中心とした製造業ですら、海外で必ずしも勝てるとは限らなくなってきた。小売・流通業に至っては、成長著しい新興国市場を含め、明確な成功を成し遂げた企業は数少ないと理解している。

　私はこれまで、現業において、世界市場で成功を収める企業の日本市場進出をロジスティクス構築の観点からサポートする機会に恵まれてきた。そこで学んだことであるが、海外市場進出を成功させる企業は、本社トップレベルから●●ロジスティクスの重要性を理解し、自社の事業戦略を支える独自のSCMモデルを構築する傾向が強いということである。これは現在海外進出を加速する●●や、SCM構築能力で注目された●●などにおいても共通の傾向と言える。言い換えれば、優良なサプライヤーの開拓から販売戦略の実現まで、SCMの成熟度が少なからず海外市場進出の成否に関わっているのではないかというのが私の仮説である。

　私は現在、大学院、コンサルタントなどアカデミックな分野で活躍する先生方および日本企業の海外事業戦略を担う方々と、海外新興市場に進出するうえで、いかにロジスティクスを構築するか、というお話をさせていただく機会が多い。多くの企業、特に小売・流通、サービス業で中国を中心としたアジア市場への進出を目指す企業との実践と本モジュールで学ぶ理論をベースに、SCM構築能力の成熟度と海外市場進出の成否の関連性を明らかにしたいと考えている。*3*

---

3 ロジスティックを業務とするK・Tさんの現在の課題について具体的に述べられており、WBSで勉強する意義がしっかり述べられていました。これほどのキャリアを持っている人材だとしたら、大学院側としてもぜひ採りたいと考えるでしょう。

早稲田大学大学院
商学研究科
専門職学位課程ビジネス専攻

N・M（28歳）

研究計画書を読むにあたって

　N・Mさんが勤めていた玩具業界では、近年企業合併が相次ぎ、職場環境が激変しています。以前は大半が正社員で占められていましたが、最近では半数が非正規社員になりました。このため社員のモラルの低下が顕著になったそうです。

　そこでN・Mさんは、組織の構成員とその価値観が多様化する状況下では、一律のビジョンを共有して企業の人的資源を最大限に引き出すことはできないとの問題意識の下に、大学院ではリーダーシップ、特にミドルマネジャーのリーダーシップのあり方について研究したいと思うようになりました。

　現在N・Mさんはアメリカに住んでおり、アメリカの大学院で研究することを志しています。

エッセイ1

本大学院における貴方の研究計画をテーマ、アプローチ方法などに言及したうえで具体的に述べてください。（1,000字以内）

学習題目
「組織内多様性を有効活用するミドルリーダーシップの分析」

　私は組織内の多様性を有効活用する企業組織について研究したい。

私の所属した玩具業界は現在、トップメーカーの合併など、業界全体での変革期にある。自社でも、社員に求める要件が一律的な業務遂行から個別の付加価値向上に変化し、非正社員数が5割に達するなど社内環境の急激な変化が起こった。

　自社は、経営戦略においては外部環境にうまく適応し、業績は着実に向上していた。しかし、社員は環境の大幅な変化に接してモラルの低下を起こした。ほぼ全員が正社員であったかつてのような職務に対する一律的な価値観が崩れて、個人ごとのキャリアについて、目標設定や価値観の共有などのマネジメントが有効に機能しなくなったためである。

　これからの日本は少子高齢化と高度情報化が同時に進行する。日本企業は女性、高齢者、若年層、外国人といった異なる属性を持つ人材を確保・活用することが必要になる。その結果として、労働時間や雇用形態といった人事制度や個人の持つ価値観が、さらに多様化していくことが予想される。

　組織の構成員とその個別の価値観が多様化する状況下では、一律のビジョンをトップダウン型のリーダーシップで強いるだけでは、人的資源を最大限に活用することが困難になる。そこで私は、従業員の多様性を積極的に活用するという視点に立った人的資源管理について研究したいと思っている。

　私は前職で上司のもと、実務、戦略的思考、そして自己のキャリア開発までを指導されることで、意欲を持って職務に没頭した。一方でミドルの是非が、チームの生産性や、自社でも課題になっていた若年層の離職に大きく関係していると認識した。的確なビジョンを設定する事業創造のリーダーシップももちろん重要であるが、それと同時に、今後の日本企業には、従来の管理統制型とは異なるリーダーシップが必要になるであろう。私はその役割を果たすためにはミドルリーダーシップの強化が極めて重要だと考える。しかし実際は報奨目的の昇進や配置が中心となり、戦略的課題としてミドル機能の強化を行なっている企業は少ない。

日本の国内企業を対象に、(1) リーダーシップについての先行研究の整理、(2) 今後の労働市場の推移予測、(3) 企業の成功事例分析やヒアリングを実施し、「多様性の活用」という視点に基づいた新しいミドルリーダーシップの分析に挑戦したいと考えている。*2*

エッセイ2

あなたの人生のこの時期に本研究科の修士課程へ出願した理由は何ですか？（500字以内）

　私は「企業の成果と個人の満足を両立できる組織」をつくること

---

1 伊丹敬之・加護野忠男著『ゼミナール経営学入門』（日本経済新聞社、2003年）には、ミドルリーダーシップについて次のように述べています。興味のある方は参考にしてください。
中間管理職のリーダーシップの発揮についてはパワーギャップの問題があります。パワーギャップとは、中間管理職に与えられた公式的な権限（パワー）と、中間管理職が実際に必要とするパワーの差です。このパワーギャップが生じるのは、中間管理職の仕事が、自分が統括する部門のなかで完結しないことから起こります。これを埋めるには、中間管理職は職務権限以外に独自のパワーの源泉を持たなければなりません。
通常リーダーシップは、自分と部下とを含む集団のなかで発揮されるものですが、大きな組織の中間管理職にとっては、上司や他の部門を動かすことができる影響力が必要になってきます。このような影響力が必要になるのは、中間管理職の仕事が他の人々の仕事と相互依存関係にあるからなのです。

2 N・Mさんは研究テーマとして3つを挙げていますが、いずれもが大きいテーマであるので、そのうちの1つに絞ったほうがよいでしょう。

を、自身の生涯の目標にしたいと考えている。

　前述のように前職の企業は、経営戦略は適切でありながら、従業員の構成や価値観の多様化を効果的にまとめ上げ、価値共有することができていないという問題を内包していた。私が所属した人事部門は経営や戦略に近い部署であった。同時に私の職務の対象は「仲間」でもある現場の社員であった。懸命に働く同僚たちの混乱に直面して、私は強い葛藤を感じるようになった。そして「どのようにすれば経営戦略の実現と従業員満足は相乗的に両立できるか」という問題意識を持つようになった。

　<u>職務経験を積むうちに、私自身の問題意識に取り組むためには、マーケティングや財務、経営戦略に対する広く深い知識が不可欠であると痛感するようになった。そして私の生涯の目標である前述の組織づくりを実行するために、30代の序盤までを経営理論や哲学の土台を身につける期間と設定し、最終的には経営者、もしくは経営者に深く影響を与える経営コンサルタントになることを決意した。</u>

　<u>私は自身の目標と、キャリアゴールを明確に自己設定したことを機に、貴研究科を志望した。</u>*3*

エッセイ3

あなたのキャリアゴールを具体的に設定してください。それをどのように達成しますか。本大学院の修士号がそのなかでどのような意味を持ちますか。（500字以内）

　私は、限られた人的資源の生産性を高め、付加価値を生み出す人材を育成する組織づくりに携わることで日本企業に貢献したい。

---

3 この時期にWBSに入ろうとした**理由として**、N・Mさんは「**企業の成果と個人の満足度の両立**」の研究を挙げています。**職務のなかで抱いた問題意識**のため、とても**説得力**があります。

そこで40歳までの10年間は、自身の経営技術における確かな見識と実行力を身につける期間に設定した。卒業後は日本の産業力の中心である製造業企業の人事部門か、私の核としたい分野である人事戦略系のコンサルティングファームに就職することを考えている。そのうえで、40歳までに財務会計分野の職務に就き、経験を積む予定である。
　それ以降は、自身もまたリーダーとして、実際に関係する人の数や本質的な成果にどれだけ貢献できるかでその後のキャリアを選択したい。40歳以降はコンサルタントとして独立するか、もしくはその時点で所属するファーム、企業の経営幹部となって、目標にしている組織づくりに取り組みたい。
　経営という仕事に資格や学歴は必要ではない。しかし真の成果を生み出すためには、現在の私には優れた人々との切磋琢磨のなかで洞察力と人間性を磨くことが必要であり、それは独学では不可能だと考えている。国際的で多様な人材の集まる貴研究科での学習が、自身の血肉となって将来役立つであろうと確信している。

エッセイ4

学業・職業・地域社会などにおいて表彰されたことなどこの願書のなかに記述されなかったものを挙げてください。また、アドミッションズ・オフィスに注目してほしい意義のある業績を挙げ、その理由を述べてください。（500字以内）

　表彰ではないが、前職の2002年度の人事考課で、Sランクの評価を受けた。Sランクは入社1～5年までの社員（当時約120名）の相対評価で上位5%に与えられるもので、多面評価制度の新規導入、運用が評価された。
　新制度の導入にあたっては、上司からは抽出データの精度確保と実施期間の厳守の2点が要求された。さらに私はいかに優れた評価制度も、実施する社員の理解がなければ理想とする人事考課は実現できないと考え、社員の制度に対する理解と納得度を重視することを自身に

課して行動した。

　評価制度の実施は既存のパッケージソフトを活用したものであったが、ソフトウェア会社との折衝を重ね、評価実施の簡易性を高めた。また、明快なマニュアルの作成や、制度の背景、目的を社員1人ひとりに対面で丁寧に説明することを心掛けた。その結果として自己目標を10ポイント上回る社員納得度平均90点の評価を受けた。

　この経験を通じて得た対人コミュニケーションにおける誠実さ、情熱、論理的思考については絶対の自信を持っている。そして人々の多様な知識、経験を真摯に吸収し、貴研究科のネットワークにも「創発」を起こすような貢献ができると自負している。

早稲田大学大学院 5
商学研究科
専門職学位課程ビジネス専攻

O・T（42歳）

研究計画書を読むにあたって

　O・Tさんは東京にある大学の情報学部システム学科を卒業し、電気メーカー、外資系スポーツ用品メーカーに勤務し、現在の会社の代表取締役に就任します。社長となったものの、これまで経営学を本格的に学んでこなかったため、経営のあり方に自信を持つことがきませんでした。そこでWBSに入学して、自社の発展のため経営学を本格的に研究したいと考えるようになりました。

　現在O・Tさんは、会社の代表取締役と研究を両立すべく、日夜頑張っています。

エッセイ1

本大学院における貴方の学習・研究計画をテーマ、アプローチ方法などに言及したうえで具体的に述べてください。（1,000字以内）

学習・研究計画テーマ
「中小企業製造業が国内で生き残るには何が必要であるか」

　最近は、中国やインドといった新興国市場を求めて大企業を中心とした製造業の海外生産に拍車がかかっているが、以前は生産コストの低減が生産拠点の海外移転の目的であった。自らが代表取締役を務め

る会社を取り巻く環境がこのような状況であるものの、私は、中小企業製造業が国内で生産を続けるにはどうするべきかを研究したい。

　私が代表取締役を務める●●株式会社では1985年以降、海外生産の話はあったが、あえて国内生産にこだわった。

　当社が現時点で海外に生産拠点を持たない理由としては、下記に挙げる2点である。

(1) 限られた人材で組織運営を行なっているので、海外拠点立ち上げのために優秀な人材を出し、国内拠点で問題が出ることの懸念。
(2) 現在、国内3拠点の体制で運営しているが、昨今の受注量では、海外拠点を出しても国内工場での雇用は確保できない。

　また、現在当社が国内で製造業を続けるために行なっていることは下記2点である。

(1) 受注量の変動に合わせてフレキシブルに対応できる生産工程づくり
　　a.生産工程の自動化推進（治工具は基本的に社内でつくる）
　　b.知恵と工夫を出し合い品質向上のためのライン再構築、生産指数のさらなるアップ
(2) 提案型営業の推進（得意先から依頼されるのではなく、サンプルなどをつくりこちらから提案する）

　●●株式会社は海外生産という選択を取らず、上記施策により対応しているものの、はたしてそれが今後も競争優位を保てるものなのかどうかについては、若干の不安がある。したがって私は、あえて国内に生産拠点を残し、かつ好業績を維持している企業の事例研究を行ない、中小企業製造業が国内生産拠点を維持するための普遍化した理論

/ O・Tさんの会社は、乗用車の付属品を製造しています。自社の経営をいかにしたら安定発展させることができるかについて、工場の海外移転の観点から研究することが具体的に述べられています。

の構築を試みたい。2

　たとえば大企業では●●電機、●●製作所や、●●、中小企業では●●、●●など国内で好業績を上げている大企業・中小企業、自動車関連とそれ以外の製造業も研究対象に含めることによって、本研究が私の会社だけではなく、経営学の理論として他の中小企業、ベンチャーにも参考になるように具体的に研究していきたい。

2　このテーマは、典型的な「日本の空洞化問題」です。内閣府の調査によりますと、日本の製造業の海外生産比率は1985年度に3.0%だったのが、1990年度は6.4%に達し、2009年度には17.8%に達しています。特に、これまで日本の輸出の大勢を占めてきた自動車などの輸送用機械や電気機器の海外生産比率は、他の産業に比べて高いとされています。さらに、諸外国と比較するとまだまだ上昇する余地はあるとも言われています。
　空洞化の問題は、国内における雇用機会の喪失、地域産業の喪失、技能ノウハウを生む生産現場の劣化、貿易黒字を生む国際競争力の減退や喪失といった悪影響が指摘されています。O・Tさんの研究テーマは、自社のみならず、日本企業全般が抱えている問題と言えます。その意味で、テーマに普遍性があると言えます。

早稲田大学大学院
商学研究科
専門職学位課程ビジネス専攻

Y・M（30歳）

> **研究計画書を読むにあたって**
>
> 　Y・Mさんは都内にある大学の商学部経営学科を卒業後、公認会計士試験に合格し、監査法人に勤務しました。大学院修了後はコンサルティング会社を経営したいと考えています。

エッセイ1

これまでの実務経験、および現在の担当業務（離職中の方は直近の業務）についての詳細（1,000字以内）

　私は、大学時代に公認会計士試験の受験勉強を開始し、大学卒業後も受験勉強に専念し、卒業から約1年半後に試験に合格した。そして、試験合格後すぐに就職する機会に恵まれ、以来約5年間にわたり有限責任●●監査法人（以下、監査法人とする）に勤務している。

　監査法人では、入所時から現在に至るまで、主に上場企業を対象とする金融商品取引法監査を中心とした法定監査業務に従事している。

　監査法人における入所後1年目から4年目までは、ピラミッド組織の監査チームのメンバーの一員として、公認会計士試験の受験勉強において習得した知識を活かして、クライアントが作成した財務諸表の適正性を立証するために、監査クライアントに赴き、四半期レビューを含む財務諸表監査や内部統制監査に係る監査手続を実施していた。入所後2年目において内部統制監査の適用が開始されたが、クライア

ント側も適用初年度ということで制度に対して不慣れであったため、自らイニシアチブをとることにより、指導的な立場で監査を実施することができたことは非常に有益な経験となった。

　入所後5年目である現在は、1年目から4年目までスタッフだった職階がシニアに上がった。監査手続の実施のみならず監査チームの現場責任者として、スタッフを直接指導・監督し、監査チームの上位者やクライアントとのコミュニケーションを適時適切に行なうことにより、チーム全体を俯瞰しなければならない立場にある。シニアはクライアントとの交渉の直接の窓口になるため、自らの意見を保持して真摯に対応するとともに、必要があれば監査チームの上位者と適時適切にコミュニケーションを取らなければならないという点で、スタッフに比べて高次元の能力が要求されており、責任のある、またとてもやりがいがある仕事だと感じている。

　また、英語に関連した業務も経験している。スタッフ時代には、英文表示財務諸表に係る監査業務を経験し、シニアになってからは英文で記述された監査マニュアルを和訳化する業務に携わった。専門用語で記述された英文を日本語訳する作業は非常に骨の折れるものだったが、グローバル化が進展する今日において英語は必要不可欠のツールであり、英語力のいっそうの底上げが喫緊の課題だと感じている。

エッセイ2

あなたのキャリアゴールおよび達成方法（500字以内）

　私のキャリアゴールは、経営コンサルタント会社の社長としてクライアントに高品質で付加価値のあるサービスを提供し、心から信頼さ

---

1. これまでの経歴が、わかりやすく詳細に述べられています。
2. 顧客に信頼される経営コンサルタントになるというキャリアゴールを明確に述べています。

れる真の専門家になることである。[2]

　このキャリアゴールを達成するためには、経営者と同じ立場や目線で物事を考えたうえで、会社が抱えている問題点について最良の改善策を提供できる幅広い知識や、論理的に考えて問題を解決する能力を向上させる必要があると考えている。そのためには、監査法人における法定監査業務の経験だけでは、自らのキャリア形成において必要なスキルを身につけることはできず、本大学院で学び、研究することが自らの将来設計において必要不可欠なことであると考えている。

　具体的には、1年次における講義、ケーススタディやそれに基づくディスカッションを通じて上記課題に対してアプローチを図ることにより、自らの意思決定や考え方を形成するための基礎を強固にすることが必要であると考えている。また、2年次においては、自らの経営コンサルティングの最終目標である、企業価値を向上させるための戦略的CSRを修士論文作成過程において研究することにより、将来の強みとなる分野を形成する必要があると考えている。

エッセイ3

志望プログラム（モジュール）への期待と入学後の研究テーマ（1,000字以内）

テーマ：企業価値を向上させるための戦略的CSRについて

　志望プログラムである夜間主総合プログラムでは、前述した幅広い知識の習得や論理的思考能力の向上を図ることのみならず、高い志を持った同志と2年間切磋琢磨し合うことによりお互い成長し、将来的にも強いつながりで結ばれた人脈を形成したいと考えている。また、夜間主総合プログラムには、さまざまな業界をバックグラウンドに持つ学生が多数集まるため、現在の自分が置かれている環境とは大きく異なった刺激を味わうことができると考えている。

　また、可能であればプログラムの枠を超えて全日制グローバルプログラムに在籍している海外からの留学生と積極的に交流を図りたい。

文化の違いを理解することにより、より広い視野で物事を捉えることができるようと考えているためである。また、相手国の文化や日本人との違いを理解したうえでコミュニケーションを行なうことは、今後ビジネスを円滑に行なううえで必要不可欠なスキルだと考えている。

　入学後の研究テーマとして、企業が企業価値を向上させるために採用する戦略的CSRについてどのようなものが考えられ、実際に実務に適用するにあたっての問題点やその善処策を研究したい。

　私は、企業価値を測定する企業価値評価について、今日では財務諸表を用いた財務分析が中心となっているが、企業が利益やキャッシュフローを生み出す源泉は、財務情報で測定し得る定量的な情報のみではないと考えている。これからの企業価値評価は、非財務情報であるCSRに対する取り組みといった定性的要因を企業価値評価に取り込むことにより、企業価値を財務情報および非財務情報の両者の視点から評価する時代が到来すると考えている。

　そのような潮流に対して企業が対処していくためには、CSR活動を経営戦略のなかに組み入れ、サスティナビリティを競争力強化と企業価値創出のドライバーとして捉えたうえで、サスティナビリティの視点を経営に取り入れることが必要だと考える。短期的にはキャッシュアウトを伴うものであっても、中長期的な視点から将来に向けた投資を戦略的に行なうことにより、将来的な企業のキャシュインを増大させ、企業の財務価値および社会価値を一体的に創出する、戦略CSRの実践が必要となると考えている。3

　以上より、私は企業価値を向上させるための戦略的CSRを研究テーマとしたいと考えている。

---

3 CSR研究を行なうことによって、企業の財務と社会的価値を高めていきたいことがしっかり表明されています。公認会計士としての今までのキャリアと将来の夢が一貫性を持って語られ、非常に説得力豊かな計画書に仕上がっています。

早稲田大学大学院
商学研究科
専門職学位課程ビジネス専攻

吉村真佐子（40歳）

研究計画書を読むにあたって

　Y・Mさんは、東京近郊にある大学の経営情報学部福祉環境経営学科を卒業しました。一般会社に勤務した後、母親が経営している地域包括ケアシステム業務に携わっています。WBSに入学して、会社を発展させたいと考えました。

　現在Y・Mさんは、包括ケアシステムの実践者として大いに活躍しておられます。

研究テーマ：都内における小規模多機能住宅経営の研究

（1）我が国は世界に例を見ないスピードで高齢化が進んでいる。2025年には「団塊の世代」が高齢者の仲間入りをし、人口の4人に1人が65歳以上という高齢化社会になり、いっそう拍車をかけることになる。

　さらに、日本は世界でもトップクラスの長寿国である。人は誰しも老年期に達したときに、その後の人生をいかに過ごすべきかという課題に向き合わなければならない。

　今日の我が国における公的福祉では、各人の老後の生活を支えきれない面が多く、ましてや個人やその家族の力のみで担っていくのは困難である。

　私は千葉県指定介護保険事業者として認知症対応型グループホーム

を3ユニット運営している。介護保険制度が2000年に導入され、我が国の福祉も「措置」から「契約」へと大きな転換期を迎えた。また、民間事業者の参入により福祉の領域も活性化され、そこには工夫された新しい福祉サービスが数多く生まれた。利用者にとって、多くのサービスのなかから自分のニーズに合ったサービスを自由に選択できるようになったことは画期的なことである。

　本年、介護保険の改正が施行され、それ以前の「施設ケア」「在宅ケア」という二元論ではなく、<u>「地域包括ケア」という名称の地域を再編する新しいケアモデルが進行しつつある。</u>住みなれた地域やなじみの環境で最期まで暮らすというスタイルを実現するには、「家」を基本とする小規模住宅に「通い、泊まり、住む」といった自由な選択肢が備えられていることが理想であると私は考える。しかし、その地域格差は次第に広がりつつある。実際に都内では依然として小規模多機能住宅は不足気味である。その主な原因は地代と家賃の高さによるものであると考えられる。都庁の高齢者福祉課でも補助金や都有地を活用した政策を講じてはいるが、その現状を克服するまでには至っていない。私は、マネジメントの力を生かして現状を改善していく方法を研究テーマとし、以下の方法で研究を進めたい。

1　「地域包括ケア」とは、介護が必要になった高齢者も、住み慣れた自宅や地域で暮らしていけるように、「医療・介護・介護予防・生活支援・住まい」の5つのサービスを一体的に受けることのできる支援体制のことです。
　団塊世代が75歳を超える2025年に向け、政府の社会保障制度改革国民会議も地域包括ケアの速やかなる導入を報告書で指摘しました。病院に長期間入院する高齢者が増えれば、必要な治療を受けられない人が増えてしまいます。高齢で認知症や慢性疾患を抱えても、地域で暮らすことのできる仕組みは、すべての国民にとって急務となっています。

研究方法

① 厚生労働省および都庁高齢福祉課より東京23区内小規模多機能住宅の現存数の情報データを入手し、現状を把握する。
② 都内においてすでに運営されている小規模住宅を訪問し、調査に協力を得、直面している問題点を明確にする。
③ 上記の2点を踏まえたうえで、コスト的にも経営可能な方法を研究し、開設実現可能な事業計画を作成する。

　民間であるからこそ、実現可能な既存の福祉サービスにこだわらない新しい福祉サービスを考えていきたい。

(2) グループホームをより健全に運営維持していくために「マネジメント力」と「人間力」の強化が必要だと切実に感じている。
「マネジメント力」には、時代と環境に即した新しいビジネス感覚と幅広い情報ネットワークを上手に活かすことが重要であると思う。ダーウィンが「強いもの、賢いものが生き残るのではない。変化に敏感なものが生き残るのである」と言っているように、常にアンテナをめぐらし、状況に適合した正しい判断力が経営者には不可欠である。

　また、ヒューマンサービスを提供していく事業者として、顧客やスタッフが何を必要とし、何を痛みとしているかを感じ取ることのできる「人間力」を身につけることも必要ではないかと思う。

　私は、人生のキーワードは「成長」にあると考えている。向上心はよりよく生きることへのモチベーションを高めるための1つの手段である。学ぶことが自己の成長を促し、自己実現による精神的充足につながり、結果的には幸福な人生を送ることができると信じている。今後の長い人生において事業をさらに充実させ、よりよい人生を送るためにも、この時期に貴大学院MBAコースへ出願することを決意した。

✐ 筆者は実際に地域包括ケアを運営していますので、現状の問題点をよく把握されています。

(3) 今回の介護保険法の改正により、今までにも増して先見性と洞察力を持ち合わせた経営者のリーダーシップが問われる。

　介護事業を営む者には、日常（＝仕事、生活）そのものが学びの場であり、そのなかで自らの経営を磨くための創意工夫が必要であると考えている。

　順風満帆な経営が続くとは限らない。たとえ行き詰まったときにでも、現状を冷静に受け止め、それに適した判断力と実行力があれば、その障害や壁を取り除く解決の糸口をわずかのヒントから導き出せるのではないだろうか。

　その試練の場として貴大学院にて学ばせていただきたい。経営者として学問を通して修養することにより自らの資質を向上させたい。また、志を高く持つ仲間と励まし合い、競い合うことにより人格の向上を目指し、時代を切り開いていく力を養っていきたい。

　具体的には、指導教授のご指導を受けながら、経営管理方法、理論、技術を学ぶとともに、福祉ビジネスの現状を徹底調査、研究することにより現在運営中のグループホームのよりよい経営につなげていきたい。また、在学中に得た体験をもとに利用者に喜ばれるための新たな福祉サービスの発掘、展開にも挑戦していきたい。

早稲田大学大学院
商学研究科
専門職学位課程ビジネス専攻

N・K(47歳)

> **研究計画書を読むにあたって**
>
> 　N・Kさんは国立大学歯学部を卒業して、歯科医になりました。企業の勤務医を経験した後、自宅で開業しましたが、急激に視力が落ちたため歯科医の仕事を続けることができなくなり、やむなく閉院することにしました。その後不動産管理業を営むことになります。しかしながらN・Kさんは、経営学の知識がまったくないまま不動産管理業を営むことは無理があると思い、まず大学の経営学科に編入学し、さらに大学院のMBAに入って専門性を磨こうと決心しました。MBAを修了したあとは会計専門職大学院へ進んで、さらに専門性を身につけ、将来は歯科医のコンサルタントになりたいと考えています。

研究テーマ:「●●生命保険の不正事件」の一考察

（1）研究の意義

a.顧客不在が招いた不祥事

　本来支払うべき死亡保険金の支払いを拒否していたとして、●●生命保険は平成●●年●●月に金融庁から2週間の一部業務停止命令を受けた。保険金不払いという保険事業の根幹を揺るがす前代未聞の不祥事は●●生命のみならず保険業界全体への信頼にも影響している。

b. 不祥事の背景

2003年前半の株価下落によって生保が危機に直面すると、政府は7月に予定利率を引き下げられる改正保険業法を成立させた。その生保危機は、金融不安の沈静化によって、しばらくして薄らいでいった。しかしながら、業界のパイの縮小は致命的である。外資の進出によって競争は激化する一方で、生保を取り巻く環境は決して好転していない。

(2) 研究の目的

生保業界では、「●●生命は特別だ」と考えられていた。しかし今年になっても●●や●●でも、相次いで保険金の支払い漏れや不適切な不払いが発覚、いずれも業務停止処分を受けた。

私は1つの仮説を立てて、その仮説を立証するために、R・コースの取引コスト理論とエージェンシー理論を用いて研究を行ないたいと考えている。

① 不祥事を起こす企業は必ず共通する構成がある。
② その構成とは、経営組織における欠陥である。
③ つまり、リスクマネジメントにおける内部監査システムが十分に機能していない。
④ その他

これらの過程を研究していくうえで、経済組織論、経営戦略論、企業倫理、コーポレート・ガバナンスなどの関連領域を学習していきたいと考えている。

事例研究を通して、経営のゼネラリストとして必要な学問領域の知識を身につけたいと考えている。

参考文献

・小林俊治・百田義治編『社会から信頼される企業』中央経済社、2004年
・中央青山監査法人編『CSR実践ガイド』中央経済社、2004年

・寺本義也・坂井種次編著、金元沢・篠田達執筆『新版　日本企業の
　コーポレート・ガバナンス』生産性出版、2002年

志望理由

　私は平成元年に●●大学歯学部を卒業し●●銀行、●●銀行で勤務医をした後、平成5年に実家の東京●●で開業しました。平成6年に父が死亡し、実家の不動産賃貸業の会社の社長と開業医という二足のわらじを履くことになりました。

　しかし、視力の悪化により、平成15年に閉院することになりましたが、不動産賃貸業の会社の社長としての経営学の知識が乏しく思っていたので、平成16年に●●大学の経済学部経営学科に編入学しました。そして今年3月に卒業することができました。

　入学当初から、企業の不祥事の続発に興味を覚えました。その理由は、札幌に住んでいたとき、●●企業グループが地元の優良企業として尊敬されていたのに、不祥事のために●●が解散したからです。

　そのため、コーポレート・ガバナンスや企業倫理、経営組織論といった科目を受講しました。しかし、リスクマネジメントがしっかりした企業のあるべき構造というものを思い浮かべることができませんでした。個々の知識がバラバラで、有機的に結合していないことを知りました。また通学していた時期に、自社所有のマンションの借り手から敷金についての訴訟を起こされ、リスクマネジメントの重要性を認識しました。

　以上のような経験から、経営に関する総合的な知識の習得や意思決定する際の論理的思考力の養成、実行に移す際の方法論の習得などを身につけたいと考えました。

　それには、MBAビジネススクールに入学することが一番の近道と

/1　CSRに関する参考文献がきちんと挙げられていて、この分野に関してN・Kさんの関心が高いことがわかります。

考え、そのなかでも、特定の分野のスペシャリストを目指すのではなく、ゼネラリストを養成することに主眼を置く貴学が自分の目標に一番適していると思いました。

キャリアゴール

　私は（学生時代も含めて）22年歯科医学業界に身を置いてきました。学生時代には医学知識の修得や治療技術の研鑽をするだけで精一杯でした。国家試験合格後の研修医時代も同様でした。その後、医療機器会社がすべて段取りをしてくれて、開業医が誕生します。

　一般の業界において、こんな安易な起業はあり得ません。経営について知識も経験もないのですから、すぐに倒産の憂き目に合うのは目に見えています。しかし、以前の医療業界は、厚生労働省による護送船団方式で守られていました。

　ところが、21世紀になりパラダイムシフトが起こりました。つまり厚生労働省は病院や診療所を守ってくれなくなったのです。医師も一人前の経営者として診療所を経営しなければならなくなりました。

　しかし、経営の素人であるため、経営ゼミナールに出席しても理解できないのが現状です。私の友人も●●のセミナーに出席したが、「まったく役に立つ知識はなかった」と言っていました。

　コンサルタント会社の人間は歯科医療の特殊事情については素人、歯科医は経営については素人です。

　このような現状のなかで、歯科医師の経験がある私が経営コンサルタントになって、以前の仲間たちを少しでも手助けできればと考えています。そのためにも、MBAで、ゼネラリストとしてのスキルを身につけたいと考えています。2

2　N・Kさんのキャリアゴールがきっちり述べられていました。MBA大学院に入って専門性を身につけ歯科コンサルタントを目指すとするN・Kさんの想いが説得力豊かに述べられています。

早稲田大学大学院
商学研究科
専門職学位課程ビジネス専攻

R・M（36歳）

研究計画書を読むにあたって

R・Mさんは中国のご出身です。今から10数年前に札幌にある大学の文化学科に留学し、卒業後電話サービス会社に就職しました。ここで日本語の会話を徹底的に鍛えたとのことです。私がこれまで教えてきた外国人のなかで、最もしっかりと日本語を話すことができる学生でした。日本語の作文も非常に上手です。東京に出てきてからは、貿易会社で働いておられました。大学院修了後は、経営学を学んだことと、日中韓の3カ国語を話すことができる才能を活かして起業したいと考えています。ご成功のほど、祈念しております。

研究テーマ：グローバル感性を持つグローバル人材の育成

　現在、多くの日本企業はグローバル化を進めていますが、グローバルビジネスの能力を持つ人材が圧倒的に不足していると思います。グローバル事業の展開において、異文化の人とコミュニケーションがとれ、海外事業を成功に導けられるグローバルリーダーが不足しています。貴大学院の勉強を通して、私はグローバル感性、ビジネスの基本知識を身につけ、グローバル事業に大きく貢献できる人となって、企業にとって必要不可欠な存在となることを目指します。

　現在の貿易会社の仕事は母国語の中国語を活かせるので、翻訳や通

訳など語学の面で大いに役立ちます。しかし、5年先、10年先を考えたとき、今のままでは将来、企業が求めている人材にはなれないと思い、貴大学院での勉強で私自身を大きく変えたいと思っています。

現在OJT（企業内教育・研修）制度を採用している企業が増えています。今後、企業はグローバル人材育成制度を構築し、導入する必要が出てくると考えています。ゼネラル・マネジメントと事業戦略、人材育成など、ビジネスに必要な幅広い基礎知識を体系的に学びたいと考えます。そのなかで、特にグローバル人材育成を研究テーマに設定し、深く学習、研究したいと考えます。

全日制には世界各国から優秀な留学生が集まっています。¹異文化を理解し、日本語生と英語生の共同ゼミなど、英語力を鍛えられるよい環境があります。共同ゼミで英語でのディスカッションに積極的にチャレンジし、交換留学などを通して英語力も高めたいと考えます。

私は貴大学院での2年間をグローバル感性、ビジネスの基本知識を備えたグローバル人材となるという自分の目標を実現するための重要な期間と位置づけています。体系的に経営知識を学ぶと同時に、物事に対する考える力、物事の本質を見抜く力を高めたいと望みます。グローバル人材育成を研究テーマにして、ゼミの仲間たちとの熱い議論などを通して研究テーマを完成させていきたいと考えています。²

---

1 WBSの全日制グローバルでは、中国、韓国、台湾、シンガポールなどから多くの留学生が学んでいますので、R・Mさんにとっても違和感なく大学院生活が送れるものと思います。

2 R・Mさんはこれまで経営学などまったく学んだことがなかったため、経営の実際については具体的に書けませんでしたが、大学院にかける思いを素直に述べていて好感が持てます。

Column　早稲田大学大学院

　早稲田大学大学院商学研究科専門職学位課程ビジネス専攻（WBS）は、現在都内でも屈指の人気を誇るMBA大学院です。一橋と慶應のMBAは昼間に開講されていますが、WBSの場合、昼間と夜間の両方開講されていることが人気の要因の1つとして挙げられると思います。早稲田・慶應・一橋のうちいずれかのMBAに入りたいと思っている人は多いですが、夜間開講制は早稲田のみです。日本では信頼の置けるMBAランキングがありませんので、大学院選びの際も、学部同様に世間に流布しているイメージや知名度の高さをもって大学院選びがなされる傾向があるようです。

　WBSは複数のコースに分かれています。全日制は（1）全日制グローバル（2年間）、（2）1年制総合、（3）早稲田・ナンヤンダブルMBA（14カ月）の3コース、夜間では（1）夜間主プロフェッショナル（2年間）、（2）夜間主総合（1年間）の2コースがあります。

　WBSには各企業から覇気のある人材が多数集まっていて、活気溢れた魅力的な大学院になっているようです。

　第1次試験は「小論文」。文章などを読み設問に解答する共通読解問題と、複数のテーマ（5つ程度）から2つを選択して論述する選択問題で構成されています。第2次試験は「面接」。また全日制グローバルのAO入試では、GMAT® もしくはGRE® のスコア提出が求められます（プログラム内容や試験科目等については、最新の入試要項をご確認ください）。

筑波大学大学院
ビジネス科学研究科
経営システム科学専攻

U・T(28歳)

> **研究計画書を読むにあたって**
>
> 　U・Tさんは、有名国立大学の総合人間学部を卒業し、最先端のアドテクノロジーを採用している広告会社に入社しました。筑波大学大学院のMBAに入るU・Tさんの目的は、Webにおける行動履歴データのマーケティング利用です。ビジネス科学研究科は、理系と文系の融合を目指したMBAであることからして、U・Tさんにとって最適な研究科だと思います。

研究計画書：Webにおける行動履歴データのマーケティング利用

1. 問題意識・研究テーマ

　本研究では、Webで収集可能になった行動履歴データを用いて、マーケティングの最適化を行なううえで、(1) どのような行動履歴データを収集すればよいか、(2) どのような分析ロジックを用いて分析すべきか、(3) その分析結果からどのような施策を打つべきなのかを考察、検証していきたい。

Webでのユーザーの行動履歴データが取得可能に

　私はWeb広告代理店に勤務しており、現在はデータマネジメント課で各広告主のプロモーションデータを収集解析し、プロモーション

の最適化施策の提案に従事している。この数年、テクノロジーの発達によりWebマーケティングで取得できるデータは多様化し、巨大化している。2年前までは、1つのクライアントごとに最大でも数10MB程度だったが、ここ最近では数10GBになることも珍しくない。その原因は2つある。1つ目は、スマートフォンが普及し、ソーシャルメディアが浸透していった結果、人々のWeb上の行動や滞在時間が増加したこと。2つ目は、テクノロジーの進歩により膨大で粒度の細かいデータが取り扱い可能になったこと。特に広告などの閲覧行動〜クリック流入〜サイト内行動〜購入履歴まで、各ユーザーの行動履歴データが取得可能になったことが大きい。これらのユーザーの詳細な行動データを使ってさらなるマーケティングの改善が期待されている。

ユーザーが利用するメディアのほとんどがWeb化

　現在、ユーザーのWeb利用時間は増加し続けている。2012年度の総務省の調査では、平均利用時間ではすでにテレビの利用時間を超えており、その増加ペースは衰えを見せていない。特にスマートフォンでのWeb利用時間が急激に増加しており、3年前に対し55%以上のユーザーが「利用時間が増えている」と回答している。またソーシャルメディアの利用者数も増加しており、ユーザーの行動がより能動的になっていることが伺える。さらに、スマートTVなど既存のマスメディアがWebに接続していく動きもある。つまりユーザーの接触するメディアのほとんどがWeb化する可能性がある。このようなポ

/1　現在ビッグ・データを使ったマーケティングが注目されていますが、こうした広告業界の動向に焦点のあった研究テーマを設定しています。

/2　現在スマートフォンやソーシャルメディアの利用が急増していることが図表3−10−2で客観的に示されていました。

図表3-10-1 ユーザーの行動履歴データ例

行動番号	時間	接触タイプ	訪問サイト	流入元サイト	検索キーワード	訪問回数	滞在期間	ユーザーID
20	2012/9/7 12:00	Click	www.***.***.com	google.search	vaio	3	30	EFrdrr4958Ukf
19	2012/9/8 12:30	Impression		double.click.com		3		EFrdrr4958Ukf
18	2012/9/9 13:00	Impression		double.click.com		3		EFrdrr4958Ukf
17	2012/9/10 13:30	Impression		double.click.com		3		EFrdrr4958Ukf
16	2012/9/11 14:00	Impression		double.click.com		3		EFrdrr4958Ukf
15	2012/9/12 14:30	Impression		microad.blade		3		EFrdrr4958Ukf
14	2012/9/13 15:00	Impression		microad.blade		3		EFrdrr4958Ukf
13	2012/9/14 15:30	Impression		microad.blade		3		EFrdrr4958Ukf
12	2012/9/15 16:00	Impression		microad.blade		3		EFrdrr4958Ukf
11	2012/9/16 16:30	Click	www.***.***.com	double.click.com		2	65	EFrdrr4958Ukf
10	2012/9/17 17:00	Impression		double.click.com		2		EFrdrr4958Ukf
9	2012/9/18 17:30	Impression		double.click.com		2		EFrdrr4958Ukf
8	2012/9/19 18:00	Impression		double.click.com		2		EFrdrr4958Ukf
7	2012/9/20 18:30	Impression		double.click.com		2		EFrdrr4958Ukf
6	2012/9/21 19:00	Impression		double.click.com		2		EFrdrr4958Ukf
5	2012/9/22 19:30	Impression		microad.blade		2		EFrdrr4958Ukf
4	2012/9/23 20:00	Impression		microad.blade		2		EFrdrr4958Ukf
3	2012/9/24 20:30	Impression		microad.blade		2		EFrdrr4958Ukf
2	2012/9/25 21:00	Click	www.***.***.com	yahoo.co.jp	ノートパソコン	1	34	EFrdrr4958Ukf
1	2012/9/26 21:30	Impression		microad.blade		0		EFrdrr4958Ukf
…	…	…	…	…	…	…	…	EFrdrr4958Ukf

テンシャルを持ったWeb上での行動履歴データを取得できるようになったことは、企業のマーケティング活動にとって大きな意味を持つと考えられる。

どのような行動履歴データを収集すべきか

　これらの行動履歴データは基本的にはCookieというWeb技術を用いて取得しており、流入元のサイトURLや検索キーワード、流入後

図表3-10-2　各メディアの利用時間

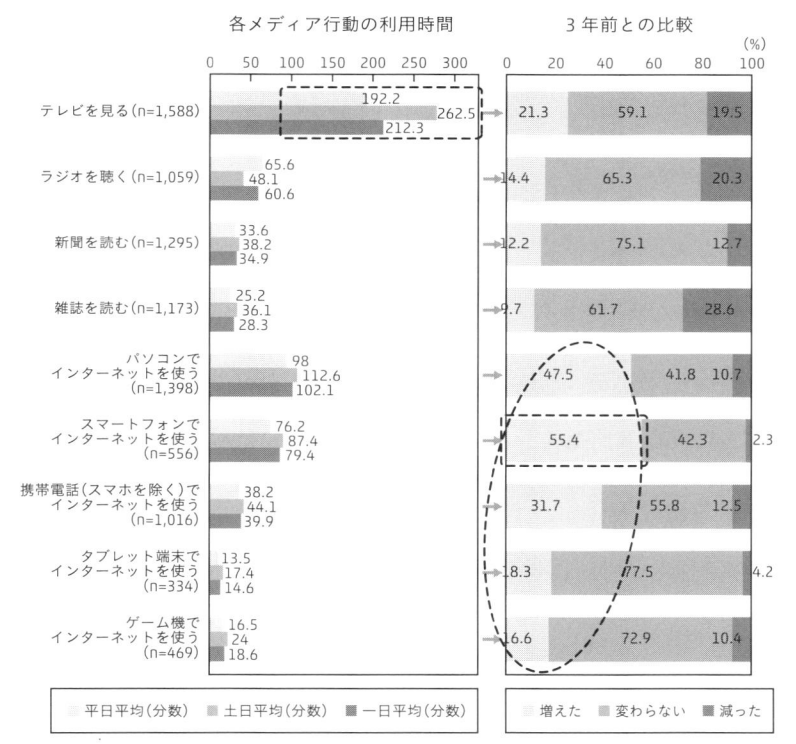

メディア	平日平均(分)	土日平均(分)	一日平均(分)	増えた(%)	変わらない(%)	減った(%)
テレビを見る(n=1,588)	192.2	262.5	212.3	21.3	59.1	19.5
ラジオを聴く(n=1,059)	65.6	48.1	60.6	14.4	65.3	20.3
新聞を読む(n=1,295)	33.6	38.2	34.9	12.2	75.1	12.7
雑誌を読む(n=1,173)	25.2	36.1	28.3	9.7	61.7	28.6
パソコンでインターネットを使う(n=1,398)	98	112.6	102.1	47.5	41.8	10.7
スマートフォンでインターネットを使う(n=556)	76.2	87.4	79.4	55.4	42.3	2.3
携帯電話(スマホを除く)でインターネットを使う(n=1,016)	38.2	44.1	39.9	31.7	55.8	12.5
タブレット端末でインターネットを使う(n=334)	13.5	17.4	14.6	18.3	77.5	4.2
ゲーム機でインターネットを使う(n=469)	16.5	24	18.6	16.6	72.9	10.4

※利用時間は記述式の回答結果の平均値。
「一日平均」=
「平日の利用時間」×5+「土休日の利用時間」×2)÷7として換算。

出典：総務省『ICT基盤・サービスの高度化に伴う利用者意識の変化等に関する調査研究』、2012年

のページ閲覧数や滞在時間なども取得可能だ。また、アメリカではMarketShare社、C3Metrics社などがマス広告の配信データをこのようなWeb上のユーザー行動データと統合して分析しようという試みも行なわれている。どのような分析を行ない実際の施策を実行するかを視野に入れ、どのデータを収集していくべきか、どのデータが収集可能なのかを見極める必要がある。

具体的なデータ例を挙げると、ユーザーが初めて広告を見た時点か

図表3-10-3　ソーシャルメディア利用者数の推移（Facebook、Twitter の例）

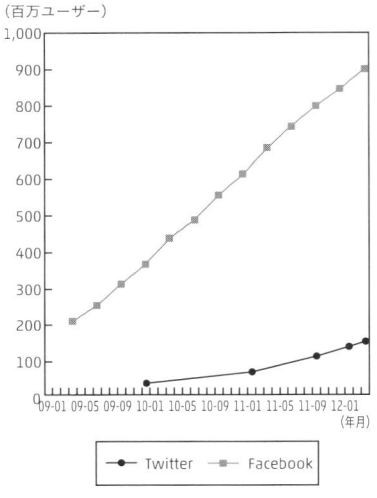

世界における推移

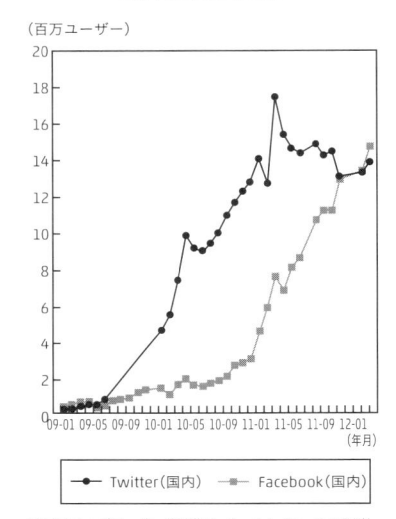

我が国における推移

※各社好評のアクティブユーザー数を集計。

※アクティブユーザー数を集計。ネットレイティングス社公表資料、各社公表資料及び総務省資料により作成。

各社好評資料により作成

らWebで購買行動を起こす期間を計測すると、いくつかの施策がとれることがわかる。図表3－10－5が購買数と初回広告閲覧から購買した期間の相関図である。

図表3－10－5のデータは8社のユーザー行動履歴データからの解析結果から得られたデータであり、8社中7社の企業で図のような相関関係が確認された。これはWeb広告が閲覧されただけでも購買行動に影響していることを示唆しており、この結果からいくつかマーケティング施策を決定することができる。

行動履歴データの分析

次に、得られたデータを分析する必要がある。ユーザーの行動履歴データの分析方法としては、国内外に先行的に取り組んでいる事例が

図表3-10-4　利用機器別ソーシャルメディア利用率(家庭内外)

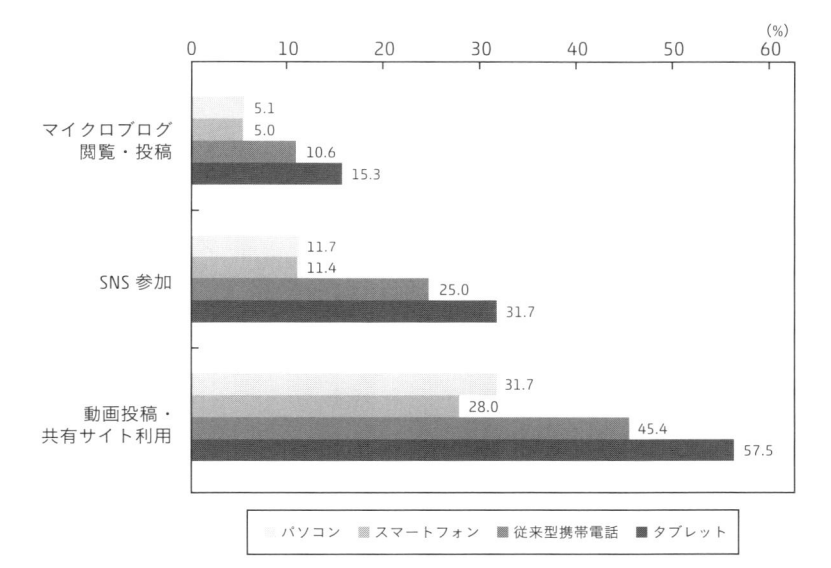

マイクロブログ閲覧・投稿
- パソコン: 5.1
- スマートフォン: 5.0
- 従来型携帯電話: 10.6
- タブレット: 15.3

SNS参加
- パソコン: 11.7
- スマートフォン: 11.4
- 従来型携帯電話: 25.0
- タブレット: 31.7

動画投稿・共有サイト利用
- パソコン: 31.7
- スマートフォン: 28.0
- 従来型携帯電話: 45.4
- タブレット: 57.5

出典：総務省「平成23年通信利用動向調査」

いくつかある。リクルート社の小川、Fringe81社の佐野はマルコフ過程や素粒子物理学を使った分析に取り組んでいる。彼らは、データに統計学に基づいた分析を施すことで、通常では得られないマーケティング上の解を得られるとしている。しかし、一方であまりにも難解な分析は経営者や現場の理解を得られず、分析結果を実行しにくいという現場事情もある。施策の反映にはさまざまな人間を調整し予算とリソースを用意しなければならないが、専門的な統計手法を用いた分析結果に納得・理解できる人は稀であろう。3

　私の仮説としては、データの解析は成功、失敗の要因特定機能と施

/3　ユーザーの行動履歴に関する先行研究について、適切に言及しています。

図表3-10-5 ユーザーが初めてWeb広告を表示させてから、コンバージョン(購買などのマーケティング目標)を起こすまでの期間

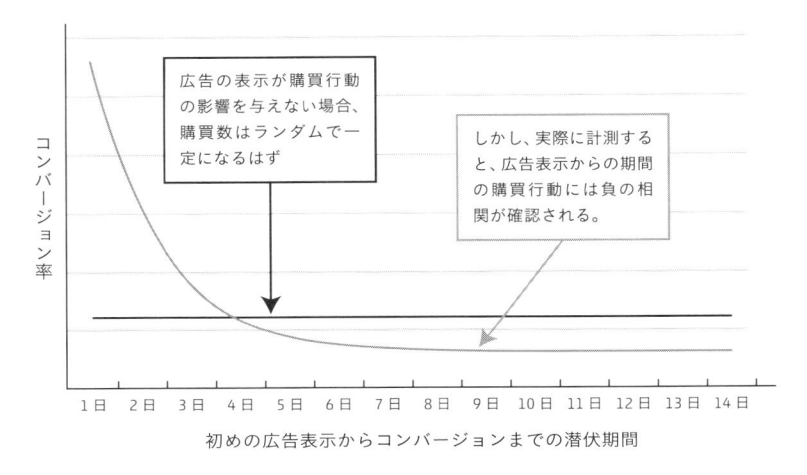

[グラフ: 横軸「初めの広告表示からコンバージョンまでの潜伏期間」(1日〜14日)、縦軸「コンバージョン率」。減衰曲線と水平線が描かれている。]

- 広告の表示が購買行動の影響を与えない場合、購買数はランダムで一定になるはず
- しかし、実際に計測すると、広告表示からの期間の購買行動には負の相関が確認される。

インターネットマーケティングの通例では、広告効果は広告クリック後の購買行動が起きたかで評価され、配信最適化が行なわれている。しかし、上記のデータは、広告はクリックされなくても、ユーザーに表示されるだけで効果があることを示唆している。このような解析を入念に行なうことで、より精度の高いマーケティング投資が可能になる。

策の未来予測機能を中心として行ない、経営者やマーケターの意思決定の補助として機能するべきだと考えている。データ解析がマーケティング活動の意思決定においてどのような役割を果たすべきかについては最終的には統計解析の手法を一通り調査した後に判断したい。

より高度に実現可能になった1to1マーケティング施策

　また、Webマーケティングの施策も高度・多様化しており、よりユーザーごとにアプローチを変えることが可能になった。その具体例として、「オーディエンスターゲティング広告」や「Webサイトのパーソナル化」が挙げられる。オーディエンスターゲティング広告は各ユーザーの行動履歴を分析し、そのユーザーの興味・関心・性別・年齢を推定し購買確率が高いタイミングで広告表示を行なう技術であ

図表3−10−6　オーディエンスターゲティング広告の例

よく一緒に購入されている商品

合計価格：¥ 2,559
3つともカートに入れる
在庫状況の表示

- 対象商品: サイバー戦争 (マイナビ新書) 山田井 ユウキ　新書　¥ 896
- 「第5の戦場」サイバー戦の脅威 (祥伝社新書266) 伊東 寛　新書　¥ 842
- ハッカーの手口 ソーシャルからサイバー攻撃まで (PHP新書) 岡嶋 裕史　新書　¥ 821

この商品を買った人はこんな商品も買っています

| 「第5の戦場」サイバー戦の脅威(祥伝社新書266) 伊東 寛 ★★★★☆ (14) 新書 ¥ 842 | ハッカーの手口 ソーシャルからサイバー攻撃まで… 岡嶋 裕史 ★★★☆☆ (16) 新書 ¥ 821 | 核を超える脅威 世界サイバー戦争　見えない軍… ＞リチャード・クラーク ★★★★☆ (8) 単行本(ソフトカバー) ¥ 1,836 |

る。一度自社のサイトに訪れたことのあるユーザーに広告を再度配信するリターゲティング広告などが代表的である。Webサイトのパーソナル化は、ユーザーの行動データから最も購買が起きやすいようにWebサイトの表示をユーザーごとに切り替えることである。「他の人はこの商品も買っています」といった形で表示されるレコメンドシステムが有名である。

このように、取得可能になったユーザーの行動履歴データと、ユーザーごとに変化をする新しい施策により、各企業がそれぞれのユーザーや顧客にあわせた1to1マーケティングが可能になった。しかし、現状ではこのような1to1マーケティングを実践している企業は、Amazonや楽天などの一部の企業だけだ。これからもWeb上でのユーザーの行動は活発になり、その行動履歴は蓄積され分析可能になる。この行動履歴データを解析・利用することはマーケティングにとって非常に有意義だと考えられる。

2. 関連研究

　田中、佐藤、杉原、有園の著作である『アトリビューション　広告効果の考え方を根底から覆す新手法』によると、Web上での広告の表示がその広告以外のクリック訪問に影響を与えていることに言及したうえで、今まで広告のクリック後に売上がどの程度上がったかで評価していた広告評価やプロモーション最適化に警鐘を鳴らし、新しい広告評価方法を提言している。しかし、広告以外のマーケティング評価方法には言及しておらず、全体最適化としては不十分である。

　このようなデータを利用したWebマーケティングではアメリカ企業が先行的に取り組んでいる。アメリカのウェブ解析を提供する企業Encore社は広告の配信データとサイト解析データを統合する必要があると主張し、有料広告だけではなく、無料の流入も踏まえて解析することを薦めている。さらに統合後のデータをクレンジングし統計アルゴリズムを用いて主観的な判断によらない最適化を行なうことが重要だと主張している。広告だけではなく、Webマーケティング全体のデータ統合化に言及している点は賛成だ。

　国内企業で、Webマーケティングにおけるデータ利用が進んでいる企業の1つに楽天株式会社がある。その楽天株式会社のデータ利用についてのセミナーに参加した。このセミナーでは、「集客データ、アクセスログ、顧客情報データの3つを統合し、訪問ユーザーを数十のセグメントに分類、それぞれに最適な施策を打つ」ことと、「将来スマートフォンデバイスからのアクセスが大きなシェアを占めることが予測され、画面が狭いスマートフォンで効果的なマーケティングを行なうためには、的確なユーザー解析とそれぞれのユーザーごとにサイト表示のパーソナル化が必要」という見解が示された。データから具体的な施策まで言及したことは素晴らしい。しかし、購買履歴と直前の購買時期を中心とした分析は既存のCRM分析の域を出ておらず、新しく取得可能になった行動履歴データからの分析・施策には言及されなかったことは残念である。

3. 研究方法・スケジュール[4]

ステップ1　事例分析

　Webマーケティングでデータを利用して成功した企業は、海外に多い。代表的であるのはGoogleやAmazonである。海外も含めて事例を洗い出す。このとき、今後あるべきマーケティング最適化のオペレーションについて考察する。考察されたオペレーションによって、必要な統計計算の種類や専門度が変化する見込みである。具体的には意思決定の部分をどの程度統計計算に担わせるかがオペレーションを決定するうえでの焦点となると想定している。

ステップ2　統計手法、技術、テクノロジーの確認

　ステップ1で考察したオペレーションに即し、必要な統計処理の技術を特定し、その統計処理を学習する。またデータを取得する際に必要なWeb技術やデータベースの知識を獲得する。

ステップ3　実際のデータ収集、分析の開始

　現職で入手可能なデータや、各取引企業に埋めてもらっている情報計測タグを加工することで新たなデータを取得する。そのデータを使ってステップ2で学習した統計処理を実行していく。複数の企業に見られる傾向値をまとめ、特定の企業に見られる傾向値は他のアプローチで信憑性確認を試みる。現状では実際のターゲットへの行動観察法によって確認することが考えられる。

ステップ4　具体的な施策の考察

　得られた結果から、ある程度汎用的に取りうるマーケティング施策

---

[4] 研究のスケジュールが、大変具体的に計画されおり、読み手に好印象を与えます。

をまとめる。また、施策ロジックを構築できるならば、それを行なう。たとえば、一般的にWebサイトに初めて訪問したユーザーよりも、リピート訪問ユーザーのほうが購買を起こす確率が高い。よって、Webサイトにユーザーを集客する際には、2つの目標がある。1つ目は集客したユーザーが購買を起こすこと。もう1つは、リピート訪問するようなユーザーを集客することである。現状のWebマーケティング理論は1つ目の目標達成のみで集客セグメントを評価・投資していたが、2つ目のリピート訪問を加味する評価方法など発見できればより効率的な施策が実現できる。

4. 期待される成果

大量に取得可能になった顧客の行動履歴データの分析方法をまとめれば、企業のWebマーケティング活動について有効な指針になる。また前述した内容の繰り返しになるが、スマートフォンとソーシャルメディアの普及により、Webは人々の主要な活動領域となることが期待される。また、マスメディアもWeb化していく傾向にある。Webの行動履歴の解析はすなわち、マーケティング活動の根幹になる可能性を秘めている。この分野を研究することは、企業のマーケティング活動全体にとって有用であると考えられる。[5]

---

[5] Webマーケティングが今後ますます有効であることが強調され、研究テーマの意義深さを上手にアピールしています。全体的に図表がうまく挿入されており、非常に緻密に作成されている研究計画書と言えるでしょう。

5. 参考文献・資料

- Encore社のアトリビューション分析手法
  http://origin.www.mediamind.com/mediamind-and-encore-media-metrics-announce-partnership-customers-benefit-integrated-attribution-sol
- Fringe81社　佐野正和
  http://www.fringe81.com/blog/？p=1347、
  http://www.attribution.jp/000142.html
- Russell, Matthew A.著、奥野陽・佐藤敏紀・瀬戸口光宏・原川浩一・水野貴明監訳、長尾高弘訳『入門ソーシャルデータ』オライリー・ジャパン、2011年
- 斉藤徹著『ソーシャルシフト』日本経済新聞出版社、2011年
- 財団法人インターネット協会監修、インプレスR&D インターネットメディア総合研究所編『インターネット白書　2012』インプレスジャパン、2012年
- 総務省『ICT基盤・サービスの高度化に伴う利用者意識の変化等に関する調査研究』2012年
- 総務省編『平成23年版　情報通信白書』ぎょうせい、2011年
- 総務省『平成23年通信利用動向調査の結果』2012年
- 総務省編『平成24年版　情報通信白書』ぎょうせい、2012年
- 田中弦・佐藤康夫・杉原剛・有園雄一著『アトリビューション　広告効果の考え方を根底から覆す新手法』インプレスジャパン、2012年
- 豊田秀樹・前田忠彦・柳井晴夫著『原因をさぐる統計学』講談社、1992年
- 野村総合研究所著『ビッグデータ革命』アスキー・メディアワークス、2012年
- 平井明夫・梶幸司・野澤ひろみ・佐藤宏樹・深井淳・駒原雄祐著『BIシステム構築実践入門 eコマースデータ活用編』翔泳社、2007

年
・元田浩・山口高平・津本周作・沼尾正行著『データマイニングの基礎』オーム社、2006年
・リクルート社　小川卓　http://www.attribution.jp/000115.html

筑波大学大学院
ビジネス科学研究科
経営システム科学専攻

T・H（41歳）

研究計画書を読むにあたって

　T・Hさんは理工学部土木工学科を卒業して、準大手のゼネコンに就職しました。入社後ほどなくバブルの崩壊によって公共事業が大幅に減少することになり、この傾向は現在も続いています。

　非常に厳しい経営環境にあるゼネコンをいかにして再生させるかについては、当事者にとっては切実な課題です。T・Hさんは労働組合の委員長を務め、さまざまな再建策を検討してみたものの、結局具体策は出てきませんでした。そこで自身がMBAに進み、ゼネコンの生き残りを模索してみたいと思ったとのことです。

　2013年、2020年の東京オリンピック開催が決まりました。ゼネコンは、20年に及ぶ不況を脱却して再浮上するビック・チャンスを得たと思います。ご健闘を期待しております。

アライアンスを軸にしたゼネコンの競争戦略について

1. 研究の概要

　この研究は、今特に激しい経営環境下にある準大手ゼネコンの、競争優位のアライアンス戦略を確立することを目的とする。具体的に

は、ある技術を保有する他業種企業と準大手ゼネコンの業務提携を想定し、双方に価値を生み出すビジネスモデルを構築してその有用性を事例研究で実証する。そして、自社の新事業におけるアライアンスのビジネスモデルを構築すると共に、ゼネコン生き残りのための1つの方向性を明示する。

2. 研究の背景

(1) 建設業界を取り巻く厳しい環境

　我が国の建設業界は今、急激な市場縮小とそれに伴う企業間競争の激化で非常に厳しい環境に置かれている。政府の進める構造改革や金融機関の不良債権問題、会計制度の変更などが追い打ちをかけ、すでにいくつかのゼネコンが企業再編・淘汰の波に巻き込まれている。

　実質建設投資額予測（図表3－11－1参照）を見ても明らかなように、たとえ景気が回復したとしても将来的に市場縮小の傾向が続くことは間違いない。しかも、ゼネコンの最も得意とする大規模構造物の建設は完全に頭打ちで、構造物をつくるという技術においてはすでにほぼ出尽くした感があり、企業として当然取り組むべき、工事のコ

まず「建設業界を取り巻く厳しい環境」について説明しており、読み手が建設業界の現状を理解できるよう工夫をしています。
図表3－11－1からもわかるように、我が国の建設産業を取り巻く状況は、厳しさを増しています。建設投資は減少傾向にあり、ピーク時に比べ約半分になっています。一方、建設業者数の減少は建設投資ピーク時から約9％減、建設業就業者数は約20％減と、投資の減少ほどには縮小していない状況にあります。
国の公共事業関係費の推移をグラフで掲載するといっそう説得力が出てくるでしょう。

図表 3-11-1　実質建設投資額予測

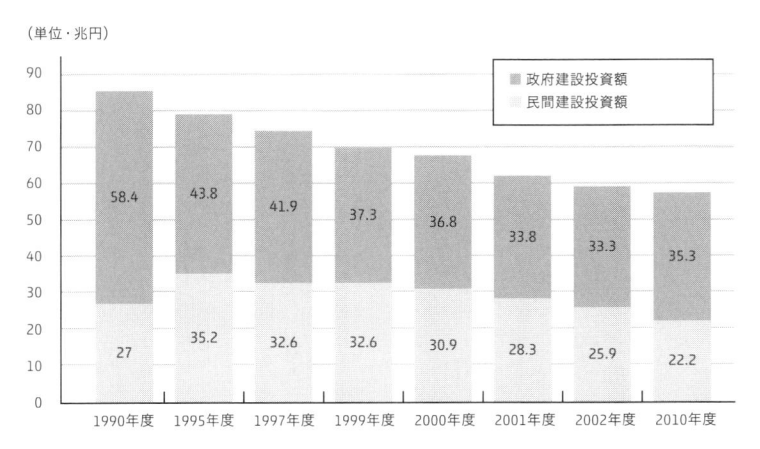

(単位・兆円)

年度	政府建設投資額	民間建設投資額
1990年度	58.4	27
1995年度	43.8	35.2
1997年度	41.9	32.6
1999年度	37.3	32.6
2000年度	36.8	30.9
2001年度	33.8	28.3
2002年度	33.3	25.9
2010年度	35.3	22.2

出典：2010年度は(財)建設経済研究所『建設市場の中長期予測』2001年（GDP成長率2％の場合）、他は国土交通省『建設投資見通し』より

ストダウンや経費削減も限界に来ている。つまり、従来型の市場は、すでに衰退期に入っていると言っても過言ではなく、新たな展開へ向けた企業戦略の策定が急務である。

(2) 建設産業におけるゼネコンの位置づけ

　建設産業の大きな特徴の1つはその企業数の多さで、2001年3月末で58万6000社ある。このうち全国的に業務を展開している総合建設会社（ゼネコン）の大手50社の施工実績は、建設業者全体の約4分の1を占め、産業全体におけるウェイトは非常に大きい。さらに、図11-2から明らかなように、そのゼネコンも二極化しており、スーパーゼネコンと呼ばれる上位5社（うち1社は非上場なので図11-2には含まれない）の売上シェアの変動は極めて小さく、その地位は非

✐2　建設業界の二重構造を示すうえで図表3-11-2が非常に効果的に使われています。

図表 3-11-2　ゼネコン上位 33 社の完工高と完工総利益額

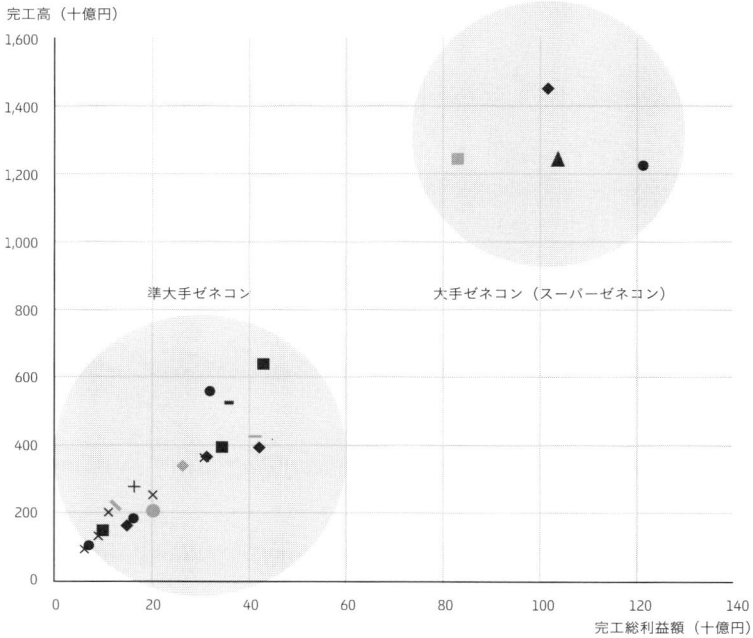

完工高（十億円）／完工総利益額（十億円）

準大手ゼネコン　　大手ゼネコン（スーパーゼネコン）

出典：2002 年 3 月期各社決算値(単独)より

常に安定している。[2]

理由は次のようなことが考えられる。
・従来の建設市場では新製品、新技術の市場は相対的に小さいため、新技術、新製品を開発してもシェアの変動に影響を与えにくい。
・公共工事においては、建設産業独特の業界内営業活動というものが存在（談合ではない）するため、各社のシェアは大きくは変わらない。
・民間工事においては、ゼネコンごとに顧客が相当固定化している。仮に、長年の取引先を他社に奪われそうになれば、多くのゼネコンは赤字受注も辞さない企業行動を取りそれを阻止する。

・従来の建設市場に限れば新たな継続顧客が生まれる機会が少ない。

　よって、従来市場においては準大手ゼネコンは未来永劫大手ゼネコンの後塵を拝していなければならないし、現在圧倒的優位性を保っている大手ゼネコンでも、それを足場にさらなる優位性を獲得するのは困難なのである。それでも市場が右肩上がりならば各社とも経営が成り立つが、先に述べたように今はまったく正反対の環境下にある。

(3) 新たな市場に向けて

　以上より、すべてのゼネコンは企業として存続していくために企業ドメインの変革が求められる。たとえば、「建設産業（つくる産業）」から「環境創造産業（直す産業）」へといった具合にである。[3] そして、図表3－11－3に示す「市場拡大」「多角化」の方向を目指すのは必然である。

　ゼネコンが今新たな需要を見込める市場と捉えているのは、維持補修事業、環境エンジニアリング事業、再開発事業、フィービジネス、海外工事などの分野である。大手ゼネコンはもちろんのこと、すべてのゼネコンがこれらを重点分野として取り組み始めている。

(4) 自分との職務の関連[4]

　現在、私は準大手ゼネコンに勤務しており、1997年8月から2001年6月までの間、自社の事業の大きな柱である土木部門の事業計画の立案に携わった。この時期は、前述したような建設業界を取り巻く厳しい環境が叫ばれ始めた頃で、今後の自社の方向性に非常に悩みなが

---

[3] 発注が減少しているから企業ドメインの変革が求められる、という論の運びがとてもスムーズです。

[4] T・Hさんのこれまでのキャリアが率直に述べられ、かつ研究テーマと完全に一致していることは、研究の意義をいっそう高めています。

図表3-11-3　製品-市場による成長方向

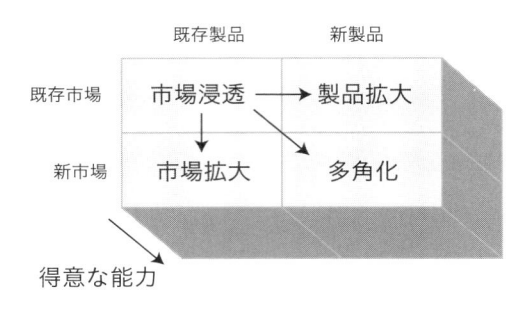

	既存製品	新製品
既存市場	市場浸透 →	製品拡大
新市場	市場拡大	多角化

↓得意な能力

ら、会社の中期経営計画、部門の年度方針、収益目標の設定およびそのフォローに忙殺されてきた。

そして2001年7月からは企業内労働組合の本部執行委員長として、会社全体の経営というものを会社経営者とはまた違った立場で見ていく必要が出てきた。最近の建設会社は、厳しい経営状況を背景に、他産業にもまして賃金などの労働条件の切り下げや人員削減に取り組んできている。同業者のなかには企業再編・淘汰の波に巻き込まれていく会社も続々と出てきている。こうしたなかで、労働組合が会社経営に無関心でいられるはずがなく、それどころか今まで以上に会社の進むべき方向性について考えて、それを経営側に積極的に提案して実現させる役割が求められている。

3. 研究の目的

(1) 研究の対象

以上の背景から、新しい市場での準大手ゼネコンの経営戦略を考えてみたい。ところで、新しい市場に進出するにあたっては、経営資源の豊富な大手ゼネコンでも、自社の経営資源だけで対応するのは困難で外部資源の利用が求められる場合がある。まして、経営資源の貧しい準大手クラスゼネコンが進出するためには、外部資源をうまく利用

することは不可欠である。
　企業が必要な経営資源を確保する選択肢としては、一般的に商取引、アライアンス（提携）、Ｍ＆Ａ、自社内開発が挙げられる。Ｍ＆Ａや自社内開発は大きな投資が要求され、リスクが大きい。商取引では入手できる資源は限定されたものになる。アライアンスならば双方が共同して事業に取り込むため、柔軟性があり、より多くのものが確保できる。よって、本研究の対象は、準大手ゼネコンの競争優位のアライアンス戦略とする。

（2）研究の目的

『建設産業再生プログラム』（建設省）にもあるように、ゼネコンの戦略的アライアンスの必要性を主張する声は数多いが、それに関する具体的なビジネスモデルに関する研究はないと思われる。そこで、私はこの研究で次の項目を研究し、準大手クラスゼネコンの競争優位のアライアンス戦略を確立する。

①成長期待分野のうち、将来的に自社が競争優位性を持ちうる分野とアライアンスパートナーをいかに選別するか
②相乗・相補効果や互いに得られるメリットをどう評価するか
③利害関係者への影響はどう評価するか
④アライアンスのビジネスプラン、実行のプロセスおよび顧客へのアプローチ
⑤アライアンスの維持・発展
⑥組織構成員の積極的参加を導くための戦略策定の方法や組織のあり方
⑦組織戦略を実現するための構成員に対するインセンティブの与え方や情報共有のあり方

図表3-11-4　戦略論の4つの視点

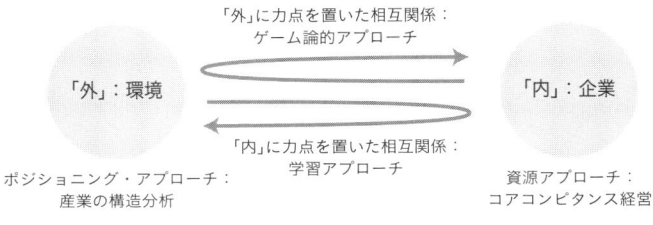

「外」に力点を置いた相互関係：
ゲーム論的アプローチ

「外」：環境　⇄　「内」：企業

「内」に力点を置いた相互関係：
学習アプローチ

ポジショニング・アプローチ：
産業の構造分析

資源アプローチ：
コアコンピタンス経営

出典：加藤俊彦・青山矢一「競争戦略論」『一橋ビジネスレビュー』、2000年 SUM.-AUT.-2001年 AUT.

4. 先行研究と現在の仮説

(1) 山村の研究

　山村は、公共土木工事を対象としたゼネコンの競争戦略に関する研究で、建設業に対して、M.E.Porterおよび資源ベースの戦略による一般的な経営戦略論のフレームワークを適用し、それが不十分なことから、新たな建設業の競争戦略モデルを提案している。

　この研究は、現在の特殊な建設市場の現実を十分踏まえ、かつ将来の環境変化まで織り込んだ研究で、従来の建設市場におけるゼネコンの競争戦略モデルとして非常に有効である。しかし、本研究は、従来の市場とは異なる市場におけるアライアンス戦略の確立を目指すので、ここでのフレームは適用できない。

(2) 企業戦略論の4つのアプローチ

　図表3-11-4に示すように、企業戦略論は大きく4つの視点があり、それぞれに対応する一連の理論的、実証的研究がある（加藤・青山、2000年）。

　戦略的アライアンスの目的は、各企業内部に蓄積された資源や能力を顧客価値を生み出すような形に具現化することにある。そのためには「外」を含めたビジネスの全体構造を理解しなければならない。そのため、トレードオフの認識の下で自分を的確に位置づけ（ポジショ

ニング・アプローチ)、他社とのやりとりをコントロールして自分の取り分を確保する(ゲーム論的アプローチ)ような「外」に注目した戦略論が重要となる。

また、アライアンスは、学習を主体とした協調的な相互作用であることが多い。よって、事前計画より事後的解釈を行なうことを通じた継続的な資源蓄積(学習アプローチ)の視点も重要である。

(3) 安定するアライアンスのパターン

G. Hamelらは、多くのアライアンスの実態から価値を創造(成功)するアライアンス戦略を整理しているが、特に戦略的な地位と価値創造の相関(図表3-11-5参照)は、準大手ゼネコンのアライアンス戦略を考えるうえで示唆を与えてくれる。

たとえば、準大手ゼネコンのアライアンスはBⅡ・BⅣパターンになりがちであるが、その場合はAⅡ・AⅣのパターンになるように戦略を変えるべき、といった具合にである。

(4) アライアンスのプロセス

J.R.arbisonらは、アライアンスを成功に導く4つの段階と8つのステップを提示している。本研究はこの考えを取り入れて進めていく。

(5) ビジネスモデルのイメージ

アライアンスを構成する重要な資源として、技術力、営業力、企画力、組織力の4つを考えるが、アライアンスパートナーのどちらかが優れた資源を持ち寄るだけで競争優位なアライアンスができあがるとは考えられない。図表3-11-6のような段階が確実に踏まれていることのほか、チームとして努力していこうという意志と信頼関係が共有され、学習と調整のサイクルは確実に回り、情報の共有は正しくなされる。これらの視点をビジネスモデルに織り込みたい。図表3-11-7にビジネスモデルのイメージを示す。

図表3-11-5　戦略的な地位と価値創造の相関図

安定するアライアンスのパターン

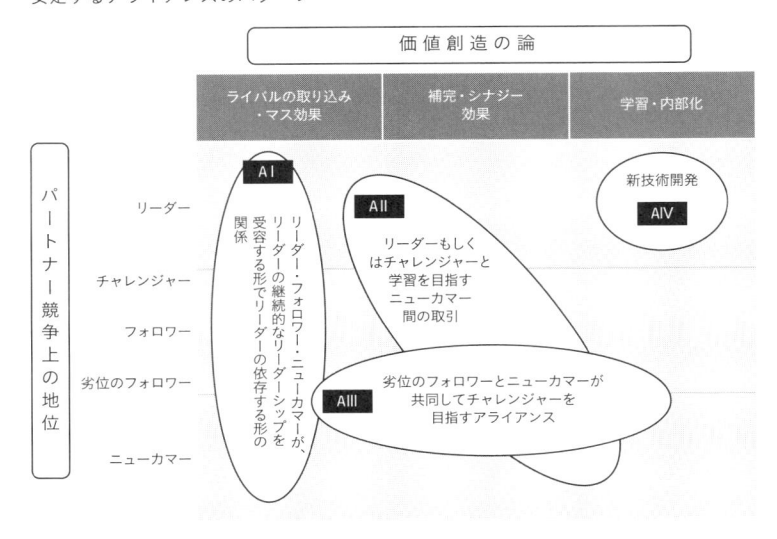

	価値創造の論		
パートナー競争上の地位	ライバルの取り込み・マス効果	補完・シナジー効果	学習・内部化
リーダー	AI	AII	新技術開発 AIV
チャレンジャー	リーダー・フォロワー・ニューカマーが、リーダーの継続的リーダーシップを受容する形でリーダーへの依存する形の関係	リーダーもしくはチャレンジャーと学習を目指すニューカマー間の取引	
フォロワー			
劣位のフォロワー		劣位のフォロワーとニューカマーが共同してチャレンジャーを目指すアライアンス AIII	
ニューカマー			

問題の生じやすいアライアンスのパターン

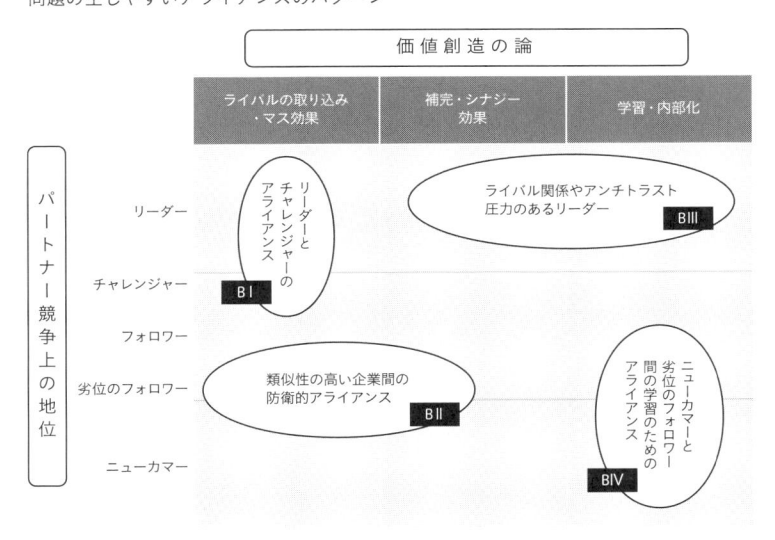

	価値創造の論		
パートナー競争上の地位	ライバルの取り込み・マス効果	補完・シナジー効果	学習・内部化
リーダー	リーダーとチャレンジャーのアライアンス		ライバル関係やアンチトラスト圧力のあるリーダー BIII
チャレンジャー	BI		
フォロワー			ニューカマーと劣位のフォロワー間の学習のためのアライアンス
劣位のフォロワー	類似性の高い企業間の防衛的アライアンス BII		
ニューカマー			BIV

出典：Hamel, Gary、Doz, Yves L.著、志田謹一、柳孝一監訳、和田正春訳『競争優位のアライアンス戦略』ダイヤモンド社、2001年

図表3-11-6　アライアンスの成功へのステップ

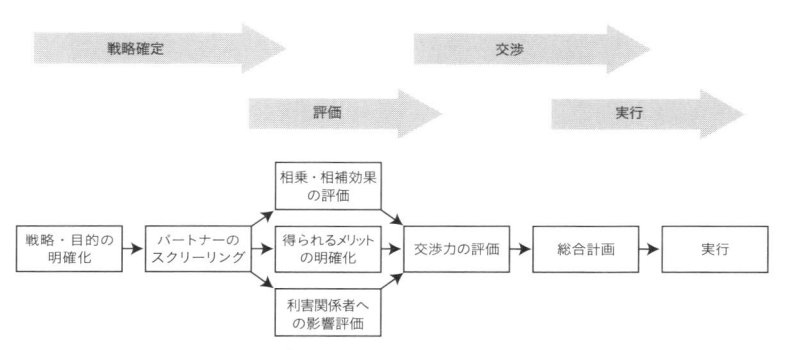

出典：Harbison, John R.、Pekar Jr., Perter 著『アライアンススキルピアソンエデュケーション』、ピアソンエデュケーション1999年

図表3-11-7　準大手ゼネコンの戦略的アライアンスのビジネスモデルのイメージ

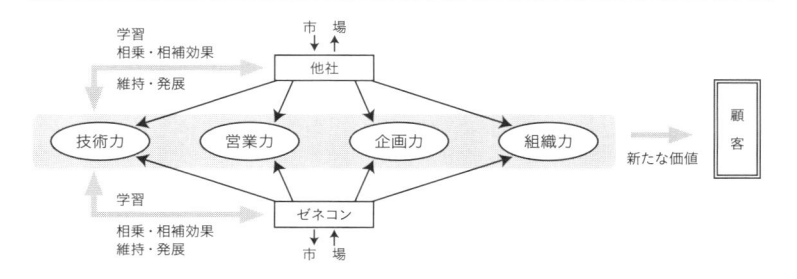

5. 研究計画

研究計画手順の概要は図表3-11-8の通りである。[5]

> [5] ビジネスモデル構築をベースにステップを踏んで研究することが明確にされ、非常に堅実な印象を与えます。会社の生き残りと再生にかけるT・Hさんの必死さがひしひしと伝わってくる計画書です。

図表3−11−8　アライアンスの成功へのステップ

	ステップ1 理論・先行研究、事例研究	ステップ2 モデルの構築	ステップ3 事例調査、モデル検証	ステップ4 自社へのあてはめ・まとめ	ビジネスモデルの構成要素
	①企業戦略論の研究 ・ポジショニングアプローチ ・資源アプローチ ・ゲーム論的アプローチ ・学習アプローチ	①アライアンス戦略の策定	①アライアンス戦略 ・契機 ・進出市場とパートナーの選別 ・ベネフィットと相乗・相補効果	①アライアンス戦略 ・契機 ・進出市場とパートナーの選別 ・ベネフィットと相乗・相補効果	戦略
	②アライアンスプロセスの事例研究	②アライアンスプロセスの策定	②アライアンスプロセス ③顧客へのアプローチ ④学習サイクル	②アライアンスプロセス ③顧客へのアプローチ ④学習サイクル	プロセス
	③企業組織論の研究	③アライアンスにおける最適組織の提示	⑤組織・構造・文化・情報共有	⑤組織・構造・文化・情報共有	組織
	④ゼネコン各社の動向			⑥アライアンスが有効な分野	環境

ステップ1　理論・先行研究、事例研究

　図表3−11−4に示す4つのアプローチの起業戦略論をトレースし、アライアンス戦略に対する適用性を検討する。国内の異業種アライアンスの事例研究を行ない、前述したアライアンスパターン、プロセスを検証する。組織論は、自社と他社の各々のトップ・ミドルの4者の役割とリンケージに焦点を当て、理論研究を行なう。ゼネコン各社の現状のアライアンス事例を調査する。

ステップ2　ビジネスモデルの構築

　ステップ1の研究成果と私が18年間携わり知りえた建設産業の産業特性をもとに、準大手ゼネコンのアライアンスに関わるビジネスモデルを構築する。モデル化するのは、アライアンス戦略とそのプロセス、およびアライアンスごとの最適組織のあり方とする。

ステップ3　事例調査とビジネスモデルの検証

　主としてすでに建設業界で起きているアライアンス事例にあてはめて、図表3-11-8に示す項目を主体に、そのビジネスモデルを検証する。事例としては私が業界にいることで知り得るものとし、不測の場合はアンケート調査も実施する。

ステップ4　自社へのあてはめ、まとめ

　準大手クラスゼネコンの競争優位のアライアンス戦略のまとめを行なうとともに、自社の新事業におけるアライアンスに対して、ビジネスモデルの構築と研究成果のフィードバックを行なう。

6. 研究の意義

　この研究は、『建設産業再生プログラム』に示されているゼネコンの今後の方向性のうち、成長期待分野・戦略投資分野の強化や連携の強化といった企業戦略の立案・遂行に役立つはずである。

　そして、それが自分の勤務する会社の再建、ひいては建設産業全体が21世紀の経済社会のニーズに応えられる創造力と活力を有する産業になることに寄与することを期待したい。

7. 参考文献

・Hamel, Gary, Doz, Yves L.著、志田勤一・柳孝一監訳、和田正春訳『競争優位のアライアンス戦略』ダイヤモンド社、2001年
・Harbison, John R., Pekar Jr., Peter著、日本フーズアレンアンドハミルトン訳『アライアンススキル―合従連衡の成功要件』ピアソンエデュケーション、1999年
・内田学編著『MBAエッセンシャルズ』東洋経済新報社、2001年
・加藤俊彦・青山矢一著「競争戦略論」『一橋ビジネスレビュー』2000年SUM-AUT.-2001年AUT.

- 金本良嗣編『日本の建設産業』日本経済新聞社、1999年
- 河合忠彦著『複雑適応系リーダーシップ』有斐閣、1999年
- 株式会社グロービス著『MBAビジネスプラン』ダイヤモンド社、1998年
- 建設省監修『建設産業構造改善推進3ヵ月計画』2000年
- 建設省監修『建設産業再生プログラム』1999年
- 国土交通省『建設市場の変化に対応した建設産業の再編に向けて』2002年
- 沼上幹著『わかりやすいマーケティング戦略』有斐閣、2000年
- 山村正人「土木設計を主軸にしたゼネコンの競争戦略について」筑波大学院ビジネス科学研究科経営システム科学専攻修士（経営学）学位論文、2002年

筑波大学大学院
ビジネス科学研究科
経営システム科学専攻

F・H（27歳）

> **研究計画書を読むにあたって**
>
> 　F・Hさんは国立工業専門学校を卒業し、国内最大手の通信会社に入社しました。入社以来、ブロードバンド商用コンテンツ配信サービスを立ち上げ、エンタテインメント・ジャンルのリーダーとして活躍するなど、ITやブロードバンドの新規事業の開発に携わってきました。
>
> 　高専卒からでも大学院の受験ができる（各大学院で実施する資格審査に合格することが前提）ことを知り、筑波大学の夜間MBAを受けることを決意しました。
>
> 　現在F・Hさんは当初の予定通り起業し、コンテンツビジネスのコンサルティング、およびプロデュース会社を経営するかたわら、筑波大学や目白大学、慶應義塾大学大学院メディアデザイン研究科で研究所員となって教えています。

1. 研究テーマ

通信と放送の融合時代における著作権ビジネスの成功モデル研究〜ブロードバンド映像コンテンツ流通に関する事例研究〜

図表3-12-1 デジタルコンテンツ流通市場規模(B2C)の中期予測

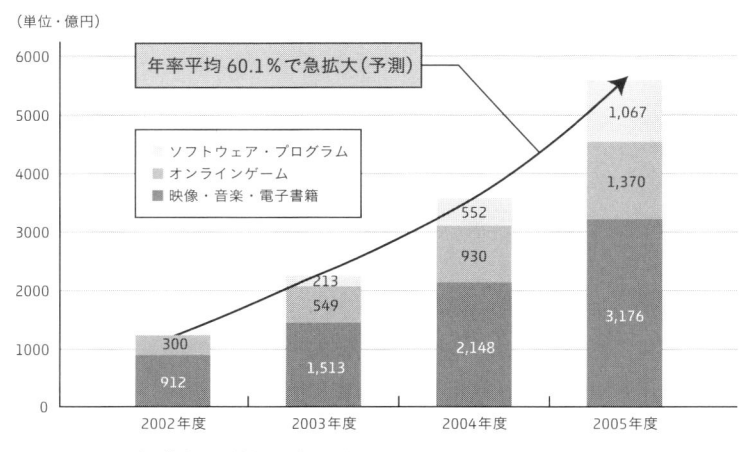

(単位・億円)

年率平均60.1％で急拡大(予測)

凡例：
- ソフトウェア・プログラム
- オンラインゲーム
- 映像・音楽・電子書籍

年度	映像・音楽・電子書籍	オンラインゲーム	ソフトウェア・プログラム
2002年度	912	300	—
2003年度	1,513	549	213
2004年度	2,148	930	552
2005年度	3,176	1,370	1,067

出典：三菱総合研究所『デジタル情報流通市場の中期予測』2003年
および財団法人デジタルコンテンツ協会『デジタルコンテンツ白書2003』2003年を基に筆者作成

2. 研究の背景

(1) 研究の動機

　私は、1996年に●●株式会社に入社し、ITやブロードバンドを用いた新規事業開拓に携わってきた。私が一貫して関心を寄せているのは「コンテンツやサービス」である。業務を通して、ブロードバンドインフラにも増して、上位レイヤのコンテンツやサービスが最も重要であると実感している。実際にブロードバンド化、IP化の進展に伴い、コンテンツビジネスの本格化が加速し、なかでもデジタルコンテンツ流通市場は、2005年には約5,500億円の市場に達すると予測されている（図表3-12-1）。

　消費者市場・企業市場別では、消費者市場が年率22.3％増に対し企業市場は2.1％増に止まっている。原因としては、企業市場ではIP化の進展によりネットワークサービス市場が縮小し、消費者市場におけるデジタル家電やAV機器のようなデジタル情報流通に対応した端末

が出現しないためと考えられる。その観点で、ブロードバンド化における消費者市場は企業市場に比べ、非常に有望であると考えられる。

現在、私は、ブロードバンドの普及を加速させるべく、2001年にブロードバンド商用コンテンツ配信サービスを立ち上げ、エンタテインメント・ジャンルのリーダーとして、B2C（Business to Consumer）市場創造、ビジネス開拓に取り組んでいる。

私は、主に映像制作事業者や委託放送事業者などのコンテンツホルダやアグリゲータをビジネスパートナーとした業務を行なうなかで、①ブロードバンドによる映像コンテンツ流通ビジネスが拡大するための実際的な課題、②急激に変化する技術動向、制度動向、消費者動向のなかで成功するモデルとはどのようなものか、③その成功モデルがもたらす産業全体へのインパクトはどのようなものか、④その次の成功モデルへの誘引となるものはどういったものなのかについて問題意識を持ってきた。

(2) 現状分析

2002年に総務省が発表した「全国ブロードバンド構想」では、世界最先端のIT国家の実現を目指し、高速・超高速インターネット網

✐1 日本では、定額で安価な常時接続が可能なADSL、CATV、FTTHなどのサービスが、2000年前後から徐々に普及し始めました。ユーザー回線が、規格上は超高速域へ帯域向上するのに対して、アクセス回線の新線網、バックボーンの回線容量やインターネットエクスチェンジの交換能力、プロバイダー（ISP）のサーバの処理能力や回線容量が追いつかない現象がしばしば見られており、今後も続くものと思われるとのことです。
デジタルコンテンツ流通市場規模が大幅に伸びていることを示すグラフを見れば、F・Hさんの研究が将来非常に意義のあることがわかります。

図表3－12－2　ブロードバンド回線の爆発的拡大
（インターネット接続サービスの利用者数等の推移【2003年5月末現在】）

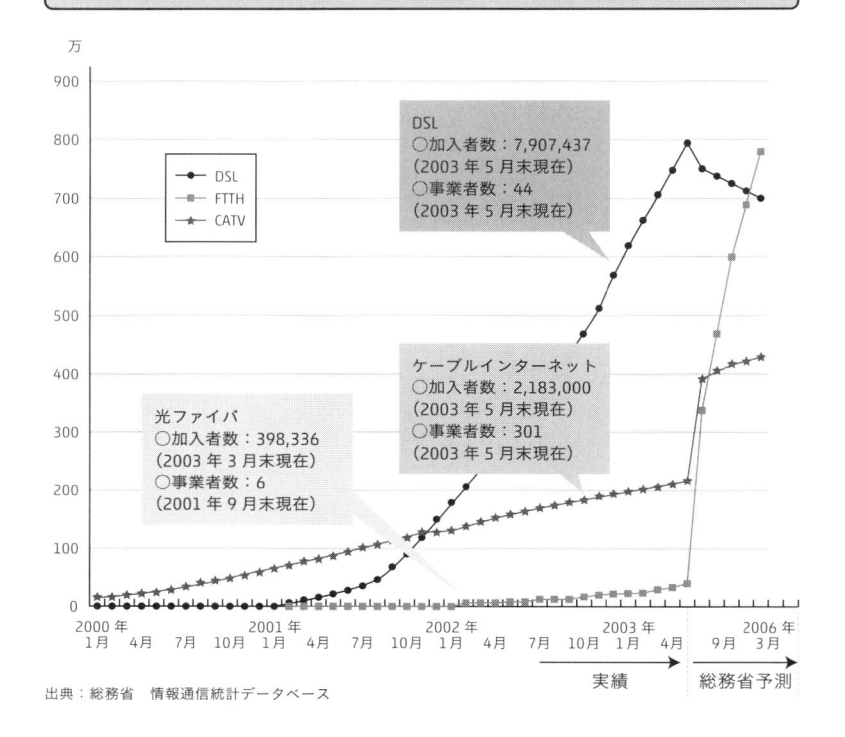

DSL
○加入者数：7,907,437
（2003年5月末現在）
○事業者数：44
（2003年5月末現在）

ケーブルインターネット
○加入者数：2,183,000
（2003年5月末現在）
○事業者数：301
（2003年5月末現在）

光ファイバ
○加入者数：398,336
（2003年3月末現在）
○事業者数：6
（2001年9月末現在）

実績　総務省予測

出典：総務省　情報通信統計データベース

　の整備推進に積極的に取り組むこととしている。現在、ブロードバンド普及ペースはめざましく、2003年5月末ですでに1000万世帯を達成している。（図表3－12－2）

　これを受け、政府は2003年7月に「e-japan戦略Ⅱ」で、日本発の「知」が世界を駆けめぐるコンテンツ立国を目指し、コンテンツ産業等の国際競争力の向上を図るため、総合的な取り組みを推進し、日本の知的財産を利用した新たな価値を創造することを志向している。この一環として、2008年までにすべての放送用コンテンツのネット配信を可能にする環境整備の実施を検討している（図表3－12－3）。

　一方、民間企業を中心としたビジネス環境では、通信役務利用放送

図表3-12-3 ブロードバンドと放送の政策目標とスケジュール

	2000	2001	2002	2003 ～ 2009	2010	2011
CS	1996年6月よりデジタル放送開始　　　　2002年3月、東経110度CSデジタル放送開始					
BS	デジタル放送開始　2000年12月1日					
ケーブルテレビ	一部地域において1998年7月よりデジタル放送開始				ほぼすべてのケーブルテレビのデジタル化	
地上波テレビ	三大広域圏　2003年12月1日一部の地域で放送開始（キー局）			2009年頃：全国フル放送開始	地上アナログ放送終了　2011年7月24日	
ブロードバンド	2002年1月、通信役務利用放送法施行　IT基盤整備期			通信・放送の垣根が取り払われる（FTTH、セット・トップ・ボックスの普及、権利処理の円滑化など）　IT利活用期		
		e-japan戦略I 2001年1月2005年までにFTTH普及（1,000万世帯）		e-japan戦略II 2003年7月2008年までに全放送番組がネット配信可能		

出典：総務省『デジタル放送推進のための行動計画』2002年～2007年およびIT戦略本部『e-japan戦略II』2003年を基に筆者作成

法施行によって放送事業への新規参入の増加、2003年地上波デジタル放送の開始などによって、今後、多メディア化や通信と放送の融合サービスの登場、コンテンツ流通市場の活性化が期待されている。

(3) 問題意識

しかし、ブロードバンドによる映像コンテンツ流通ビジネス事業に取り組む当事者として、コンテンツホルダと業務をするなかで、解決すべき課題や問題が少なくない。たとえば、多メディア化が進んでいるといえども、流通メディアがブロードバンド配信ポータル事業者依存で、寡占状態にある。コンテンツホルダはコンテンツを配信しよう

図表3-12-4　ブロードバンド配信における著作権許諾

1　放送コンテンツの二次利用に処理が必要な諸権利

権利	内容例	[参考]放送時の権利処理
音楽	作詞家・作曲家の ・複製権 ・公衆送信権 etc	JASRACの使用料規定に基づき権利処理（放送事業者ごとに料金が異なる）
脚本	脚本家の ・複製権 ・公衆送信権 etc	日本脚本家連盟と日本シナリオ作家協会との契約
小説等	原作者の ・複製権 ・公衆送信権 etc	日本文芸著作権保護同盟が集中管理を行なっているが、許諾については委託者本人の意向を反映し個別処理。
実演	俳優等の ・録音権・録画権 ・二次使用料を受ける権利 etc	実演家と個別処理。実演家リピート料（再放送）については、芸団協経由で実演家に支払われる。
その他	一般個人等の ・肖像権 主催者の ・興行権	

2　放送とネットワーク配信の取り扱いの差異

放送コンテンツをネットワークで配信しようとすると、権利者の利用許諾を得ずに制作できている部分について、改めて権利処理を要する(注1)。

		放送	ネットワーク配信
一時的固定		放送のための固定（録画等）	ネットワーク配信のためのサーバへのアップロード
	著作者	許諾不要 適法な放送を行なうための一時的な録音・録画については、著作権者・実演家・製作者の許諾がなくても行なえる。	複製権 録音権・録画権 複製権 すべて許諾要
	実演家		
	製作者		
商業用レコードの二次使用		CD等の放送（ランキング番組等）	CD等の配信
	著作者	公衆送信権について許諾要	公衆送信権
	実演家	許諾不要 商業用レコードの二次使用については、使用料の支払いを条件に、実演家、製作者の許諾がなくても放送が行なえる。	送信可能化権 送信可能化権 すべて許諾要
	製作者		

出典：総務省『情報通信白書』2002年を基に筆者作成
注1：同じコンテンツを「放送」と「ネットワーク配信」する場合、必要な権利処理の内容に相違

としても、多数のブロードバンド配信ポータル事業者とその都度交渉や契約を行なう必要があり、取引コストが膨大な割に、発展途上のブロードバンドビジネスからの収入（レベニューシェア）は芳しくない。コンテンツホルダの多くは、経営基盤が脆弱な事業者が多く、自己投資により著作権も確保したコンテンツへの投資が難しい現状にある。

　また、現状においては、同じコンテンツを「放送」と「ネットワー

図表 3-12-5　二次利用時に処理が必要な諸権利団体

	団体名	問い合わせ可能事項
仲介業務団体	(社)日本音楽著作権協会(JASRAC) (社)日本文芸著作権保護同盟 (協)日本脚本家連盟(日脚連) (協)日本シナリオ作家協会	音楽の利用許諾に関する事項 小説などの利用許諾に関する事項 テレビ番組の脚本の利用許諾に関する事項 映画の脚本の利用許諾に関する事項
指定団体	(社)日本レコード協会(RIAJ) (社)日本芸能実演家団体協議会(芸団協) 実演家著作隣接権センター(CPRA)	レコード製作者の権利に関する事項 実演家(俳優、歌手、演奏家等)の権利に関する事項
管理指定団体	(社)私的録音補償金管理協会(SARAH) (社)私的録画補償金管理協会(SARVH)	デジタル方式の録音機器・媒体を用いた私的録音に係る補償金に関する事項 デジタル方式の録画機器・媒体を用いた私的録画に係る補償金に関する事項
その他管理団体	日本複製権センター	書籍、雑誌等のコピーの許諾に関する事項
その他団体等	(社)著作権情報センター(CRIC) 日本放送協会(NHK) (社)日本民間放送連盟(民放連) (社)日本ケーブルテレビ連盟 (社)全日本テレビ番組制作者連盟(ATP) (社)コンピュータソフトウェア著作権協会(ACCS) (社)日本映像ソフト協会(JVA) (社)日本書籍出版協会 日本複写権センター(JRRC) (社)日本美術家連盟 全日本写真著作者同盟 (社)映像文化政策社連盟　等	著作権に関する事項全般 放送事業者の権利に関する事項 放送事業者の権利に関する事項 有線放送事業者の権利に関する事項 テレビ番組製作者の権利に関する事項 ソフトウェアの著作権に課する事項 ビデオソフトの著作権に関する事項(レンタル、上映、複製等) 書籍、雑誌等の出版に関する事項 書籍、雑誌等のコピーの許諾に関する事項 美術作品の著作権に関する事項 写真の著作権に関する事項 教育映画の著作権に関する事項

出典：総務省『情報通信白書』2002年を基に筆者作成
注：一元的ライツ管理業者は、JASRACなど一部の団体のみ。多くの権利者と個別交渉が必要

ク配信」する場合、必要な権利処理の内容に相違があり、放送コンテンツを二次利用するブロードバンド配信には改めて複雑な著作権処理が必要となるなど、制度的な課題も多い（図表3-12-4、図表3-12-5）。

　ブロードバンドのみならず、デジタル放送、デジタルシネマ、携帯電話への映像配信などの多様で複合的な通信と放送の融合時代において、我が国のコンテンツやネットサービスを産業として発展させていくためには、製作事業者やクリエイターが世界的に評価されているポ

テンシャルを有する一方で、下請け構造に甘んじている問題を解決して、正当な競争が行なわれるモデルの構築が必要と考えられる。

3. 研究目的 [2]

これらの課題に取り組むため、第一に、ブロードバンドによる映像コンテンツ流通の技術動向、制度動向を明らかにし、第二に、自社および国内外の事業者が運営する映像コンテンツ流通事業の事例研究を通じて、成功要因、失敗要因を抽出していく。そのうえで、第三に、通信と放送の融合時代における著作権ビジネスの成功モデルの構築、有効性の検証を行なう。さらに、成功モデルの発展過程、業界や世の中に与える影響についても検証し、我が国の知的財産立国推進に関する政策の基礎資料や企業の戦略策定の参考資料として貢献したい。

4. 既存研究調査 [3]

ブロードバンドネットワークの実現による市場の構造変化について、林紘一郎（2002）は、旧来のナローバンドおよびパッケージ時代は、各企業は同一業界の同一機能の他企業を競合者として捉えていればよかったと考察している。それに対してブロードバンド時代は、

---

[2] F・Hさんの研究目的が（1）ブロードバンド映像コンテンツ流通の技術動向と（2）映像コンテンツ流通事業の成功と失敗の要因を探ること、と具体的に述べている点は非常に説得力があります。

[3] ブロードバンドネットワーク実現による市場の構造変化については、林紘一郎氏の研究、ブロードバンドビジネスモデルについては山本直樹氏の先行研究がきちんと押さえられていて大変よいです。

全業界の同一機能間での水平型競争が始まるとともに、新たな垂直統合が求められ、他業界の企業との連携もしくは競争が激化すると論じている。したがって、水平型の競争構造と垂直型の競争構造の2面からブロードバンド事業を捉え、ビジネスモデルを構築することが重要であるとしている。

　ブロードバンドのビジネスモデルに関する研究としては、山本直樹（2001）の「開放系ビジネスモデルへの進化」がある。そこでは、ブロードバンドによる技術革新は「情報の直接取引」と「ユーザーと生産者の一体化」という2つの革命を起こすと指摘している。この2つの革命は、情報仲介事業者による収穫逓増モデル志向によるコンテンツや情報の囲い込み、出し惜しみのビジネスモデルから、自社の資源を積極的にユーザーに開放し活性化していくモデルへの転換を促すとされている。

　また、総務省の懇談会であるブロードバンド時代における放送の将来像に関する懇談会（2003）では、利用者は、伝送手段の区別、端末の種別（TVかパソコンか）を意識せずに多彩なサービスが利用可能となっていくと指摘し、NHK放送文化研究所（2002）は、ホームサーバ的機能や番組連動型データ放送的機能、EPG（Electric Programming Guide）的機能など、ブロードバンドを用いなければ実現できない機能をユーザーが欲していることを明らかにした（図表3－12－6）。

　これらの研究や論文、調査は、ブロードバンド時代における通信と放送とそのサービスの方向性を示したもので、実際のビジネス環境を踏まえた、企業の収益性やビジネスモデルの成否に関する分析は行なわれていない。また、Porter（1980）は、形が整ったばかりの業界、すなわち先端業界においては、その業界環境の中枢的側面を明らかにした後、広くその業界全体の発展と自社利益追求のバランスをとりながら自社が有利になるように業界ルール・秩序をつくり上げることが、競争戦略上、焦点となると述べている。

図表3−12−6　テレビに期待する機能（複数回答）

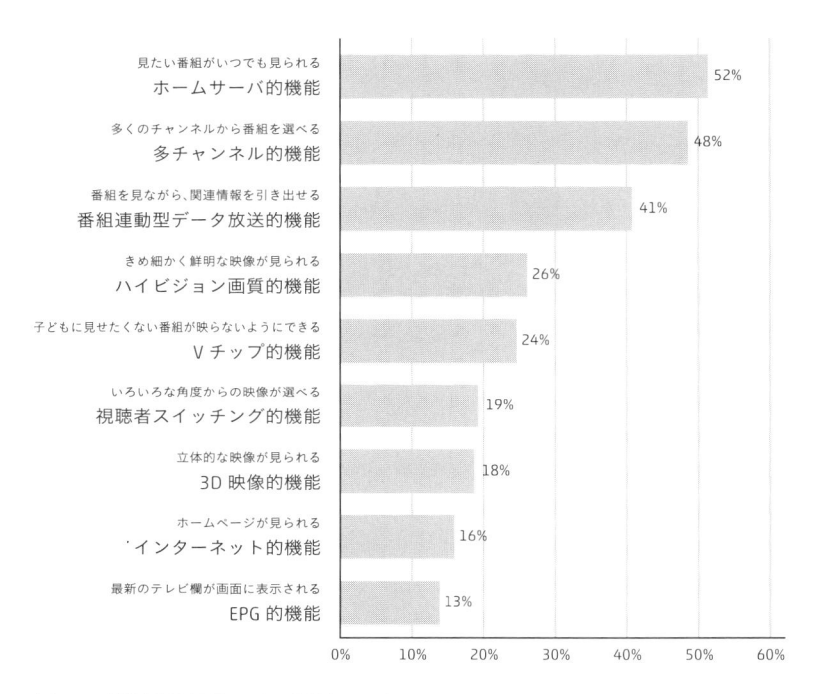

機能	割合
見たい番組がいつでも見られる　ホームサーバ的機能	52%
多くのチャンネルから番組を選べる　多チャンネル的機能	48%
番組を見ながら、関連情報を引き出せる　番組連動型データ放送的機能	41%
きめ細かく鮮明な映像が見られる　ハイビジョン画質的機能	26%
子どもに見せたくない番組が映らないようにできる　Vチップ的機能	24%
いろいろな角度からの映像が選べる　視聴者スイッチング的機能	19%
立体的な映像が見られる　3D映像的機能	18%
ホームページが見られる　インターネット的機能	16%
最新のテレビ欄が画面に表示される　EPG的機能	13%

出典：NHK放送文化研究所『テレビ50年調査』2002年
調査は2002年10月19日（土）、20日（日）の2日間、全国の16歳以上の国民3,600人に、個別面接法。63.1%にあたる2272人の方から回答。

5. 現在の仮説

　ブロードバンドによる映像コンテンツ流通のビジネスモデル発展過程は、図表3−12−7のような発展過程を経ると考える。

ステップ1：インフラ依存モデル（1社囲い込み型／通信放送分離型）

　通信事業者がポータルなど情報仲介事業者としてコンテンツや情報を一カ所に集め、それをユーザーに提供するモデルが中心になる。これは、収穫逓増モデルを事業戦略の拠り所とし、囲い込み競争によるコンテンツへの投資が増大する。

図表3-12-7　仮説:ブロードバンドによる映像コンテンツ流通のビジネスモデル発展過程

	ビジネスモデル	概要	関連産業全体へのインパクト	次期ステップへの進化誘引
ステップ1	インフラ依存モデル（1社囲い込み型）（通信放送分離型）	ポータルなど情報仲介事業者がコンテンツや情報を一カ所に集め、それをユーザーに提供するモデル。	情報仲介事業者の囲い込み競争によるコンテンツへの投資増大	ユーザーの直接取引活発化による情報仲介の無価値化
		通信と放送はまったくの別メディアであり、コンテンツを相互流通させる煩雑な権利処理が必要。	技術進歩と既成制度・ルールとのギャップ顕在化、変革機運の高揚	規制緩和・制度改正（通信役務利用放送法）（著作権ルール改革）
ステップ2	インフラ同質モデル（連合囲い込み型）（通信放送同質型）	通信と放送の制度的・技術的な区分けがなくなり、放送番組やコンテンツが、通信でも流通するモデル。	コンテンツの物理的制約（インフラ依存）からの解放	大容量蓄積装置の低価格化
			通信産業と放送業、機器産業、コンテンツ産業の活性	ネット接続対応TVやセット・トップ・ボックスの普及
		電波の有限性のため、参入障壁の高かった放送モデルに新規参入増加。（通信による放送のマーケットプレイス）	1社囲い込みから連合囲い込み型へのシフト	コンテンツ流通方式や、メタデータ方式の標準化
ステップ3	メタ流通型（開放型）（通信放送融合型）	通信の双方向性と放送の伝播性に加えて、大容量蓄積装置の低価格化による通信と放送の融合サービスモデル。	サーバー型放送・蓄積型放送の拡大	B2B、B2C、C2Cのコンテンツ流通環境におけるメタデータの交換ルール標準化
			視聴スタイル変化に伴う時間帯依存の広告放送の限界	
		いつでも・どこでも・どんな手段でもコンテンツを視聴可能。（コンテンツメタデータの流通）	1ユーザーの情報収集や目利きを支援する知的エージェントビジネスの台頭	2次・3次などの超流通に対応した権利処理ルールの確立

出典：筆者作成

　この段階では、制度上、通信と放送はまったくの別メディアであり、コンテンツを相互流通させるには煩雑な権利処理が必要となり、さらにコストがかかる構造である。現状は、ステップ1のインフラ依存モデル（1社囲い込み型／通信放送分離型）の最終局面である。

ステップ2：インフラ同質モデル（連合囲い込み型／通信放送同質型）

通信インフラで放送サービスが可能な法律の施行や著作権ルールなどの規制緩和・制度改正が行なわれ、通信と放送の制度的・技術的な区分けがなくなる。放送番組やコンテンツが通信でも流通するモデルとなる。電波の有限性のため参入障壁の高かった放送モデルに、通信インフラを用いることによって新規参入事業者が増加する。初期段階では、通信による放送のマーケットプレイスとしての側面が強く、放送市場の収益が通信市場への収益へと移転することになる。通信産業と放送産業の競争促進による活性化に加えて、通信と放送の両方の機能を実装させるためのセット・トップ・ボックスやネット対応デジタルテレビなどハードウェア産業が活性化する。

ポータルや放送局など1社でのコンテンツやチャンネル囲い込みはより無意味になるが、競合との連合により囲い込みを志向する。通信役務利用放送の免許を取得するには、それなりの経営基盤が必要なため、ステップ1のように、インフラに依存する構造は続く。

ステップ3：メタ流通型（開放型／通信放送融合型）

最終的には、いつでも・どこでも・どんな手段でもコンテンツを視聴可能になる。地上デジタル放送の普及に伴うネット接続対応テレビやセット・トップ・ボックスの普及と共に、大容量蓄積装置の低価格化による通信と放送の融合サービスモデルとなる。ユーザーは通信と放送の区別を意識しなくてもよくなり、VHSなどのテープメディアは低価格の大容量蓄積装置に淘汰される。ハードウェアの標準化に加えて、コンテンツ流通方式や、コンテンツの内容や著作権情報、収益分配情報などコンテンツ流通時のラベルタグの役割を果たすメタデータ方式の標準化が進む。

いったん蓄積してから視聴する、時間帯に依存せずコンテンツを視聴する、視聴したいものをリクエストして視聴するというように視聴スタイルに劇的な変化が起こる。時間帯依存の広告放送は限界を迎え、知的エージェントビジネスの研究、メタデータの交換ルール標準

図表3-12-8 仮説：通信と放送の融合時代における著作権ビジネスの成功モデル

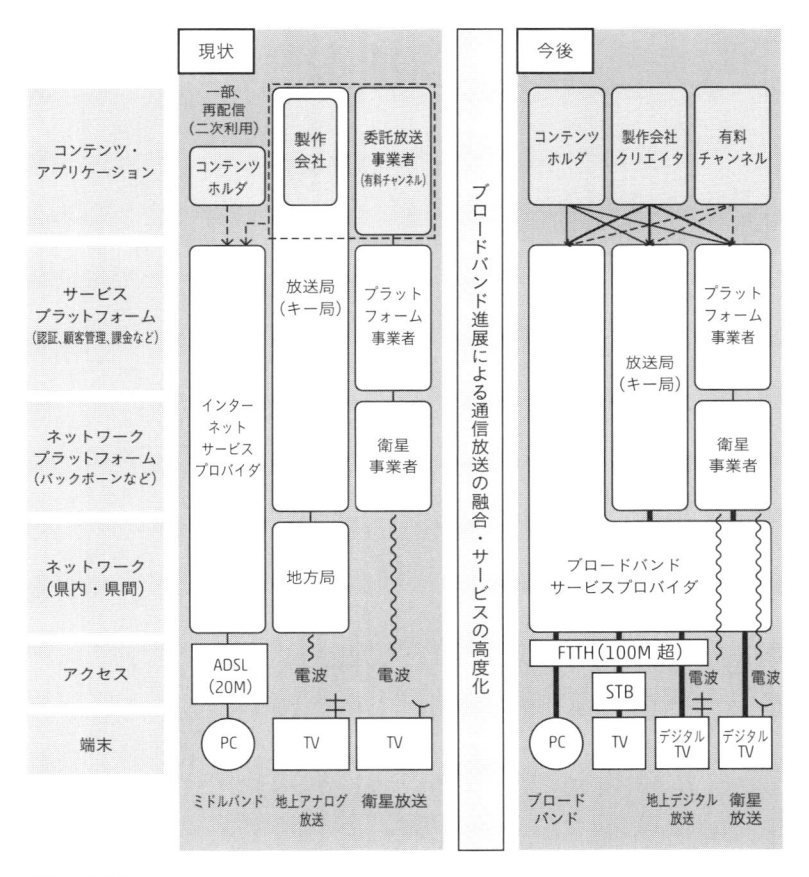

出典：筆者作成

化、2次・3次流通などの超流通に対応した権利処理ルールの確立が必要になると考えられる。

　上に述べたような映像コンテンツ流通のビジネスモデル発展過程のなかで、私は各事業者が図表3-12-8のような機能を果たすようになることが、サービスの高度化と関連する事業者の収益性向上に寄与する、通信と放送の融合時代における著作権ビジネスの成功モデルと

なるのではないかという仮説を立てている。

6. 研究計画 [4]

本研究は、私が進めているブロードバンド映像コンテンツ流通事業に関する具体的施策と日本国内・海外のビジネス事例を、フィージビリティスタディとし、貴大学院で学ぶ経営学的な知識と観点、研究アプローチ手法により、以下の章立てに沿って、研究を進めたい。

(1) 映像コンテンツ流通の現状調査、事例研究、分析

自社および国内外の事業者が運営する映像コンテンツ流通事業の事例研究により、事業開始の動機となった設立経緯、収益源やサービス提供形態・取引形態などのビジネスモデル、取引企業数や取引量などの事業規模、発展過程や衰退過程、業界慣行や問題点などについて現状分析を行なう。また、映像コンテンツ流通事業の設立母体は、通信事業者や商社、放送事業者、端末事業者、コンテンツホルダなど多岐にわたっているため、業種や経営形態、規模等の状態により、事業にどのような影響を与えているのかを峻別し、比較検討を加える。調査については、業界誌や日本・各国白書などの文献、インターネットでの調査に加え、アンケートやヒアリング調査を実施する。

(2) 制度動向や技術動向などの背景調査

映像コンテンツ流通を中心とした著作権ビジネスの成否に大きな影

---

[4] F・Hさんの業務がそのまま大学院での研究テーマになっていて、非常によいです。(1) 映像コンテンツ流通の現状調査、(2) この制度動向と技術動向、(3) ブロードバンドによる映像コンテンツ流通の成功モデルの構築などの研究テーマが具体的に述べられています。

響を与える要因である制度動向と技術動向を調査し、今後の方向性を明らかにする。現在、知的財産推進制度については詳細が検討されている段階であり、今後の各種審議会や研究会、国会討議を含め、関係省庁発表資料や業界誌、雑誌、インターネット等の最新情報を中心に調査を実施する。また、映像コンテンツ流通に影響を与える技術動向や標準化動向についても、学会や技術展、業界誌、雑誌、インターネット等により、調査を実施する。

(3) ブロードバンドによる映像コンテンツ流通の成功モデルの仮説構築と検証

（1）と（2）による現状調査、事例研究、分析、背景調査の結果をもとに、映像コンテンツ流通事業全般への影響要因を抽出する。それに加えて、映像コンテンツ流通事業に関わる事業者の経営課題と、その解決手段を検討する。

これらを統合し、①ユーザーへの価値とメリットの創出、②事業者の収益性確保、③持続的成長が期待される産業構造形成への貢献を志向したブロードバンドによる映像コンテンツ流通の成功モデルの仮説を構築し、その有効性を検証する。影響要因抽出やモデル有効性検証の具体的手法については、貴大学院での体系的知識習得と指導教授による指導のもと、研究開始時点で決定したい。

(4) 提言と研究成果利用

最終的な成果として、成功モデルの発展過程、企業や業界・世の中に及ぼす影響についても検証し、学会発表や政府への提言など、我が国の知的財産立国推進に関する政策の基礎資料や企業の戦略策定の参考資料として貢献したい。また同時に、自社に対しては、ブロードバンドによる映像コンテンツ流通事業において、通信事業者としてのあるべき姿と強みを活かせる戦略的アプローチ策を提言し、自社の行動指針とすることで、自社の発展と産業全体の牽引に寄与したい。

7. 本研究がもたらす成果の利用と今後の方針

ブロードバンドによる映像コンテンツ流通が促進されると業界や消費者に大きな影響をおよぼす。

今回の研究では、ブロードバンドによる映像コンテンツ流通に関する事例研究を中心に、来る通信と放送の融合時代の著作権ビジネスの成功モデルを構築し、有効性を検証することを目的とした。この結果は、これまで下請け構造にあって、積極的なビジネス展開ができなかった制作事業者やクリエイターなどコンテンツホルダの市場参入のための要素として十分な意味があると思われる。

将来、私は、ブロードバンドやコンテンツ、ネットサービスの事業開拓に携わって来た者として、通信と放送の融合時代において新たな価値を創造できるビジネスプロデューサー、そして雇用を創出し、知見を次世代に伝承できる起業家になりたい。その目標に向け、本研究の成果をさらに実務的・学際的な両面から研ぎ澄まし、今後のビジネス活動に活かしたい。

8. 研究の意義[5]

仕様の標準化、オープン化の波により、ハードウェアは必然的に早晩価格競争に陥り、恒常的に薄利多売事業へとシフトして行かざるを得ないと思われる。デジタルコンテンツ投資に関する研究やコンテン

---

[5] F・Hさんは仕様の標準化、オープン化によって、ハードウェアは早晩価格競争に陥り、薄利多売事業になると考えるようです。デジタルコンテンツ投資に関する研究やコンテンツ制作管理手法に関するノウハウの蓄積は、それぞれ進められているものの、ブロードバンドに関する研究はまだまだ少ないとして、自身の研究の意義をしっかり述べられています。

ツ製作管理手法に関するノウハウ蓄積はそれぞれ独立して進められてきているが、ブロードバンド化の潮流はここ数年のため研究例が少ない。また通信と放送の融合時代における映像コンテンツ流通の成功モデル研究は、政府が力を入れて推進する「知的財産の創造、保護および活用に関する推進計画」の具体的実行にも大きく貢献できるものである。本研究の成果によって、既存の業界からも著作権ビジネス、知的財産ビジネスへの新規参入が増え、企業間の競争が活発化することによって消費者の求めるコンテンツやサービスの質と量が向上し、国内産業発展、世界市場への競争力獲得に繋がるものと確信する。

9. 参考文献

―［書籍］―

- Lessig, Lawrence著、山形浩生・柏木亮二訳『CODE―インターネットの合法・違法・プライバシー』翔泳社、2001年
- Squire, Jason E.編、小田切慎平訳『映画ビジネス 現在と未来』晶文社、1993年
- Porter, Michael E.著、土岐坤訳『競争の戦略』ダイヤモンド社、1982年
- 経済産業省商務情報政策局監修、デジタルコンテンツ協会編『デジタルコンテンツ白書〈2003〉』デジタルコンテンツ協会、2003年
- 菅谷実・中村清編著、磯本典章ほか共著『映像コンテンツ産業論』丸善、2002年
- 菅谷実・中村清編著『放送メディアの経済学』中央経済社、2000年
- 総務省『平成14年度版情報通信白書』2002年
- 電通総研編『情報メディア白書〈2002年版〉』電通、2002年
- 西正著『迷走するデジタル放送―明日を見通す12の論点―』日刊工業新聞社、2003年
- 林紘一郎著、電子情報通信学会編『電子情報通信産業―データから

トレンドを探る—』電子情報通信学会、2002年
・山本直樹「開放系ビジネスモデルへの進化」『Harvard Business Review』2001年12月号、pp.106-113、ダイヤモンド社

—［報告書］—
・IT戦略の今後の在り方に関する専門調査会『IT基本戦略Ⅱ』2003年
・NHK放送文化研究所『テレビ50年調査』2002年
・総務省『情報通信白書』2002年
・デジタルコンテンツと競争政策に関する研究会『研究会報告書』2003年
・ブロードバンド時代における放送の将来像に関する懇談会『とりまとめ』2003年
・三菱総合研究所『デジタル情報流通市場の中期予測』2003年

筑波大学大学院
ビジネス科学研究科
経営システム科学専攻

I・Y（42歳）

> **研究計画書を読むにあたって**
> 　I・Yさんは病院の事務職にあり、日々病院経営に当たっています。現在日本の病院経営は非常に苦しいものがあります。市立病院などの公立病院では、100円儲けるのに106円かかっているとのことです。公的病院には補助金があるため倒産には至っていませんが、廃院や撤退は現に行なわれています。また国立病院、労災病院、社会保険病院などの公的病院も、数割が廃院を予定しているとも言われています。公的病院の赤字は、年間1兆3,000億円に達しているとのことですが、こうしたことを踏まえて、この「計画書」を読んでください。

研究課題：「病院経営におけるバランスト・スコアカードの有用性に関する研究」

1. 研究課題選択の理由（職務との関連）と研究背景

　国の財政の逼迫から、医療費抑制策が実施され、診療報酬制度がマイナス方向で見直された。介護保険の導入により福祉に市場原理が導入され、民間医療保険が参入し、株式会社も一部であるが病院経営ができるようになった（高橋, 2004）。国立病院・療養所も平成16年4月1日付で施行された独立行政法人化と企業会計の導入によって、赤

字を許さない健全な経営を迫られることとなった。

そこで有効なのがバランスト・スコアカード（balanced score card、以下BSC）である。BSCを導入することによって、医療の質、コスト、患者満足、職員満足、職員教育などのパフォーマンス・ドライバーである非財務データを駆使して、財務の改善から経営目標の達成につなげていくことが可能となる（高橋, 2004）。

そこで、BSCを導入した病院の経営の実態を導入事例として研究し、病院経営におけるBSCの有用性について研究したい。

2. 勤務先の現状分析

私の勤務先である●●病院も独立行政法人移行以前から、経常収支で赤字という厳しい経営状況にある。ただし、具体的な財務データは、独立行政法人国立機構本部の情報公開規定により個々の病院の公

1　バランスト・スコアカード（BSC）とは、ハーバード・ビジネス・スクールのロバート・S・キャプラン教授とコンサルタント会社社長のデビッド・P・ノートン氏が『ハーバード・ビジネス・レビュー』誌上で発表した新たな業績評価手法です。BSCを用いれば、企業の持つ重要な要素が企業のビジョン・戦略にどのように影響し業績に現れるかを可視化することができます。

従来の財務分析による業務評価（財務の視点）に加えて、顧客の視点（企業から見るお客様、お客様から見る企業）、業務プロセスの視点（製品のクオリティや業務内容に関する視点）、成長と学習の視点（企業の持つナレッジ、アイディアやノウハウや従業員の意識、能力の視点）を加味した評価を行なうことで、企業の持つ有形資産、無形資産、未来への投資などを含め、企業を総合的に評価しようとするものです。

開が許されていないことから、数値の言及を避けたい。

(1) 赤字要因

下記の理由により、勤務先●●病院は赤字経営となっている。

① 採算の見込めない国の政策医療の1つである「呼吸器疾患（結核）」を担っていることにより、診療収入の面で不利である。
② 医師に欠員があることなどにより、計画している入院患者数・外来患者数の確保ができず、手術・検査の件数が少ないなど、診療収入確保に支障をきたしている。*2*
③ 病院の組織目標の設定から始めて組織の成果を分析・評価して経営者を支援する総合的なマネジメントの仕組みや、組織内の部門や異なる階層の責任者が相互の目標の関連性についてコミュニケーションを図るシステムが存在せず、理念や目標はあるが、達

---

2 病院経営が成り立っていたのは、すでに過去の話であることがわかります。病院経営をよくするためには医療の儲かる部分だけ行なえば黒字にはなるとのことです。心臓、消化器、白内障など儲かる部分だけに特化し、外来部門を切り離して門前診療所をつくり、入院期間を短期間にすれば、病院経営は黒字になります。

しかし高齢化社会にあっては、患者の大半は老人です。心臓だけ悪いというのではなく、通常はさまざまな障害を持っています。最近流行の心臓専門病院は、中年までの患者には対応できても、高齢者の罹る病気に対して十分に対応できるとは言えません。

こうしてみてくると、高齢化社会にあっては、専門病院よりも何にでも対応できる従来型の病院が必要になってくるのです。しかし従来型の病院では、効率が悪く、赤字に陥ってしまいます。こうしたジレンマを現代の日本の病院は持っているのです。

成のための手段まで部門ごとに作成されていないなど、病院職員全体に理念や目標の具体化・共有化が徹底されていない。

(2) 独立行政法人化後の主たる経営改善策（①、②以外は平成16年4月1日から実施）

① 政策医療（●●病院は呼吸器疾患、特に結核が該当）に関しては、その非採算性を補うため、平成17年4月1日に「療養病棟4棟、一般病棟2棟」であった病棟構成を「療養病棟2棟、一般病棟3棟（1病棟閉鎖）」という構成に変え、一般診療（消化器科）に比重を置いた経営方針に転換を図った。
② 病棟閉鎖に伴い、欠員不補充による看護職員の減員を実施した。
③ 医薬品の一部共同購入を実施
④ 病診連携室の開設（地元の医院、診療所との連携を深める）
⑤ 放射線機器の共同利用（地元の医院、診療所との連携を深める）
⑥ 一般・医療用消耗品の定数管理の実施

　以上6つの改善策により、経費のうち人件費●●万円、材料費での●●万円の節減が図られた（平成17年4月から平成17年8月まで累計金額の対平成16年4月から8月との比較）。病棟が1棟閉鎖に伴い、収入も減っているため節減効果も相殺される。

(3) 独立行政法人化の主な経営管理手法（平成16年4月1日から）

① 病院の運営方針、損益計算書、貸借対照表、キャッシュフロー計算書、資金計画書等から構成される中期計画の策定（平成16年度から平成20年度まで）。
② 企業会計による財務会計システムならびに経営分析システム、物品管理システム、人事給与システムの導入（官庁会計である国立病院特別会計からの転換）
③ 監査法人や監督機関による監査指導の実施（期中・期末監査の受検）

(4) 現在の課題
① 医師の確保

医師14名の定員のうち4名の欠員を生じている。

大学医局だけではなく、平成17年9月から、医師の求人を専門に扱っているインターネット広告の専門会社に求人広告を掲載することとした。医師の75％が、求職や転職に際し、インターネットを利用しているとの実態があるからである。

② 理念と目標の実現および、経営健全化に向けた職員全員による理念、目標、経営意識の共有化と、部門間の連携

「病院の理念」や「経営の健全化」という目標はあるが、理念や目標の実現のための財務的要素以外の病院全体ならびに、部門ごとの「理念と目標」の達成のためのプロセスが、具体化・共有化・明示化されていない。

必要なことは、職員全員の理念、目標、経営意識の共有と部門間の連携である。平成17年度に入り、導入した各種経営改善策が効果を表し始め、平成17年8月には月次で黒字を計上するなど、財務状態も改善の兆しが出始めている。これに加えて、顧客や、職員の学習や成長の視点から、患者サービスの向上、職員の資質の向上等については、具体的な目標を設定し取り組まなくてはならない。病院経営全体のうち財務の面に集中していた労力を非財務的な要素にも割かなくてはならない。そのためにも、各職員の努力を融合し同じ方向に収斂していく一助として、病院経営におけるBSCの導入に関する研究は有意義であると考える。

3. 病院経営におけるBSC導入の先行（関連）研究について

(1) 海外での先行研究

海外での病院経営におけるBSC導入に関する先行研究として、Kaplan and Norton（2001, pp.20〜21, pp.153〜159）にDuke小児科病院とMontefiore病院の導入事例が紹介されている。これらの事例

図表3－13－1　アメリカの病院におけるBSC導入目的とその効果

組織名	目的	効果
Duke小児科病院	以下の状況を解決するため ・患者1人当たり35％のコストが増大し、8日間の平均在院日数は目標値に比べ15％超過して、損失が生じた。 ・スタッフの不満が増え、直近の業務改善の活動は失敗していた	・5000ドルの純利益が生じた ・患者1人当たりのコストと平均在院日数は、25％下げた ・BSCによって臨床医、研究員および管理スタッフが戦略を理解し一丸となった ・患者と関連する医師との間で満足度とロイヤルティが向上した ・サービスのキャパシティと症例数が増加した。
Montefiore病院	・分権化された組織のなかで戦略を伝達し実行するため。	・戦略遂行のための新しい提携先とジョイントベンチャー ・新しい組織に対する臨床と管理 ・両方のスタッフの熱心さ ・戦略目標の明確化 ・各部門での意思決定アカウンタビリティの促進

を早稲田大学商学部の清水孝教授がBSC導入の目的と効果について図表3－13－1の通り整理・分析をされている（清水, 2004）。

　この研究では病院経営へのBSC導入の「目的と効果」に限って言及しており、実証的な導入研究の視点からは、必ずしも導入のプロセス自体に焦点が当てられていない。また、導入を促進・阻害する行動的・組織的要因についても体系だって調査されているとはいえない。

　また、BSCに関する研究の多くが、導入の事例の紹介やBSCの構築方法やシステムの技術的な側面に関する議論が中心となっている。

　本研究では、調査の項目として「導入の目的と効果」以外に「BSC導入以前の問題点、BSC導入のプロセス、促進要因、阻害要因、導入による効果、導入後の有用性」（図表3－13－2）を加え、BSCがどのように有効に活用され経営上の課題を解決するために適用されているかを明らかにしたい。

図表3-13-2　事例研究を通じた我が国の病院のBSC導入に関する研究(案)

病院名	導入目的等	BSC導入以前のシステムの問題点	BSC導入のプロセス	促進要因	阻害要因	BSC導入による効果	導入後の有用性
聖路加国際病院他9件							

(2) 国内での病院経営へのBSC導入に関する先行研究

第一の先行研究として、「日本の病院におけるバランスト・スコアカードの活用―戦略マップを通して」(永山, 2001) があるが、ここでは、戦略マップに基づいたBSCの作成プロセスが議論の対象となっており、具体的な病院の戦略と複数の病院への聞き取り調査をもとに、糖尿病治療を対象とする架空のA病院内分泌内科という特定セクションにおけるBSCを例示し、戦略マップとスコアカードとの関連性を議論したものである。

第二の先行研究は「医療経営のバランスト・スコアカード」(高橋, 2004) である。ここでは、BSCを導入した病院等の導入の事例の紹介が行なわれている。

(3) 一般企業、行政機関へのBSC導入に関する先行研究

第一の先行研究としては、導入目的と戦略、目標管理や方針管理など他の管理手法との関係を調査した林 (2004) がある。ここでは、BSC導入企業の戦略コミュニケーションの側面からの組織における戦略共有効果に着目し、BSC導入企業の従業員を対象としたアンケート調査の調査結果に基づき、BSCが組織の戦略共有効果に効果があることを明らかにした。

第二の先行研究として、乙政 (2004) がある。ここでは、事例研究として、住宅設備機器メーカー経営企画室長にインタビュー調査を

行ない、BSC導入に関する阻害・促進要因を明らかにした。ここでの研究は、事例研究を通じて、BSC導入のプロセスに関する知見の蓄積に寄与することを目的として行なわれた。

　また、我が国企業のBSC導入に関する研究の問題点として、研究者の関心、および対象企業のBSC導入後の経過期間の短さから、研究の焦点は、BSCのスコアカードデザインやBSCの運用方法に置かれている。

　それゆえに、BSC導入によって、何がどのように変わり、いつどのような促進要因が現れるのかを検討する必要がある。つまり、BSCの組織への定着あるいは導入成果を検討するうえで、長期的な調査と導入における知見の蓄積が必要であること（導入ステージの活用）を指摘した。

　このことは、病院経営へのBSC導入研究においても当てはまると考えられ、考慮すべき点とした。

　第三に関連する先行研究として、小西（2004）の「行政組織へのマネジメントシステム導入研究」がある。BSCを含む、「目標管理制度」を中心としたマネジメントシステムの行政組織への導入を対象としており、導入前、導入後、現在の有用性を研究している。行政組織では、「マネジメントシステム」を導入する場合、結果重視で導入することが職員のモチベーション向上につながることを明かしている。他にも、導入目的を「教育・訓練・開発」と設定していた場合、導入後の成果として「職員のモチベーションの維持向上」との正の相関関係があることも明かしている。

4. 研究の目的と枠組み（研究方法）と仮説の構築およびスケジュール

　本研究において、研究対象は医療法第1条の5により病床数20床以上の「病院」とする。ただし、導入件数が少なく、「医療経営のバランスト・スコアカード」（高橋, 2004）で紹介されている医療機関に

対して調査を行なう。

　まず第一に、調査の項目は乙政（2004）の研究と小西（2004）の枠組を勘案し、「BSC導入の目的、BSC導入以前のシステムの問題点、BSC導入のプロセス、促進要因、阻害要因、導入による効果、現在の有用性」（図表3－13－2）とし、各要因を明らかにし、各要素間の関係性を明らかにしていく。ここでの結果が、民間企業や行政機関を対象とした調査研究と比較して違いがあるのか、BSCがどのように導入され、有効活用され、病院経営上の課題を解決するために適用されているか、一般企業の多くのケースで示されたBSC構築原則がどこまで病院に適用できるのか、明らかにしたい。

　第二に導入後の経過年数と現在の有用性の関係にどのような関係が見られるのか、導入経過年数と現在の有用性の郵送質問表調査の回収データを用いて明らかにする。

　第三は、導入後成果の規定要因をパス解析により明らかにすることである。

　上記の研究目的に沿って、次の仮説を構築した。
(1) 病院が直面する課題を規定する要因と導入後成果を規定する要因との関係性を明らかにする。
　　H1：「職員の教育・訓練・人材育成」に課題がある場合、「部間のコミュニケーションの改善」成果との正の相関がある。
　　H2：「コミュニケーションの改善」に課題がある場合、「優先順位の明確」と正の相関がある。
(2) 導入の目的を規定する要因と導入プロセスを規定する要因との関係性を明らかにする。
　　H3：「病院のビジョンの明確化」を目的とした場合、導入プロセスとして職場単位での「ビジョンの明確化」との正の相関関係がある。
　　H4：「部門間のコミュニケーションの改善」を正とした場合、導入プロセスとして職場の戦略共有、つまり、「組織目標の共有化」との正の相関関係がある。

図表3－13－3　予定される仮説群

仮説	導入時課題	導入目的	導入プロセス	導入成果
H1	教育	→	→	コミュニケーションの改善
H2	コミュニケーションの改善	→	→	優先順位の明確化
H3		トップのビジョン	→	組織目標共有化
H4		コミュニケーションの改善	→	組織目標共有化
H5			進行管理→	業務改善効果
H6			教育→	業務改善効果

(3) 導入プロセスを規定する要因と導入後成果を規定する要因との関係性を明らかにする。

　　H5：「業績評価指標の進行管理」が「業務改善効果」との正の相関関係がある。

(4) 導入目的を規定する要因と導入後成果を規定する要因との関係性を明らかにする。

　　H6：導入の目的として「教育・訓練・能力開発」としていた場合、導入後の成果として「職員のモチベーションの維持向上」との正の相関関係がある。

(5) BSCは、導入後3年で浸透・定着する。

　病院経営において、BSCの浸透・定着にはどれくらいの期間がかかるのか。導入後3年で浸透・定着するとの仮説を立て、明らかにしていく。

　　H7：BSCの浸透・定着には3年かかる。

　以上の仮説群は図表3－13－3にまとめられる。

5. (1) 期待される成果 (2) スケジュール

(1) 病院経営におけるBSCの「有用性に関する研究」とは、改善前と改善後を含めたBSC導入の促進要因・阻害要因等を明らかにする研究と定義する。国内においてBSCを導入した病院の職員に対して、サーベイリサーチ（郵送質問表調査）を行ない、導入の経緯についてはBSCの導入担当部署に対する質問表を準備する。これらの事例により集められたデータを分析し、BSC導入によって何がどのように変わり、いつどのような促進要因や阻害要因が現れるのかを、前節で構築した仮説の検証を通じて明らかにしていきたい。また、研究の成果を勤務先でのBSC導入を柱とする経営改善策の提案に役立てたい。

(2)（1年目）4月～2月：自分の研究テーマに関する先行研究としての文献を読み、自分の研究課題に反映させる。（2年目）①3月～5月：質問票の作成とサンプリングフレームの作成、②6月：質問表のサンプリングサーベイ、③7月：質問票の発送、④8月：データの入力、執筆開始、⑤9月：解析開始、⑥10月：解析終了、⑦修士論文提出日：執筆終了

I・Yさんは現職の病院職員であるため、BSCを導入した病院担当者へのアンケートなどもしやすいと思われます。

I・Yさんの現在の業務と大学院での研究が一致しており、研究の意義の強調に役立っています。この研究計画書では、医療機関の経営をいかにして改善するかについて、非常に具体的に論じています。当然のことながら、この問題はI・Yさんの業務の最大の課題でもあるわけです。病院経営についての厚生労働省をはじめ、病院経営の研修なども何回もあるわけで、この問題に関する信頼できる資料などもたくさん入手できるはずです。

6. 参考文献

—書籍—
- 櫻井通晴著『バランスト・スコアカード−理論とケーススタディ』同文舘出版、2003年
- 清水孝著『戦略マネジメント・システム』東洋経済新報社、2004年
- 高橋淑郎著『医療経営のバランスト・スコアカード』生産性出版、2004年
- 日経情報ストラテジー編『バランス・スコアカード徹底活用』日経BP社、2005年

—論文—
以下2件筑波大学大学院ビジネス科学研究科経営システム科学専攻修士論文
- 乙政佐吉「事例研究を通じたわが国企業のBSC導入に関する研究」日本原価計算学会配付資料、2004年
- 小西真哉「行政組織へのマネジメントシステム導入研究」筑波大学大学院ビジネス科学研究科経営システム科学専攻修士論文、2004年
- 永山真美「日本の病院におけるバランスト・スコアカードの活用−戦略マップを通して」『早稲田大学大学院商学研究科紀要』第53号、2001年
- 林櫺子著「バランスト・スコアカードにおける戦略共有効果の研究」筑波大学大学院ビジネス科学研究科経営システム科学専攻修士論文、2003年

---

4 参考文献の欄には、BSC研究に関する著書や専門論文がしっかり掲載されているため、I・Yさんの研究が相当進んでいるように思います。

筑波大学大学院
ビジネス科学研究科
経営システム科学専攻

M・M（34歳）

> **研究計画書を読むにあたって**
> M・Mさんは文学部英文学科を卒業した後、システム会社に就職し、3年後に現在の会社に転職しました。経営管理、および管理会計、システムソリューションを業務とし、各企業に対してシステム提案を行なっています。

1. 問題意識・研究テーマ

(1) 問題意識

　日本における連結財務諸表制度は、1975年6月に企業会計審議会から発表された「連結財務諸表制度の制度化に関する意見書」に基づき、証券法適用会社について1997年4月以後開始する事業年度から導入されており、制度化されてからすでに30年近く経過している。この間、日本企業の海外進出による多角化・国際化が進み、投資家が企業のリスクやリターンを的確に判断する材料として精度の高い連結情報のニーズが高まってきた。

　このような状況のもと、1997年から始められた「会計ビッグバン」と称される会計制度見直しのなかで、連結財務諸表に関連するさまざまな規定が導入され、2000年3月期から全面的に連結財務諸表中心となる開示制度へと移行した。その後、連結計算書類の作成が義務づけられ、さらに四半期での要約連結貸借対照表や要約連結損益計算書の

開示が求められるようになってきた。2006年5月に施行された会社法でも新たな連結決算書類の作成が義務づけられるなど、現在においても制度変更は繰り返されている。

　これらの制度変更に伴い、企業サイドでは確実な業績向上に向けて、グループ経営・事業再編成・持ち株会社形態への移行や事業再編成、M＆Aなどの環境変化に合わせられる各種多様な連結経営管理を行なう必要性に迫られている。しかし日本では、企業全体の業績を評価するために必要な連結経営指標をどのように活用するべきなのかという方法論があまり浸透しておらず、連結経営管理が活用できていない企業が多く見受けられる。現在の私の業務は、予算管理およびグループ経営管理システムのセールスコンサルタントである。この業務を通して顧客の状況を見る機会があるのだが、自社に適した業績指標がまだ見つかっておらず模索している段階の企業が多い。その結果、情報系システム導入を頻繁に行なったり、組織構造の改革を非定期で行なったりするなど、投入した資源を十分に活用できていない結果になっているように思える。今後、日本企業がグローバル規模で成長していくためには、事業の拡張や縮小などの環境変化にも柔軟に対応でき、短いサイクルで経営状況を正確に把握することができる精度の高い連結管理会計の仕組みを確立させることが必要だと考えている。/1

(2) 研究テーマ

　前述の「問題意識」で示したように、企業が着実に業績を向上させるためには、柔軟な連結管理会計を活用する必要がある。

(1) A社の事例（出典：本多慶行著『MBA管理会計』 日経BP社、

/1　日本企業がグローバル企業に成長する条件と自身の問題意識を上手に結びつけています。M・Mさんの研究に社会的意義があると読み手に思わせることができます。

2003年）

　A社はまだ成長途中の企業である。企業成長が成功するかどうかの結果はまだ出ていないが、目指している姿は私の研究テーマに近いと思い、参考事例として取り上げた。M＆Aという大きな環境変化にうまく対応して企業成長を続けていて、また企業内部の管理体制強化としてスコアカードを導入している。以下は事例内容の要約である。

　A社は2002年5月に●●として設立された。投資ファンドとして有名な●●がA社の過半数の株式を所有している。●●は、経済が成熟した日本市場を基盤とするA社を、「ビルド・アップ」という手法で発展させようとしている。ビルド・アップを行なう前提は次の2つである。その産業分野で事業の流動化が進んでいることと、まったく新しい将来ビジョンを描く人がいることである。●●は、A社プロジェクトのインダストリアル・パートナーとして、元●●のテレコム部門のトップだった●●を迎えた。彼は非常勤ながらA社の会長に就任している。●●会長は、プレミアムAV機器を柱としてホームエンターテインメント市場のリーダーを目指している。このビジョンの実現のため、うまくM＆Aを行なって新規事業拡大を図っている。

　●●はビルド・アップ手法を用いて会社の業績を上げ、株式の流動性を増すことで株価が上昇することを期待している。その目的は、株式を売却してキャピタルゲインを得、最終的にA社への投資から退出していくことである。

　では、●●のビルド・アップ手法を成功させるためにはどうしたらよいのだろうか。実現のためにはいくつかのテーマを重視しなければならない。大きな柱として次の4つが挙げられる。

1) 株主主権の重視

　従来の日本では会社は従業員を含めた利害関係者のためのものという考え方が有力だったが、最近はステークホルダーの筆頭として株主が挙げられる。会社の収益性と株価を上げることで、株主に利益を還元することが目的である。

2）　グローバル化

　日本人だけで経営統合を実現しようとすると、企業間の綱引きや遠慮が交錯し、遅々として進まない怖れがあるため、しがらみにとらわれずグローバルな視点で意思決定を行なう必要がある。

3）　ITの活用

　ITを活用することで生産性を大きく引き上げ、ネットワークを通じて標準的なシステム・インフラを整備していくことで、効率化を図ることができる。そのことによりコスト削減で利益が上がるだけではなく、従業員が本来の仕事に特化して、生産性を向上させることができる。

4）　学習する組織

　常に新しいことを学び、取り入れていく習慣が身につけば企業は飛躍的に成長することができる。そのためには新しい人材を活用して社内に刺激を与え、活性化していくことが求められている。

　会社の体質を改革すると共に、管理会計の充実も必須事項である。A社の管理会計はまだ始まったばかりだが、方向性として次の4つがテーマとして挙げられる。

1）　IRの重視

　日本企業でも、銀行からの借入ではなく、資本市場から直接資金を調達する比重が増えている。そのためには、株主・投資家・アナリストに定期的に有用な情報を公開する必要がある。経営統合の進捗状況、財務状況などの説明資料を随時アップデートして、投資家、アナリスト向けの説明会、または個別訪問で説明を行なう。

2）　財務会計の専門化

　財務会計の専門性を追究し、決算サイクルタイムの短縮を実現する。その結果、持ち株関係、取引関係などを通じて、実質的に支配関係にある企業グループを1つの企業集団として会計上認識し、その企業集団の財政状態、経営状態、キャッシュフローを把握する。

3）　移転価格に頼った海外販売会社経営からの脱皮

　企業連結グループとしてより高い収益性を追求するためには、移

転価格に頼った販売子会社管理は見直さなければならない。何をいくらで販売したのかをITインフラを活用して把握する必要がある。

4) スコアカードの採用

移転価格ではなく、重要業績指標（KPI）などの経営指標を活用する。導入の目的は経営管理の単純化である。情報化が進み、企業間の競争はますます激化している。タイムリーに顧客のニーズに応えるためにITを活用して無形の資産を適時に捕捉する必要がある。

(2) B社の事例

現在の業務を通じてさまざまな企業の管理会計業務を見てきたが、実際には自社の管理会計手法に満足している企業は少ない。

企業が連結経営管理を活用するためには、経営者と従業員の双方が業績を定量的に評価することが必要である。企業全体の意思統一が可能な業績管理手法により、多角的に分析を行ない、業務改善が必要な場合はその原因を追究する。

次に、分析結果を考慮したうえで企業としての対処法を決定し、できるだけ早くアクションに移すことが重要である。そのため、管理を行ないやすいビジネスユニット、ドメイン、事業体系をとった組織構造が必要である。企業としての機動力を上げるため、連結管理の結果を踏まえた企業戦略を事業戦略とし、組織の上層部から下位層まで素早く浸透させられる構造へと変化していかなければならない。

例として、業務で携わったB社の管理会計業務改革を取り上げることにする。●●とのアライアンス提携により、●●を掲げて業績改善を行なってきた。改善点としては次の3つである。

① マネジメント・コミッティーの導入および機能軸管理

●●管理として部門・部署別の管理軸を設定した。具体的には「販売・マーケティング」「購買」「生産」「研究開発」である。また、マネジメント・コミッティーを導入して、地域ごとの損益管理を行なった。さらに、●●別管理を行ない、プログラムディレクター制（PD）制度を導入して●●別に業績責任者を配置した。そして、●●別管理

と●●管理との整合性を取ることによって、高精度での経営管理を実現した。

②　経営目標（コミットメント）の進捗管理

明確な収益目標を各フェーズで設定して外部に提示した。そして、各従業員の目標が全社目標と一致しているかを検証できるシステムを導入した。

③　単独重視から連結重視へ

連結での経営管理が浸透していた●●とのアライアンスにより、B社も単独から連結重視の管理を行ない始めた。そのためには、各社が共通のルールで財務諸表を作成する必要がある。そこで、日本基準以外に●●を導入してダブルスタンダードによる会計処理を行ない始めた。これにより、グローバルで共通した勘定科目体系・共通費配賦方法・●●別コストアイテムの設定が可能となった。

A社とB社とを比較してみると、管理を行なう体系を整備したという点では共通している。違いは、A社はスコアカードを導入して、全社目標と個人目標を管理する仕組みとその達成率を計測するための重要業績指標を活用しているが、B社は全社目標と個人目標が一致しているかを検証するにとどまっている。このことから、業務改善を行なうために、まずは組織体制や業績管理体制を整備することが最優先であるということがわかる。しかし、目標達成率を計測するために、その企業に適した業績指標を立案することはなかなか難しいと言えるのだろう。そのため、●●では全社目標と個人目標が一致しているかどうかを検証するに留まっているのかもしれない。

そこで私は、経営層に提示された企業戦略を実現するために必要な、連結経営の業績を定量的に評価する手法を調査し、よりよい管理会計業務の概念を確立させたいと思う。そして、企業戦略を各組織へ浸透させていくためにとるべき管理体制について研究を行ないたい。

2. 関連研究

EVA指標管理について

　研究テーマでも触れたように、現状では管理体制を整備することはできても、効率的な業績管理指標を導入するところまでは至っていない企業が多い。業績評価指標もさまざまな手法が存在するが、私が実際にシステム導入を行なったC社で導入されたEVA指標管理に非常に興味があるので関連研究として取り上げたいと思う。

　<u>EVAは、スターン・スチュワート社の創業者であるジョエル・M・スターン氏によって提唱された経営手法であり、企業価値の評価尺度でもある。</u>[2] 1990年代初めから多くのアメリカ企業で経営指標として導入され始め、成功を収めている。最近では日本においても、花王やソニー、旭化成、キリンビールなどの主要企業がEVAを採用し始めた。現在、企業に求められているものは「価値思考」と「戦略思考」である。これらがうまく作用して初めて、企業価値創造が可能となる。しかし、これまでの日本企業は価値や戦略に対する思考が希薄だったため、株価の低迷や株式時価総額の下落などの経済不況を招いてしまった。これからは、日本企業も経営指標に基づいて企業活動を企業価値の向上へとつながるように組織風土を変革する必要がある。

① EVAの定義と算出過程

　EVAとは、利益創造のために投下された資本のコストを差し引いた後の残余利益のことである。EVA算出は以下の順序で行なわれる。

1）NOPATの算出：
　　NOPATとは、さまざまな会計上の歪みを調整した税引後営業利益のことである。一般的には、研究開発費、広告宣伝費および販売

✍2　最初にEVAの算出方法と意味について説明すると、よりわかりやすい計画書になるでしょう。

促進費・教育訓練費を調整する。また、税金は支払った年のものだけを考慮する。
2）資本コストの算出：
　資本コストとは、資本調達に必要なコストのことである。業界や企業、事業計画ごとに異なる算出方法を取る。負債コストと株主資本コストを加味した「資本コスト」を割り出すことが重要である。企業が資本コストを上回る業績を上げていなければ、投資家は経済的利益を得られないと判断される。
3）投下資本コスト額の算出：
　企業の総資本に資本コストを掛け合わせて算出する。
4）EVAの算出：
　NOPATから投下資本コスト額を差し引いて算出する。
② EVA導入の利点
　EVAを導入しただけでは企業価値は上がらない。EVAプログラムを導入した後は自社の特長を見極めて組織構造を決定する必要がある。重要なのは直接的関係と水平的関係のバランスをうまくとることである。そして各組織の責任を明確化し、経営資源が十分に活用されているかを計測していくことにより、最善の結果がもたらされる。成功を収めるために企業が取るべき組織体形は以下の3つである。
1）企業内での意思決定権の委譲
2）各個人に報酬を与える方法
3）個人と企業部門の双方の業績評価を行なうシステム
　また、企業が活動している事業環境によって、戦略、構造、意思決定権の委譲が変化する。企業の戦略とその組織設計がうまく調和のとれた状態になって初めて、個人の価値創造活動を発揮することができる環境となる。
　図表3－14－1のように、ビジネス環境を分析して企業戦略を立案した後、適正な組織設計を行なったうえでEVA測定尺度を設定する。従業員に対しての評価制度・報酬制度を確立させることによって企業価値を創造することができ、企業価値そのものが向上する。つまり、

企業価値を上げるためには、ビジネス環境に合わせて企業体系を変化させられる柔軟性が必要であると言える。しかし、企業で長期間働いてきた従業員は保守的傾向があるため、変化に対して抵抗が起きたり、官僚的組織による過剰な擁護が起きたりすることがある。これらを克服するためには多大な努力が必要とされる。企業価値を創造することができる体質をつくり上げるためには、意思決定を行なうグループをできるだけ小さく設定し、各々に対して正当な業績評価を行なうことができるシステムを導入する必要がある。

3. 研究方法・スケジュール

(1) 研究方法

フェーズ①：連結経営管理の将来性を理論面から調査

　貴校の授業を受講して、ファイナンス・経営論・組織論の知識を深める。具体的な業績評価指標として「EVA指標管理」を挙げ、この指標の導入による問題点と定量的な効果計測方法を調査する。また、業務改善のアクションを浸透させるために必要な組織体制についても研究する。日米企業など国際比較を行なったうえで、日本企業における連結経営管理の将来性に焦点を当てたいと考えている。

フェーズ②：日本企業における連結経営管理の過去実績調査

　業務を通じて企業と接する機会が多いので、そこから過去実績情報を入手して調査を行なう。D社は●●に上場しているため、制度連結において日本基準と●●の両者へ対応している。また日次や月次での時間軸や●●別・●●別での管理連結にも対応して業績管理を行なっている。B社では業務管理軸を、単体管理から●●別での連結管理体へと変更した。また、C社では連結経営管理において事業部制を取り、製品別EVA指標管理を導入している。これらの事例における成功要因と改善点を業績管理体制および組織体制の両側面から追求する。また、専門誌や新聞紙上を通じて、その他先進企業での取り組み事例も検証する。

図表 3-14-1　価値創造の組織設計

ビジネス環境		
技術	市場	規則
デザインエンジニアリング	顧客影響力	税金
製造エンジニアリング	サプライヤー影響力	アンチトラスト
情報システム	競争の実態	国際労働組合

↓

戦略
価値規則の選択
資本構造および資本の配分
市場戦略および流通チャネル

↓

組織設計
EVAセンター：意思決定権の委譲
EVA測定尺度：業績評価
EVAインセンティブ：報酬

↓

価値創造経営

↓

企業価値

フェーズ③：日本企業での連結経営管理の今後の活かし方を研究

　収集した事例情報とその成功要因および改善点を参考にしたうえで、理論面での将来性調査の結果をもとに、日本企業における連結経営管理の今後の活かし方を研究する。グローバル戦略を踏まえた日本企業での連結経営管理の方法論を確立させたいと考えている。そして、確立させた方法論を、現在の業務を通じてシミュレーションを行

なうことで検証していきたい。
フェーズ④：修士論文作成

(2) スケジュール
　本研究における具体的な実施スケジュール（案）を図表3－14－2に示す。

4．期待される成果

　<u>連結経営の業績を定量的に評価する手法を確立し、企業戦略を各組織へ浸透させていくためにとるべき管理体制について研究し、業務に活かしていきたい。</u>過去事例の分析を行ない、その結果を発展させて連結経営管理手法を確立させる形で修士論文のための研究を行なうつもりなので、今後は更にその研究内容を業務に活かすことで理解を深めていきたいと思う。将来的には経営層の視点に立ち、研究で裏づけされた理論のもと、着実に効果の上がる連結経営管理手法と機動力のある組織体制を加味した業務改善コンサルティングを行なっていきたいと考えている。

5．参考文献

・ジョエル・M・スターン、ジョン・S・シーリー、アーヴィン・ロス著、伊藤邦雄訳『EVA価値創造への企業変革』日本経済新聞社、2002年
・谷江武士著『事例で分かる連結経営分析』中央経済社、2006年
・トーマツ編『連結会計ハンドブック　第3版』中央経済社、2006年
・本多慶行著『MBA管理会計』日経BP社、2003年
・マルコ・イアンシティ、ロイ・レビーン著、杉本幸太郎訳『キーストーン戦略』翔泳社、2007年

> 図表3-14-2　スケジュール

本研究における具体的な実施スケジュール（案）を以下に示す。

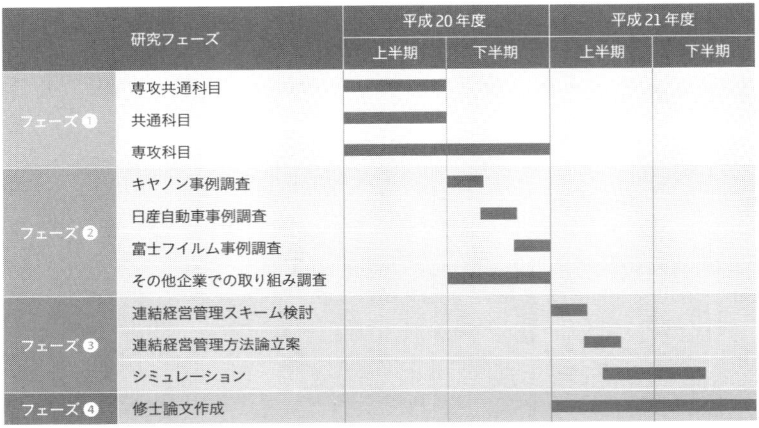

研究フェーズ		平成20年度 上半期	平成20年度 下半期	平成21年度 上半期	平成21年度 下半期
フェーズ❶	専攻共通科目	■			
	共通科目	■			
	専攻科目	■■■■			
フェーズ❷	キヤノン事例調査		■		
	日産自動車事例調査		■		
	富士フイルム事例調査		■		
	その他企業での取り組み調査	■■■			
フェーズ❸	連結経営管理スキーム検討			■	
	連結経営管理方法論立案			■	
	シミュレーション			■	
フェーズ❹	修士論文作成			■■■■	

▶3 これまでの経験で培った問題意識と研究から期待される成果に一貫性があるため、研究意欲に説得力があります。

▶4 経理・財務研究について関心がある方は次の著書を参考にしてください。
金児昭監修、石田正編者、青山隆治・馬場一徳・野田美和子・奥秋慎祐著『キャリアアップを目指す人のための「経理・財務」実務マニュアル（上・下）』税務経理協会、2012年

Column　筑波大学大学院

　夜間のMBAとして名高い都内の大学院として、筑波大学大学院ビジネス科学研究科経営システム科学専攻があります。この筑波大学のMBAは、最初の国立大学の夜間開講制大学院であり、文系と理系の融合を目指して1989年（平成元年）に開講されました。

　場所は旧東京教育大学の敷地にあたる都内文京区大塚にあり、地下鉄丸の内線茗荷谷駅に面しており、交通のアクセスが極めてよいと言えます。

　藤倉雅之氏は、『大学院へ行こう』（講談社現代新書、2005年）のなかで、「東京にある某夜間MBAスクールは、どういうわけか数多くの大学教員を輩出しています。これまでの修了生500名のうち、実に80名強が大学教員になっているそうですから、相当の高確率です」と述べています。この大学院は筑波大学大学院の夜間MBAのことを指しています。

　その要因は、合格者数が35名前後であり、100名前後の入学者を出す私立MBA大学院に比べて非常に少なく、修士論文作成の段階で徹底的に大学院生を絞っているからです。国立大学の強みです。

　集まってきている大学院生が特別に優秀というわけではありません。ここの入学試験は、「研究計画書」のボリュームが他のMBAと比較して圧倒的に多く、しかもその内容を解説する2、3の図表の挿入まで指定しています。

　筆記試験は「小論文」と「口述試験（面接）」だけで、「英語」がないのが特徴です。「研究計画書」と「面接」だけで6割の配点と入試要項に明記しているほどです。丁寧な指導と徹底的な論文指導によって、レベルの高いMBA大学院になっていると言えるでしょう（試験科目については、最新の募集要項をご確認ください）。

中央大学大学院
戦略経営研究科
戦略経営専攻

M・T（30歳）

研究計画書を読むにあたって

　M・Tさんは大学の機械工学科を卒業して、現在の会社に就職しました。仕事と学業の両立を図るべく、中央大学大学院のMBAに通うことを決意しました。SEの専門的知識と経営知識、リーダーシップを併せ持つ人材になりたいと考えています。

志望理由書

1. 活動記録および実績

　2005年4月に●●株式会社に新卒で入社し、これまでの8年間システムエンジニアとしてお客様が抱えているお困り事を解決するためにソリューションの提案、システムの構築活動を行なってきた。現在は●●株式会社に出向し、システムエンジニア統括組織として首都圏エリア全域の高難易度ソリューション案件対応ならびに●●株式会社のビジネスパートナー企業（以下、代理店）のお客様に対して、ソリューション提案、システム構築活動を行なっている。私の所属する組織は、おおまかに業種によりチーム分けされている。チームにおける私の役割はリーダーであり、業績の保障ならびにOJTを通じた部下育成を行なう。メンバー構成は私を含み3名である。

私たちシステムエンジニアはお客様から信頼され、高い価値を提供し続けるために、業種・業務知識からなる専門性を持ち、ソリューションビジネスを創造し、牽引する組織を目指して活動している。私はその目標に対して、基本的なITスキルはもちろんのこと、業務分析力やプロジェクト・マネジメント力を磨くために学習し続けてきた。私たちは企業活動で流通するドキュメントを切り口に業務分析を行なう。私は複数のシステム案件を同時に構築するプロジェクトマネジャーの経験などから成長を実感していた。また、案件の成功や失敗体験を通じて組織に教訓を残すこともできたと思う。しかし、次の目標をこれからの組織やビジネスを牽引する人材になると設定したとき、『経営に関する知識不足』と、『リーダーシップ』に課題を感じるようになったのである。

　活動の主な実績は以下の通りである。/
・2007年度販売会社SE活動事例発表東京ブロック大会　優秀賞
・2009年度下期全社表彰 SEセクションNo.1実績表彰
・2010年度販売会社SE活動事例発表東京ブロック大会　優秀賞
・2010年度販売会社SE活動事例発表全国大会　ビジネス性優秀賞

2.　志望理由

　私が中央大学ビジネススクールを志望する理由は2つある。まず1つ目は経営に関する知識不足を克服したいことである。私は理工学系の学部を卒業したこともあり、企業経営や経営戦略、マーケティングといった分野を専攻しなかった。しかし、現職を通じてビジネスを創

/1　M・Tさんは社内選抜試験に合格し、企業派遣として中央大学のMBAを受験した経緯があります。各種のSEの大会に優勝されたことが記されており、SE専門家としての優秀さが十分アピールできています。

造し牽引していくには、企業経営や経営戦略に関係する知識の底上げが必要であると考えている。

　私は担当業務においてもスキル不足を痛感していた。弊社の代理店はそれぞれ得意な市場や専門性を持っており、販売の戦略もさまざまである。市場の変化に対応する速度も速く、我々が対応できないこともしばしばある。代理店が売上を拡大するために私がやるべきことは、代理店が抱える事業課題を経営的視点で抽出し、解決提案をすることである。しかし、過去の経験や●●のシステムエンジニアとして学んできた知恵やスキルの範囲でしか課題の抽出ができない。代理店との事業計画を立てるにあたっても、課題の抽出が不十分であるために問題提起や課題解決策の幅が狭くなっているのである。

　この問題を改善するためには、経営に関係する知識を体系立てて学び、幅広い視野を養うことが必要であると考えている。また、経営視点での業務分析力や、それに裏づけされた意思決定力を習得したい。そのためには、戦略やマーケティング、財務、組織論といったような企業経営のベースとなる知識の底上げが必要であると考える。

　貴大学院の教育目標には『経営戦略を中心に「戦略」「マーケティング」「人的資源管理」「ファイナンス」「経営法務」の5分野を総合的、有機的に学修・研究できる高度専門職業人としての深い学識と卓越した能力の養成を通じて、プロフェッショナルとしての現代的な戦略経営リーダーを育成すること』とある。このように経営戦略をベースとし、経営に関係する知識の底上げを行ないながら、組織をリードできる人材を育成するという方針は、私の理想であり、そこから育成される人材は目標とする人材像に合致している。

　本研究科修了後は、代理店支援活動に限ることなくどの市場や業種

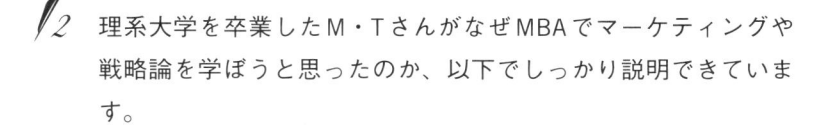

√2　理系大学を卒業したM・TさんがなぜMBAでマーケティングや戦略論を学ぼうと思ったのか、以下でしっかり説明できています。

においても通用するような経営戦略のスキルを持つシステムエンジニアとして活動していきたいと思う。また、お客様接点を持つ活動はもちろんのこと、自社組織のなかで問題提起と解決案の発信ができるような人材になりたい。そのような発信の1つひとつの積み重ねがソリューションビジネスの創造や組織の牽引につながると考えている。

　2つ目はリーダーシップにおける課題を克服したいことである。私は2012年上期よりチームリーダーの役割を与えられている。私はチーム運営のなかで次の2点を意識して活動してきた。(1) 個性を大切にしてメンバーをやる気にさせること。(2) 自身の行動によりメンバーを牽引していくこと。しかし今までの期間を振り返ってみると、リーダーシップが発揮できたとは言えなかったと実感している。なぜなら、メンバーを牽引したいという気持ちが先行し、役割を任せきることができなかった。その結果、メンバーに対して、仕事をやり遂げた後の達成感や、次の仕事につながる自信を持たせることができなかったのである。この課題を解決するためには、チームや組織運営に関する正しい知識をつける必要があると感じている。<u>まずは人を動機づける手段やリーダーシップのあり方を体系的に学ぶことが必要である。次に、ケーススタディなどのグループワークを通じて学んだことを実践し、その場で習得したいと考える。</u>*3*

　私の所属するシステムエンジニア統括組織は約180名の成員で構成されており、男女構成比は3：1である。そのうち、約半数が私と同年代もしくは後輩である。そのなかでも私と同様の問題に直面しているリーダーやマネジャーもいるのではないかと思う。本研究科修了後は、周囲を巻き込んでメンバーがやりがいと自信を持って働ける組織を率先してつくっていきたいと考えている。そのために、各チーム縦

---

3 M・Tさんが現在勤めている会社において、システム部門でリーダーシップを発揮すべく日々努力している様子が、十分述べられています。

割りとなっている組織を横断的に活動できるプロジェクトを立ち上げる。職層や役割だけでなく、個人のビジョンや価値などをどう評価し人材を活用するのか、ダイバーシティを意識した活動に取り組みたい。組織には個人では成し得ないシナジー効果が期待できるはずだ。そのようなシナジー効果を最大限引き出すためにも、組織戦略が必要である。

　自らがチャレンジして行動に移し、自らが変革することで、組織の変革を促し、最終的に会社の変革を担う人材になるために、貴大学院で学ぶことが必要であると考えている。

3. 本研究科で学びたいこと（研究計画）

　現職の組織と、私の役割や担当業務を考え、経営全般に関する知識を体系立てて学び幅広い視野を養いたい。そのなかでも特に、戦略について重点を置き学習したい。

　●●グループではお客様攻略のアプローチとして、●●という戦略立案手法を利用している。この手法は、担当するお客様を取り巻く環境変化（内部・外部）を分析しながら、仮説構築と解決策を策定するというものである。私も代理店支援の戦略を立てる際にその手法を使用していた。

　しかし、このアプローチには問題がある。それは、あくまで自社の考えを中心とした直接販売を目的に考えられている点である。多様なお客様を持つ代理店を担当するにあたって、自社中心の凝り固まった視点だけでは対応しきれないのである。

　また、代理店支援活動の過程にも問題がある。代理店支援活動は言い換えれば企業のアライアンス活動である。それぞれ企業の強みを活かし、シナジー効果が期待できるアライアンスを検討していく。しかし、計画を立てて実施項目を遂行していくと必ずといっていいほど障壁にぶつかる。たとえば、実際に活動してみると対象市場の顧客数が少なく効果が見えづらかったり、順調に開始できても協業のスキーム

や商圏という問題に直面したりするため頓挫することが多い。

　このような問題が発生する背景には、妥当性と実施効果があると予測できる市場を選定できていないことが挙げられる。これはマーケティングの問題も関与していると考えるが、市場を選定するといった側面においても、どのような効果を期待し、なぜその市場を選択したのか、障壁にあたるリスクなどを分析し、回避策を検討するなどの戦略が乏しかったためであると考える。客観性を持って正しく選定した市場に対して有効な戦略を立てれば、アライアンスは成功に近づくと考える。

　また、立案した戦略の実行には人とのコミュニケーションが必要である。コミュニケーションにも戦略が必要と考える。どのようなツールを使って伝達し、何をもってゴールであるか設定し、メンバーをどのように動機づけていくかなどである。効率的な情報伝達には戦略が必要である。以上のことから戦略を中心に学習したいと考えている。

第4章
全日制MBA合格実例集

16. 慶應義塾大学大学院 経営管理研究科 経営管理専攻 A・Y

17. 慶應義塾大学大学院 経営管理研究科 経営管理専攻 S・K

18. 慶應義塾大学大学院 経営管理研究科 経営管理専攻 S・Y

Column 慶應義塾大学大学院

19. 一橋大学大学院 商学研究科 経営学修士コース H・T

20. 一橋大学大学院 商学研究科 経営学修士コース B・N

21. 一橋大学大学院 商学研究科 経営学修士コース Y・K

22. 一橋大学大学院 商学研究科 経営学修士コース T・D

Column 一橋大学大学院

23. 立教大学大学院 ビジネスデザイン研究科 N・S

Column 立教大学大学院

24. 法政大学専門職大学院 イノベーション・マネジメント研究科 イノベーション・マネジメント専攻 O・Y

慶應義塾大学大学院
経営管理研究科
経営管理専攻

A・Y(51歳)

> **研究計画書を読むにあたって**
>
> 　A・YさんほどMBAにかける意欲の旺盛な方を知りません。A・Yさんは國學院大学の経済学部経済学科を卒業し、複数の流通小売業で研鑽を積みました。ここ10数年は大手食品会社で活躍されています。これまでの経験や知識だけではこの先通用しなくなると考え、より専門性を磨いて自分を成長させるべく、慶應義塾大学ビジネススクール（KBS）に入ることを決意しました。
>
> 　大学院修了後は、産業界に寄与できる人間になりたいと念願しています。読み手には、積極的な生き方をしているY・Yさんの姿勢が伝わることでしょう。

1. あなたは本研究科修士課程をどのような特色のある大学院であると考えていますか。

　貴研究科の特色として、何より「ケースメソッド」形式の授業による教育が挙げられる。実際に起きたさまざまな経営に関する問題（事例）を題材に、自分の考えを授業のなかでぶつけ、また他人の考えを聞いて議論し、課題を見出し、論理的に組み立て、1つの方向性を導き出す。これを繰り返し行なうことで、さまざまな経営問題に対し、よりスピーディーに、論理的に、判断・意思決定できる能力を養うこ

とができる。

　今の日本の企業経営者に一番欠けているのは、この能力ではないか。再びビジネスの第一線に戻ったとき、貴研究科で学んだことを如何なく発揮できれば、社会貢献につながると考えている。

2．あなたは本研究科修士課程での勉強を通じて何を身につけたいと考えていますか。またそれを卒業後のキャリアにどのように生かしたいと考えていますか。できるだけ具体的に述べてください。

a．本研究科修士課程への志望動機
　一昨年より貴校のエグゼクティブセミナー週末コースにおいて現在6分野を受講している。受講しているうちに、自身のこれまでの約30年にわたるビジネス界の実務経験では、これからの変化の激しい時代に生き抜いていくことができないと悟り、今回会社の早期退職制度の資格を活かし、貴研究科におけるMBA取得の道を選んだ。

　そして、貴研究科で2年間、自分を律し、鍛練し、この変化の激しい時代に対応できる能力（分析力・論理的形成能力・リーダーシップ・スピード・判断力・意思決定能力）を身につけることで、卒業後何らかの形で日本の産業界の発展に貢献することを目指している。

b．本研究科修士課程入学後に興味のある分野や重点を置きたい分野などの学習計画
　マーケティングと経営戦略について学習を考えている。特に流通業界におけるメーカー・卸の流通戦略と流通小売業・飲食業の対応について、取引問題をはじめ商品開発・生産計画・セールスプロモーション・販売・サービスに至るまで、現状を分析し、課題を抽出し、今後

　KBS主催のセミナーの受講者であったことを明らかにして、入学する意志が強いことを表しています。

の方向性を導き出すことを実践する。
　具体的には
(1) 取引の実態と今後の対策
(2) 商品開発・商品戦略
(3) 生産計画
(4) 物流（ロジスティクス）
(5) 情報システム
(6) 市場開発
(7) ネットワーク構築
について研究し、今後の方向性を導き出す所存である。

c．本研究科修士課程卒業後のキャリア計画

(1) 企業への再就職
(2) 独立〜起業して流通の諸問題を扱う研究所の立ち上げ、コンサルティング活動
(3) 博士課程の取得

　(1) については、年齢という壁もあってなかなか難しいものがある。しかし、近年キャリア採用する企業も増えており、また自身の掲げる研究課題はあらゆる企業が普遍的に抱える共通する課題でもあり、これを解決できる能力を身につけることができれば、再就職は決して不可能なことではないと考える。

　(2) については、課題は開業資金である。自身の手持ち資金だけでは到底立ち上げることは困難で、スポンサーなり支援者が必要だと考える。これには地道な営業活動が必要で、貴研究科をはじめ、貴校の人脈ネットワークを活用することを考えている。

✎2　大学院修了後のキャリアビジョンを述べる際、3つの選択肢についてそれぞれ詳細に述べています。真剣に考えている印象を与えます。

（3）博士課程については、自身の研究課題が貴研究科を通じて評価されるもの、また貴校の財産として後世に残すに値するものであれば、決して不可能な選択ではないと考える。

3. あなたは自分の仕事あるいは学校の勉強以外で、どのような活動をすると共に、どのようなことに関心を強く持っていますか。次のaおよびbに分けて記述してください。

a. あなたはどのような地域活動、ボランティア活動、課外活動・サークル活動（大学・大学院時代）などをしてきましたか？ 📝3

　大学に在学中、体育会の軟式野球部に所属。現役プレーヤーでありながら、その野球部が所属する連盟の役員に2年次より就任、3年次は会計責任者、4年次は委員長を歴任。連盟の運営に携わった。主な内容としては、試合日程の調整や球場の確保、他連盟との交流試合の企画、そして全国大会などを手掛けた。

　また、社会人になってからは、スポーツクラブにおいて、クラブインサークルとしてラグビー部を立ち上げ、約10年間ゲームに出場しながら運営に携わってきた。

　こうした経験から、組織運営やチームマネジメントのコツをつかんだと思っている。

b. あなたが経済・社会・文化等について特に強い関心や興味を持っていることがありましたら具体的に述べてください。

「食」について強い関心がある。「食べること」は「生きること」を意味すると言われるが、現代人の食事が非常に乱れていると感じている。好きなものを好きなだけ食べ、嫌いなものはまったく口にしな

📝3　この課題では、受験者のリーダーシップの存否について聞いています。KBSはリーダーシップがある学生を求めています。

い。またレストランに入っても食べきれないほど頼んで、結局食べきれず残し、自宅に買い込んでも捨ててしまうのが現状である。一方で食べ物が足りず飢え死にしてしまう現実があるのが現代社会である。

現代人は、限りある資源、また食べられる命に感謝して、大切に「食べる」という本質を忘れてしまっている。

MBA取得と直接関係することではないが、人がこの世に生まれて「生きる」という人間が持つ根源的なものを、この先の人生において何らかの形で伝えていきたいと考えている。

4. 日本企業の多くが、経営環境の変化に十分迅速には対応できていないように見受けられます。このような事例を少なくとも1つ挙げ、その事例における効果的な対処策を考案して説明しなさい。

<u>例として百貨店業界の不振を挙げたい。ブランド品の需要が高まるなかで、なぜ業績が上がらないのか。それはひとえに、これまでの百貨店のビジネスモデルが通用しなくなったことが原因として挙げられよう。</u>*4*

今の百貨店はテナントの入れ替えが過去より頻繁になったとはいえ、彼らのビジネスモデルはメーカーを招致しての「場貸し」的な要素が非常に高い。注目される、もしくは成長が期待されるブランド・企業を招致して一定の賦率を賃料として取り立て、売れ行きがいいときははやし立て、悪くなると切り捨てる。他人任せでまったくと言っていいほど自分たちでマネジメントしていないのが現状である。これでは業界そのものは成長することができず、陳腐化するだけである。

また、主力の衣料品についても、シーズン当初、高い値段をつけて商品を見せ、消費者の財布が少し潤った繁忙期に一生懸命販売し、そ

---

4 自身のキャリアに関係がある事例を採り上げたのは、大変よい点です。

して繁忙期が過ぎたときはバーゲンセールと称して大量販売を試み、チラシを配布し、集客し、売りさばく。収益はシーズン当初からバーゲンセールまでの全体を通して計画通りであればそれでよしとする、言ってみればいわばバーゲン頼みの戦略になっている。

　さらに扱うブランド品も、よほどの高級ブランドを除けば、量販店が運営するショッピングセンターと大して変わりはない。これでは、百貨店そのもののアイデンティティがなくなってしまう。

　百貨店はもっと革新的な業態であるべきではないだろうか。取引するメーカーが持つ最先端の技術・機能・デザインを引き出し、消費者がわざわざ高額な対価を払って購入するステージにすべきであると考える。それにはまず、従来型の販売・マネジメントスタイルから脱却し、メーカー（他人）だけに任せず、自ら企画・販売に取り組むべきである。また、企画した商品がどのようにして売れたのか、また売れなかったのかを検証し、次の企画に活かすPDCAマネジメントを実践する。そして売れるものをより効率的に販売できるようにするシステム構築や、価格戦略やロジスティクス・情報システムの構築などに取り組み、新しいビジネスモデルを形成すべきである。そしてさらに量販店が運営するショッピングセンターとの差別化、百貨店ならではのサービスの実践が不可欠ではないだろうか。

　大事なのは世の中の変化にいかに対応するべきかである。消費者の要求がますます厳しくなるなかで、生き残るには最低でも前述したような対応が必要と考える。

5．以上の項目以外に、学業や職業などを含めて、あなた自身について特筆しておきたい点がありましたら、それらを記述してください。またあなたが本研究科修士課程に入学した場合、クラス討議や研究などにおいて優れて貢献できると考えている事柄がありましたら、以下に書いてください。（1〜4で述べたことを繰り返さないようにしてください）。

何より流通業界を隈なく歩いたという実務経験は誰にも負けない。大学卒業後、GMS、百貨店、コンビニエンスストア、食品スーパー、メーカー、ファストフード、製造小売業といった、ありとあらゆる業態を経験した。また、食品や日用品の販売、バイヤー、情報システム、購買、物流、教育、メーカー営業に携わった経験が何よりも自身の財産である。[5]

　さらに、メーカーに入社する前、流通業界の専門誌の出版社に勤務し、流通小売業のトップから直接話を伺う機会に恵まれた。自身の持つ問題意識はここで養われたと考える。[6]

　これらの経験は、貴研究科に入学して課題に直面した際、それを解く有力な手掛かりになりうるものと考える。

---

[5] これまでA・Yさんが働いてきた業務と研究テーマが一致していることを表しています。

[6] A・Yさんの勤務経験がKBSの授業の活性化につながると大学院側に思われる内容です。面接の際にも面接官に好印象を抱かせることは確実でしょう。これまでのキャリア、大学院での研究、大学院修了後の人生展望の3つが一貫したストーリーとして描かれているところは大変参考になります。

慶應義塾大学大学院
経営管理研究科
経営管理専攻

S・K(28歳)

> **研究計画書を読むにあたって**
>
> S・Kさんは国立の理系大学を卒業した後、国家公務員になりました。将来は父親が経営する電気工事会社を継ぐことを含め、経営者になることを志望し、KBSへの入学を決意されました。あらゆる社会環境、経済情勢にも対応できるよう、現場の企業訪問をはじめ人事組織論や経営戦略、企業再生論などについて幅広く学んで、今後のキャリアアップに役立てたいと思うようになりました。現在、故郷である三重県の県議会議員（鈴鹿市選出）として大いに活躍しています。

1. あなたは本研究科修士課程をどのような特色のある大学院であると考えていますか。

　貴研究科は、リーダーとして社会に貢献できる人材を育成する教育の場であると考えている。また、経営能力と倫理観の双方を習得することで、多岐にわたる分野でリードする力を身につけることが可能であると考えている。講義の中心となるケースメソッドは、企業規模を問わず、実際の経営問題が数多く取り上げられており、極めて学習価値が高いものであると確信している。2年次には、高度な専門科目が学習できるほか、ゼミナールの定員が少数のため、密度の高い指導が受けられることも、非常に魅力的である。

2. あなたは本研究科修士課程での勉強を通じて何を身につけたいと考えますか。また、それを卒業後のキャリアにどのように生かしたいと考えていますか。できるだけ具体的に述べてください。

a. 本研究科修士課程への志望動機

　父が会社経営（建設業）をしている影響から、「社会に対して影響力が強い仕事」をしたいと考えていた。そのため、現在、国家機密を取り扱う極めて責務のある仕事を行なっている。しかし、安全保障担当の公務員である私が、民間企業では必須の収益性、成長性といった経営要素を要求されることは、ほとんどない。私は、父や起業家の知人と話をしているうちに、収益性を重視した分野において「自分で会社を経営する」ことに強い関心を持った。しかし、会社を経営するためには、これまで得た経営の知識や考え方を体系的に習得し、適切かつ迅速な経営判断する能力を身につける必要がある。そのためには、現場志向の高いケースメソッドと経営理論の双方を学習することが最適であると考え、貴研究科修士課程を志望した。

　また、貴研究科修士課程には、教授や他の学生と議論する機会が多く設けられている。このような環境も、体系的に集中して経営学を勉強したいという私の目的に合致している。

b. 本研究科修士課程入学後に興味のある分野や重点を置きたい分野などの学習計画

　父の会社を継ぐことを考えると、まず経営全般に関する幅広い知識を養うことが必要と考える。父が経営する建設会社は、父が一代で築いた社員80名程度の中小企業である。設立してバブルが崩壊するまでは右肩上がりの成長を遂げたが、その後は、ゼネコンからの発注減

1 　KBSの特徴はケースメソッドにありますが、その点S・Kさんは的確に理解しています。

少、公共事業の大幅な削減等で、厳しい経営状態が続いている。しかしながら私は、雇用関係、協力会社との契約関係等の見直しを図ることで、現状を打破し改善することは可能であると考える。そこで、人事組織論、経営戦略、企業再生を重点的に学習し、父の会社の再建計画を立てたい。

　また、現在の技術力を生かしてリゾート・マンションに関わる事業計画を立ち上げたいと考えている。そのため、起業プロセス論についても学習し、起業計画を立てる際に役立てたい。

c．本研究科修士課程卒業後のキャリア計画

　私は、30代で経営者になることを目標としている。その前提として、まず父が経営する会社に入社し、現場経験を積み重ねながら、経営に参画する。MBAを取得することで速やかに会社に大幅な利益をもたらすとは考えていないが、貴研究科修士課程で得た知識、経験等は、根本的な会社経営の問題解決に欠かせない基盤であると確信している。その基盤を活かし、父の会社をより収益力のある磐石な経営体制にしたい。またKBSで学んだ講義や海外ビジネススクールの経験を活かして、リゾート・マンションに関わる事業を起業したいと考えている。常に起業意識を持ちながら情報収集や現場視察を重ね、企業価値の高い会社を興せるよう計画を立て、近い将来に実行したい。

3．あなたは、自分の仕事あるいは学校での勉強以外で、どのような活動をするとともにどのようなことに関心を持っていますか。

a．あなたはどのような地域活動、ボランティア活動、課外活動・サークル活動（大学・大学院時代）などをしてきましたか。

　小学校から現在に至るまで、終始一貫して水泳の練習に励んでいる。高等専門学校では水泳部に所属し、部長を経験すると共に全国高専大会（800m自由形）で3位に入賞した。大学ではトライアスロン部に所属し、部長を経験すると共に自ら審判免許を取得して大会運営

のサポートを行なった。現在はOBとして後輩の育成に務めている。

　2度の部長を経験したことで、チーム運営の難しさや楽しさ、人とのつながりを実感することができた。これは、私の人生のなかで非常に大きな財産であると確信している。私は、リーダーシップを活かして主体的にチームの運営に携わることで、とても充実感、満足感を得ることができた。

b.　あなたが経済・社会・文化等について、強い関心や興味を持っていることがありましたら具体的に述べてください。

　私は、政治、とりわけ世論の動向に強い関心を持っている。その発端は、私が中学生のときに政府が導入した「消費税」がきっかけだ。当時、それまで圧倒的な強さを誇っていた自由民主党が国民の批判を受け、その結果55年体制が崩壊した。政府の政策1つで世論に火がつき、政治を変えた衝撃的な出来事だった。「消費税」をきっかけに国会中継も見るようになった。日本の政治は三流、という意見をよく耳にするが、それは世論が各党の政策を吟味したうえで投票に臨んでいないからであると考える。また、国民1人ひとりの意見が異なっている以前に、投票を放棄している有権者が4割弱も存在していることも極めて深刻である。

　国民の1人として国を思い、よりよい国にするためには、どのような政策が適当であるか、今後も強い関心を持って注視していきたい。

4.　企業が果たすべき社会的使命として、どのようなものがあると考えますか。それらの使命のうち、あなたが最も重要だと思うものを挙げ、その理由を述べてください。[2]

　社会にとって価値のある企業の目的は、利益を最優先に追求することだった。しかし、昨今、企業の価値を財務内容の善し悪しだけで判断すべきなのか疑問が生じてきた。そこで、企業が果たすべき社会的使命として、財務面のほか、非財務的な分野、すなわち環境面や社会

面も取り上げられるようになった。環境面としては、汚染対策、化学物質管理、水質保全等が挙げられる。最近、新聞、雑誌等で発がん性物質のアスベスト（石綿）を使用していた企業の対策が注目されている。この対策は、まさに企業が果たすべき環境面の社会的使命である。企業は利益のみ注視するのではなく、このような問題も同時に対応し、解決していくことが非常に重要になってきている。社会面としては、雇用問題、労使関係、健康・安全、広告のあり方、身体障害者の採用等、幅広い項目が存在する。社会面は、その地域特性、文化によって影響を受けやすいため、企業はもちろんのこと、個人もその解決には慎重な対応が求められる。

　私がこれらの使命のうち最も重要であると考えるのは、社会面の「広告のあり方」である。最近、テレビ・雑誌、さらにはインターネットの普及により、誇大広告、人々への心理に訴える魅力的な広告が急増している。たとえばダイエット食品の誇大広告が挙げられる。ダイエット食品に関する事件は後を絶たない。いくらその商品の効力が高くても、摂取する購入者の立場を考えて販売しなければ意味はない。場合によっては、ダイエット食品を摂るよりも、時には運動をするほうがよりよいことも考えられる。したがって、今後はさらに顧客の立場に立った宣伝が行なわれるべきである。特にメディアの影響を受けやすい青少年や高齢者に対する宣伝は慎重に議論する必要がある。企業は、広告を利用する際、数字だけの費用対効果を求めるべきでなく、それぞれの顧客に応じた適切な対応を提供することが社会的使命として最も重要である。そして今後、企業は社会的使命として「財務面」「環境面」「社会面」の3項目のバランスを取りつつ、加え

/2　KBSでは、「調書」のなかでは通常1つのテーマについて書かせる欄を設けています。
　　今回のテーマは、企業の社会的責任やコーポレート・コンプライアンスに関するものでしたがしっかり論述されていました。

て「人間」「生態系」をいかに上手く融合させていくかが求められる重要事項である。

5．以上の項目以外に、学業や職業なども含めて、あなた自身について特筆しておきたい点がありましたら、それらを記述してください。また、あなたが本研究科修士課程に入学した場合にクラス討議や研究などにおいて優れて貢献できると考える事項がありましたら、以下に書いてください。

「どのように改善すれば、よりよい結果が得られるかを自分で考えなさい。」私が子どもの頃から両親によく言われた言葉である。私の父は常に「向上心」を持って仕事に挑んでいる。これからの社会は「向上心」を持ち、さらにそれを具現化するための知恵が必要である。しかし、知恵を生み出すことは容易ではない。ほとんどの知恵は幅広い知識をベースにして生まれる。そのため、私はいつもまわりの意見に耳を傾けながら前向きに学業も仕事もこなしてきた。常に多岐の分野に関心を持って物事に取り組むことは、貴研究科の研究において大いに役立つと考える。

　現在私が勤務している所属部署は、政府が北朝鮮によるテポドン（ミサイル）発射をきっかけに急遽発足された。したがって、発足するまでの短時間で多くの議論が交わされたと共に、発足後もそれらを取りまとめなければならなかった。<u>この一連の業務を経験したことは、クラス討議に活用できると確信している。私は、KBSで学問はもちろんのこと、伝統あるネットワークを生かして、何事も積極的に取り組んでいきたい。</u>*3*

3 KBSでは、ケースメソッドを中心にした**講義であるため全員参加**を義務づけています。したがってKBS修学希望者には、講義に対する能動的な**姿勢**を問うています。

慶應義塾大学大学院
経営管理研究科
経営管理専攻

S・Y（35歳）

研究計画書を読むにあたって

　S・Yさんは、都内の短大を卒業後、アメリカの州立大学に入学。卒業後はアメリカの輸送サービス会社に就職しました。急成長している中小企業の社長の下で10年間働くうちに、経営学について本格的に学んでみたいと思うようになり、KBS入学を志望します。現在S・Yさんは会社を興すと同時に結婚され、お子様にも恵まれて幸せな人生を送られています。

---

1. あなたは本研究科修士課程をどのような特色のある大学院であると考えていますか。

　貴研究科の大きな特色として、ケースメソッドによる教育を挙げたい。実際に起きたさまざまな企業の問題をケースとして、状況判断、意思決定、そして問題解決へと導く。そうした訓練によって、突然の問題や困難な状況に論理的な思考で迅速に対応できる力を養うことができると考える。こうした教育を、質の高い教授陣から指導していただけること、そして優秀で向上心溢れる学生たちと学習することは、私にとって非常な刺激となる。もう1つの特色として、貴学が国内で初めて国際的な第三者評価機関AACSBからの認証を取得されたことである。さらに貴学は国際的にも認められるリーダーたちを数多く送り出していることも魅力的である。

2. あなたは本研究科修士課程での勉強を通じて何を身につけたいと考えていますか。また、それを卒業後のキャリアにどのように生かしたいと考えていますか。できるだけ具体的に述べてください。

a．本研究科修士課程への志望動機
　（割愛）

b．本研究科修士課程入学後に興味のある分野や重点を置きたい分野などの学習計画
　経営全般の知識を体系的に学びたい。そのなかでも特に、人的資源や組織戦略について重点を置き学習したい。今年の6月、貴学のオープンハウスで渡辺直登教授の「組織マネジメント」のクラスを見学した。渡辺直登教授が横浜市のニートやフリーター対策なども含めて幅広く「ヒト」に関して研究されていることに興味を持っている。
　今後はさまざまな"個"を大事にして、重要な資源である「ヒト」を効率よく活用していかなければならない。将来の資産としての管理をしていく必要もある。
　私が研究したいことのテーマは、「経営戦略と人的資源マネジメント」である。グローバル社会における企業では、どのような人的資源の管理を求められているのか。それがどのように企業業績を高めていくのか。
　次の事柄を研究・調査をしていきたい。(1) 経営者の国際的視野・意識、(2) 組織、(3) 成果主義、(4) ダイバーシティ・マネジメント、(5) トヨタの「世界標準の人事制度」などの実例。

✒ 「人的マネジメント」が研究テーマであることをしっかり明記しています。

c．本研究科修士課程卒業後のキャリア計画

　卒業後は、貴学で得たこととこれまで培ってきた経験を活かして、父の会社における新事業拡大と将来のための組織づくりに従事する。2
　それが軌道に乗った後、私は起業することを計画している。事業内容は、グローバルリーダーとなり得るポテンシャルを持つ人材を日本企業に提供するサービスだ。私は日本での社会復帰を諦めて仕方なくアメリカで働き続けている優秀な日本人たちを大勢見てきている。「個性が強いから」「女性より男性が優遇されるから」「若い人しか採用しないから」「年功序列では、自分の価値が評価されないから」など、日本の社会では自分の居場所を見つけられないという諦めである。私は、外国に限らずどこかで眠っている優秀な人たちの持つ能力を無駄にはしたくない。日本社会で発揮できる場を提供していきたい。それを受け入れる企業側へはプラスになるご提案をする。そして少子化による労働力不足が少しでも解消されることに貢献したい。

3．あなたは、自分の仕事あるいは学校での勉強以外で、どのような活動をすると共にどのようなことに関心を強く持っていますか。次のa＆bに分けて記述してください。

a．あなたはどのような地域活動、ボランティア活動、課外活動・サークル活動（大学・大学院時代）などをしてきましたか。

　シカゴ駐在中に、シカゴ日米協会のYoung Professionals Committeeというプロ意識のある若者たちが集まる委員会の役員をボランティアで務めていた。この経験を通して私は、現在さまざまな分野で活躍し

2　KBSは昼間部の大学院であり、働きながら通うことが困難であるため、特にMBA修了後のキャリアプランを示すことが重要です。その点S・Yさんは父親の会社の事業拡大を図りたい旨を明記していました。

ている人たちとの人脈をつくることができた。

　15人ほどいた役員は、文化・社会・コミュニケーション・ビジネスなどを担当して各分野におけるイベントや勉強会を企画し、1カ月に1～2回それらを開催した。週一の役員会議の議長を務めるのが私の役目であった。性別、年齢、言語、国籍などさまざまな人たちが集まる会議では、価値観や発想の違いはあれど個性的な意見が飛び交う活気溢れる場であった。この多様集団のまとめ役を経験することで、広い心を持ちながら迅速にかつ柔軟に対応していくことを学んだ。3

b. あなたが経済・社会・文化等について、特に強い関心や興味を持っていることがありましたら具体的に述べてください。

　少子高齢化により労働力が低下している。私が強い関心を持っていることは、日本の企業が若者、女性、高齢者や外国人の労働者の活用を重要視し始めていることだ。特に、女性の活用に注目している。4

　私は女性社長や女性リーダーに興味があるため、彼女たちが主催するイベントやセミナーに参加してきた。自分の人生を自らの力で切り拓き、エネルギッシュで芯の強い女性たちを大勢見てきた。さらに私は、男女格差を感じながらもやりがいのある仕事を模索している起業家精神に溢れる女性たちを何百人と見てきた。そのため私は起業家が女性活用に対して今まで以上に積極的に取り組まれていることに注目している。

　女性だけでなく、働く意欲を失くしている若者や定年を迎える方々にも、活躍できる場を増やしていかなければならない。今後、多様な人材を受け入れるオープンな企業は増えるだろうか。私はこのような

3　在米経験で得たことを具体的に述べ、何を学んだかを説得力豊かに説明しています。

4　女性がもっと活躍できる社会にしたいとのS・Yさんの抱負が率直に述べられています。

ことを毎日考えている。

4．企業が果たすべき社会的使命として、どのようなものがあると考えますか。それらの使命のうち、あなたが最も重要だと思うものを挙げ、その理由を述べてください。

　企業は持続可能な成長と発展のために利益を追求するだけではなく、社会から信頼されることも目指さなければならない。このバランスを保つことが、企業の果たすべき社会的使命であると私は考える。
　社会から信頼を得るために必要なことは、社会的責任・貢献を果たすことである。それらは主に、「法律遵守」「自然環境保護の取り組み」「安全で安心な製品・サービスの提供」「フェアな職場」「働きやすい環境づくり」「社会活動への参画」などだ。そして私が最も重要だと主張することは、「企業倫理の確立と運用」である。これは、経営者の責任で行なわれなければならない。
　近年、企業不祥事が続出している。消費期限切れの牛乳を使ったシュークリームを販売していた不二家、豚肉を牛肉に混入させていたミートホープ社、賞味期限をごまかして北海道の観光土産として知られる「白い恋人」を再出荷していた石屋製菓などは、経営者の問題から生じた不祥事だ。約24年も前から商品の不正表示をしていたミートホープ社であるが、利益のために社長自らがその指示をしていた。よい従業員とは、社長命令に従うことだけで事足りるわけではない。よき社会人でなければならない。消費者を裏切る行為は罪である。
　不祥事が発覚しているのは食品業界だけではない。たとえば、●●による派遣給与の違法な天引きや、●●子会社●●の報酬の不正請求・虚偽申請の事件など他にもさまざまである。経営者の金儲け主義から発生した問題が続出している。
　●●の問題で騒がれているなか、父の会社に●●の名刺を出してきた2人の男性が突然現れた。一見、謝罪の訪問をすることもあるのか、と思った瞬間、「人を募集されていますか」と聞いてきた。飛び込み

営業に来たのだった。人としてのモラルを疑うような出来事に私は驚いた。利益追求が会社の理念であれば、どんな状況であろうと営業マンは稼ぎに出るしかないのか。

長い間かけて積み上げてきた会社の評判は1つの不祥事で一瞬にして破壊される。不祥事が発覚すれば社会からの信頼を失い、社長辞任、または経営そのものが困難となり、会社倒産に追い込まれる場合もある。

したがって企業存続のためには利益だけを追求してはいけない。経営者が確固たる信念を持ち、組織のあるべき姿やその行動規範を確立しなければならない。それを組織のなかで徹底的に運用させていくことも経営者の責務である。

5．**以上の項目以外に、学業や職業なども含めて、あなた自身について特筆しておきたい点がありましたら、それらを記述してください。また、あなたが本研究科修士課程に入学した場合に、クラス討議や研究などにおいて優れて貢献できると考える事柄がありましたら、以下に書いてください。（1〜4で述べたことを繰り返さないようにしてください。）**

私は、国内外問わずに幅広い人脈を持つ。それは人徳だと友人からよく言われる。私はあらゆる所で、よい友人たちをつくりプラスの関係を築いている。シカゴ大学のMBAに通う日本人やアメリカ人、ジョージ・ワシントン大学院で国際関係論を学び外交官を目指しているアメリカ人、ニューヨークでビッグファイブの会計事務所に勤務する日本人、東京の弁護士事務所で働くアメリカ人などさまざまだ。私は、こうしたプロ意識のある友人たちを集めて、貴研究科の学生たちと国境を越えたプロのネットワークづくりに興味を持つ。お互いに成功する関係を築き上げることに違いない。

また、私はこれまでに国際複合一貫輸送サービス業（NVOCC）に身を置いてきた。貿易が盛んに行なわれる現在、企業にとって、複雑

化している国際輸送の役割が重要になる。クラス討論や研究科において、輸出入や輸送に関する知識や問題などを取り入れることで、貴研究科に貢献をしたいと考えている。

　NVOCCとは、輸送手段を持たずに、貨物を受け取る場所から最終目的地までの間に存在する船会社、トラック会社、通関業者など他の輸送業者と契約し、荷主に対し、自らの責任と費用で、一貫輸送の引き受けをするサービス業である。天候などによる船・空便の遅れ、貨物の破損、紛失や通関の遅れなど予期せぬ問題やトラブルがたびたび発生する。それらをすべてチェックして解決することも、私の仕事であった。5

5　総合運輸サービス会社で養った経験が具体的に書けています。全体的にアメリカでの留学および就業状況について詳細に述べられており、仕事に対する誠実さが十分わかると同時に、将来有望な経営者になることを読み手に期待させる内容になっています。

Column　慶應義塾大学大学院

　慶應義塾大学大学院経営管理研究科（KBS）は、1962年に慶應義塾大学内の正式な組織として設立され、1969年に1年制プログラムを開始し、1978年、日本で初の大学院経営管理研究科（修士課程）として認可を受けました。1992年には博士課程も開設されています。全日制のMBAであり、横浜市港北区日吉に設置されています。

　ハーバード・ビジネス・スクールの協力を得て創設されたことからして、現実の企業経営の事例をもとにしたケースメソッドを採用しています。また学位取得課程である修士課程（MBA）と博士課程（Ph.D.）だけでなく、学位を授与しない社会人向けプログラムとして「エグゼクティブセミナー」や「インテンシブセミナー」も開講しています。KBSは、マネジメント教育に関する第三者評価機関による国際認証AACSB（2000年4月）およびEQUIS（2011年4月）の認証を日本で最初に取得した大学院です。

　2年次の2学期に欧米のMBAスクールに留学することができる「国際単位交換プログラム」があることも特徴です。海外の大学院で取得した単位はKBSでも認められます。KBSと提携校に1年ずつ通う「ダブルディグリープログラム」に参加すればMBAを2つ取得することも可能です。

　入学書類のなかで他と最も異なっているのは「入学志願者調書」と呼ばれるものです。受験者の全人間性が「入学志願者調書」と「面接」で問われます。大学院で研究したいテーマやクラブ活動、ボランティア活動など、将来ビジネスリーダーに相応しい素質についてさまざまな観点から聞かれます（試験科目等については、最新の入試要項をご確認ください）。

一橋大学大学院
商学研究科
経営学修士コース

H・T（23歳）

研究計画書を読むにあたって

　H・Tさんは関西の大学を卒業し、自動車会社に入社しました。1年経って東京営業所に転属させられたのを機に、大学院MBAに入るべく、私の学院を訪ねて来られました。初回訪問時は大学卒業してから3年経っていなかったため、翌年に学院に入学しました。4月から9月まで「英語」「小論文」「経営学」の3科目を勉強され、幸いにも一橋大学のMBAに合格。2年間休職して勉強に専念しましたが、修了後は再び会社に戻って、現在は本社人事部で大いに活躍しています。

学習題目「若年者の就業意識のギャップを解消し、早期離職を減らす人事制度の立案」

1. 志望動機

　私は自分の20代は自己投資とチャレンジと位置づけている。そのため、自身のキャリアプランとして、就職活動期から入社3年後に大学院にチャレンジし「経営能力」と「人的ネットワーク」を得るというプランを練っていた。その目標を持ってさらに問題意識を高めるため、社会人生活を送ってきた。

　なぜ3年後か。3年というキャリアは実際に仕事の導入から慣れ、

そして自分で仕事をつくれるようになるのに必要な年月と判断したからだ。また実務経験から問題意識を見出す時間としても必要だった。そしてそうした実務経験をベースにすることで、その後に大学院で学ぶ知識やトレーニングが有効に身につくであろうと考えた。まだ体力・気力ともにエネルギーの溢れるこの時期にこそ全力で学び、自分と同様に明確なキャリアプランを持つ人々と交流し刺激を与え合うことが将来大きな価値を持つと信じている。

　そして今、「なぜ、入社した会社で早期の離転職が起こるのか」ということを疑問に感じている。[1]

　新卒入社で社会人生活3年目に入ったが、私の身のまわりでは現時点で早くも同期入社の4分の1ほどの人間が離職している。[2] そして離職した人間を見ると、働くことに対してのモチベーションやコミュニケーション能力、つまりは新しいものを受け入れ、消化できる能力の高い人間が多い傾向に感じる。このような能力の高い人間が離職していくのは企業にとっても大きな損失である。だからこそこの問題を解消し、働き甲斐のある企業にすることが、結果的にその企業の活力になると考えた。そのために必要となる論理的な経営スキルを学びたい、それが貴校を志望する理由だ。

---

[1] 当時入社2年目のH・Tさんは、経営戦略などの部署には就いていません。このため、「早期離職を減らすための人事制度」をテーマに設定しました。無理のない選択だと言えます。

[2] H・Tさんの会社では、同期入社のうち4分の1ほど離職したそうです。ところがH・Tさんの感じでは、離職者は概して優秀な若者であったそうです。このような状況を踏まえて、離職率を下げて会社の競争力を高めるために、どのような職場にすればいいのかについて研究したいと思うようになったとのことです。以上のことについて、素直に述べられていました。

2. 入学後の計画

　現在、社会問題になっているニートやフリーター急増の問題も就労意識のギャップが原因の1つであることは明らかだ。また就職しながらも「自分は何のために働くのか」と悩む社内ニートの存在も問題視されている。団塊世代の引退や少子化の加速。遠からず労働者不足の時代が来るのは確実だ。そのため、若手社員の就業満足度を上げることは社員全体の労働意欲の向上につながり、結果として人材面で安定した企業となるだろう。

　どうすれば若手社員の満足度は高まり、そのギャップが解決するのか。そのための人事制度とはどのようなものなのか。それが本研究のテーマだ。その方法として、

(1) 先行研究、参考文献、および政府・民間シンクタンク等によるデータからの現状把握を行なう。
(2) 独自の雇用制度で若手社員の活性化に取り組み、成果を上げている企業の事例研究をする。
(3) (2)で挙げた企業を訪問し、若手社員の活性化を意図した人事制度の期待した効果と、実際に導入した結果の差を分析する。そこからその効果・課題を探る。

　以上のことから若手社員を活性化させるために今何が求められているかを探る。そして若手が活性化し早期離職を減らす人事制度を立案する。

✓3 大学院における研究が、その後のH・Tさんのキャリアに好影響を与えているようです。現在は中堅社員として大いに頑張っておられます。

3. 修了後の計画

「日本を再び活気のある国にすること」、それが私のキャリアゴールだ。そこで私は経営者となり、経済から再び日本の活気を盛り上げていきたい。

　そのため、貴研究科では研究テーマである「ヒト」を核とした自分の経営ポリシーを確立する。そして卒業後は●●株式会社に戻り経営企画部で企業経営の実務に携わり、管理能力をさらに高めたい。そしてその後40代で経営者となり、まずは●●株式会社をより発展させることで、社会に刺激を与え続ける企業にする。そしてその後は後身を育てるため、教育にも積極的にアプローチし、次の経営者たちを育てることを志している。[4]

---

[4] 参考文献をつければいっそうよかったと思います。なお早期離職の問題に関しては、次の著書を読むと参考になります。
　・金井壽宏著『働くひとのためのキャリア・デザイン』PHP新書、2002年

一橋大学大学院
商学研究科
経営学修士コース

B・N（31歳）

> **研究計画書を読むにあたって**
>
> B・Nさんは、理工学部情報学科を卒業して損害保険会社の系列会社にシステムエンジニアとして入社し、その後外資のビジネスコンサルティング会社に移りました。この会社で働いていくためにはITの知識だけでは駄目で、経営学についての全般的知識が必要でした。そこでB・Nさんは、経営学を体系的に学ぶべく、この分野で著名な教授陣を抱えているこの一橋大学MBAで学ぶことを決めました。

学習題目「効果的な情報システムの導入」

1. 志望動機

　システムエンジニアを経てコンサルティング会社に入社して感じたことは、技術だけ知っていても駄目だということだ。何のためにその技術を使うか、ということのほうが重要になっている。転職後は、技術以外で経営に関する勉強を中心に行なうようになった。しかしプロジェクトに入ると、通勤時間、帰宅後のわずかな時間、土日しか勉強できず、もっと勉強をしたいという意欲が高まってきた。そこで、経営に関して体系的に、しかも集中して学べるビジネススクールに興味を持つに至った。

貴研究科への出願理由は、教授、学生共に優秀な人材が集まっていることと、学生の人数が少ないため、その分教授や他の学生と深い付き合いができ、高いレベルでお互いを高めていけると思ったからだ。そのような環境で勉強できれば、体系的に集中して経営学を勉強したいという私の目的を、効率よく実現できると考えている。

2. 入学後の計画

　弊社は会計分野に強く、会計関連のプロジェクトが多く立ち上がっている。私も管理会計のデータウェアハウス導入のプロジェクトに参画していたが、そこで導入されたシステム（特に情報系システムといわれる蓄積されたデータをもとに分析を行なうもの）が本当に企業にとって役に立っているものなのか、疑問を感じるようになった。プロジェクトではシステムの導入までは完全にサポートしているが、その後どのように使用されているか見る機会は少ない。せっかく高いお金を出して新しいシステムを導入しても、ほとんど使われなくなってしまうものも存在する。そのようなことは、ユーザー企業にとっても私たちにとっても非常に残念である。なぜそのようなことが起きるのであろうか。情報システムの使い勝手が悪いからか、トップからのコミットメントがないのか、分析手法が複雑すぎるのか、そもそもエンドユーザーが使いたいと思っているシステムを情報システム部門がつくっていないのか、などさまざまな要因に考えをめぐらせた。そこで、企業にとって効果的な情報システムを導入するにはどうすればいいのか、システム的な要因の他に大きく働いている要因があるのかについて研究をしていきたい。以下のステップで行ないたい。
(1) 会計を中心に、戦略、組織論、企業分析等の基礎を身につける。
(2) (1)の知識をもとに、どのような情報システムをどのように企業

---

1 無理のない形でまとめられています。

に導入すればよいか、その期待効果を含め業界別に研究する。
(3) 企業を訪問し、情報システムの期待効果と実際に導入した後の効果の差異を分析する。そこから、効果的な情報システムを導入するにはどんな要素が必要かを研究する。

3. 修了後の計画

　貴研究科の修士課程を修了することで、経営全般についての知識とテクノロジーについての知識を両方兼ね備えた人材となることを想定している。*2* コンサルティング会社でも、経営に関する知識のみ強い人材、テクノロジーに関してのみ強い人材は多くいるが、両方を兼ね備えた人材は少ない。経営の知識しか持っていない場合、システムに落としきれないトップダウンな戦略を提案してしまったり、逆にテクノロジーの知識しか持っていない場合、ある技術の範囲内でのボトムアップ的な提案しかできなくなる可能性がある。両方を兼ね備えることが、私の強みとなることは言うまでもない。

　卒業後は復職し、貴研究科で得た知識と経験をもとにクライアントの業務分析、最適な経営手法・戦略の提案（主に管理会計に関する部分）およびその戦略にあった情報システムの提案を行なう。*3* また提案が受け入れられた場合、導入に至るまでのクライアントのサポートおよびマネジャーとしてプロジェクトをリードしていきたい。

✍ 2　B・Nさんは将来のキャリアアップのため、経営全般とテクノロジーの両方を兼ね備えた人材になりたいと念願しています。大学院に入ったら2年間は休職しますが、修了後はまた復職したいと願っています。そのことがキチンを述べられています。

✍ 3　大学院修了後のキャリアプランについて、しっかり記載されていました。

一橋大学大学院
商学研究科
経営学修士コース

Y・K（22歳）

> **研究計画書を読むにあたって**
> 　Y・Kさんは都内にある大学の法学部法律学科に所属している4年生です。一般企業から内定を得ましたが、将来は国際的に活躍するビジネスマンになりたいと考え、卒業と同時にビジネススクールに入学することを決意しました。基礎学力のある青年で、将来が楽しみです。

学習題目「文化的アプローチによる組織マネジメント」

1. 志望動機

　組織を有効にリードしていくために必要なマネジメントについての確固たる知識と、それを実践的に使える力を得たいと考え貴校を志望した。私の親類には企業の社長や大学の学長など、組織のトップに立ち、組織を引っ張る立場の人が多く、幼少の頃からそのような人たちと接するなかで「いつか自分も彼らのように第一線で組織を引っ張っていきたい」という想いが常にあった。また、私は中学・高校・大学と約10年間にわたって大きな音楽団体に所属し、そこで全体ないし中規模のセクションを統率するポジションを務めてきた。100名を超す組織を運営していくなかで意見の対立を調整したり、旧態依然とした体質に対して組織変革に挑戦したりとさまざまな運営上の課題を経

験してきた。私はこの経験を社会で発展させつつ活かしていきたいと考えていた。しかし、社会においてこの経験を活かし、多くのプロ達と渡り合うためには専門的な知識の裏づけがないと通用しないと考えたのだが、<u>私は大学では法律を専攻しており、経営学を本格的に学ぶ機会は残念ながらなかった。そこで、経営学を体系的に学べるビジネススクールを志すに至った。</u>/

　なかでも貴校を志望する理由は、徹底した少人数制を採用しているところに魅力を感じたからである。少人数であれば1人当たりの責任が大きくなり、それに挑戦していくことで大きな成長を見込める。また少人数であることによって周囲とのコミュニケーションが非常に濃いものとなる。それによって多くの優秀な学生、なかには社会人としてのキャリアを積んでいる方もおり、その方たちからも多くのことを学ぶことができると考えている。

2. 入学後の計画

　私は貴校において、世界中に広がった企業のマネジメントについて地域性がどの程度密接に関係しているのか、地域ごとに合ったマネジメント方法としてどのようなものがあるのかを研究したい。

/1　通常MBA大学院に入るためには、大学卒業後3年以上の社会人経験を課している所が多いのですが、一橋大学と慶應義塾大学のMBAは、いわゆる現役生であっても受験が可能です。これまで私の学院で現役生から直接MBAを目指された方は、海外での語学学習経験のある経営者やビジネス・エリートの子弟が多かったように思います。MBAは実務経営学を学ぶ大学院であるため、たとえ合格したとしても、勤務経験のない現役生にとって非常に厳しいものがありますが、将来のビジネスリーダーとなるべく大いに頑張っていただきたいと思います。

近年、グローバル化・ボーダーレス化が急速に進み、日本企業は長引く不況や人件費高などの理由から、海外に進出もしくは逃避するケースが激増した。また、TPP交渉参加など門戸を広げることでグローバル化は今にも増して進み、日本はさらなる国際化を迫られることになるだろう。それゆえ、企業が抱える経営課題もますます多様化・国際化すると考える。実際にそれを示す例として中小企業庁は、現在海外展開している中小企業の約半数が、現地の人材確保や育成、労務管理、現地法制度や規則の不明瞭さを直面する課題として挙げている、と報告している。また、それを理由に撤退する企業も多い。これは文化的認識の差異やそれに対する意識の欠如が現地文化との摩擦を起こし、上記のような現状をつくり出しているのではなかろうか。そこで、経営学には多くの組織管理の手法があるが、本当にそれらが複雑多様化したこの世界に最適解をもたらすのか、という疑問を私は抱いた。最適解を導くには、宗教や習慣など地域性や文化を考慮に入れて組織をマネジメントしていく必要があるのではないかと考えた。これは私の大学3年次における4カ月のアメリカ滞在のなかで、文化や価値観の多様性に衝撃を受けたことから思い至った。たとえば仕事に対する姿勢1つ取っても考え方は文化によって大きな開きがあり、実際のビジネスの現場において文化的な価値観の差の影響を受けることは免れないと思う。それを乗り越えて適切なマネジメントをするには、伝統的に研究されている管理手法を大切にして、さらにそこから文化的な適合を探って派生させていくことが必要であると考える。私は貴校において、この「文化的アプローチによる組織マネジメント」を以下の方法で研究していきたい。

(1) 先行研究や参考文献を分析し、現在世界で研究されている経営管理方法を把握する。
(2) グローバルに展開している企業が実際にどのような経営管理方法を導入しているかを把握し、そこで起きている問題について文化的要素を含めた多角的に検討された解決案をつくる。

3. 卒業後の計画

　私は貴校で学んだことを知識や経験を活かしてグローバルに大きなビジネスを統率したいと考えている。なかでも商社ビジネスに特に興味を持っている。商社ビジネスは事業投資先に経営者として派遣されたり、世界中に広がったいわゆる川上から川下までのバリューチェーンを広い視野でマネジメントする能力を求められることから、貴校での研究を最大限活かせ、かつ私が幼少より抱いていた想いを実現できるフィールドであると考えたからである。

4. 参考資料

・中小企業庁『海外展開成功のためのリスク事例集』2013年

／2　実務経験がないために研究テーマの具体性には乏しいものがありますが、背伸びせずに自分の気持ちを素直に述べていました。

／3　大学院修了後のY・Kさんの希望は、大手商社に就職して、海外で活躍することです。大いに期待しています。

一橋大学大学院
商学研究科
経営学修士コース

T・D（26歳）

> **研究計画書を読むにあたって**
>
> 　T・Dさんは都内にある大学の経済学部を卒業した後、総合電機メーカー関連の情報システム会社に入社しました。学生時代にインターンとして商品企画をしたことがあったため、会社では営業企画部に配属されました。ここで企画の立て方や運営の仕方や交渉の仕方などを学んだそうです。入社して2年でこの会社を辞め、自分で商品戦略コンサルタント会社を起業しました。大学院で研究したいことは、マーケティングに関する専門知識の学習と構築にあります。

学習題目「マーケティング成果を客観的に把握できる指標づくり」

1. 今までの職歴・地位

　●●大学卒業後、●●株式会社に入社。有限会社●●における3年間の商品企画経験（インターン）が認められ、営業企画部に配属される。イベントの企画・運営責任者やアライアンス企業との交渉、取締役との営業戦略立案まで幅広く従事した。行動力を活かし極力現場に赴くことで、営業担当者が抱える問題を肌で感じることができた。企画力、交渉力、課題発見能力を身につけた。

　現在は●●を個人事業として開業し、商品戦略コンサルティングを

行なっている。契約先企業にはオフィスに席を用意してもらい、そこで業務を行なうスタイルを採っている。小規模ゆえの柔軟性と機動力を売りにするためだ。顧客の実情に合わせたサービスができるうえ、私自身業務知識を素早く吸収できる。諮問的立場で契約を継続する企業が多く、顧客満足は良好である。

2. 志望動機

「企業の競争優位をマーケティングの見地から支援し、確実に成果を残せる人材になりたい」。この思いから貴研究科を志望する。

　マーケティング活動の「成果」は顧客の購買に影響を与えて自社の利益に貢献することだと考える。だが投資に対する成果を経営的視点から測定する方法が十分に整備されているとは言い難い。利益に占める貢献度を明確に提示できなければ、経営者の意志決定は非常に困難である。事実、マーケティング費用を「投資」ではなく「経費」と考えている経営者は多い。だから「マーケティング・プロセスを可視化し、貢献度を経営的視点から社内外に提示する」ことが必要である。そうすることで経営者は期待値を定め、貢献度の基準を明確にでき、マーケティングチームに権限を委譲し、投資の実施方法について適切な意思決定を行なわせることが可能になる。また経営者側の意思決定として単にどのマーケティング戦略を選択するかにとどまらず、どのような形でどの程度まで投資するのかの判断も可能になる。結果、マーケティング活動を企業競争力強化に直結できると考える。[1]

　私がこの責務を果たすには、経営全般に関する幅広い知識と構想力に加え、実践力を身につけなければならない。そのうえでマーケティング成果を客観的に把握できる指標について学ぶ必要性を感じた。[2]これがMBA取得を目指す理由だ。

　では、なぜ貴研究科なのか。「思考と経験の相互作用により成果を描く構想力を身につける」という教育理念に深く共感したからだ。経営者に必要なのは最新の理論体系ではない。いつの時代にあっても進

むべき方向を見誤らず、的確に意志決定できるだけの思考力と全ステークホルダーに夢を提示する構想力が何よりも重要だ。「いかに学ぶか」を重視したい私には貴研究科の理念が最も合致する。同じくこの理念を求める同志との切磋琢磨を通じて、修了後も相互成長を助長し会える関係を構築したい。

3. 入学後の計画

　BRICsやNEXT11が国際市場で台頭し、安価な労働資本を武器に同質化競争をさらに加速させている。同質化競争が特に激しい製造業界で日本企業が生き残るためには、商品の本源価値の追求に加え、付加価値を開発し続けていくしかない。そのためには顧客との接点を管理するマーケティングの有効性を高めることは喫緊の課題だ。この課

1 　T・Dさんはこれまでの経験から、経営者の多くがマーケティング費用を「投資」ではなく「経費」と捉えていることを非常に残念に思っています。マーケティング・プロセスを顧客である経営者に具体的に説明して、その重要性を理解してもらう必要性を強く感じています。自身の経験から来る問題意識が具体的に述べられ、テーマの重要性を読み手に印象づけています。

　またT・Dさんのキャリアと研究テーマが完全に一致しており、計画書の信憑性を高める結果になっています。

2 　T・Dさんの問題意識は、マーケティングに要した費用を客観的に数値化できないという点にあります。商品戦略コンサルタントの貢献度も客観化できないことになるため、T・Dさんにとっては深刻な問題なのです。T・Dさんの仕事の重要性を顧客に理解させるためには、「マーケティング成果の客観的理解」が必要です。これは緊要性がある研究テーマであり、この点に説得力があります。

題を解決するには、優先度の高い施策を見極め、効果的に経営資源を投入していかなければならない。この際必要となるのが「マーケティング成果を客観的に把握できる指標」である。この指標を考えるうえで問題となるのが、「成果」をどう定義するのか、誰の視点に合わせた指標とするのか、顧客価値などマーケティング特有の要素をどのように取り込むのかだと考えている。さまざまな指標の可能性を念頭に置いて、日本のビジネス環境に適合する指標を見出したい。

　研究対象は、製造業で同質化競争が特に激しい生活家電業界に絞る。
(1) 先行研究、参考文献から現状把握を行なう。
(2) アンケートを実施し、マーケティング成果を図る独自指標を導入している企業の割合を測定する。
(3) 導入企業を選定し、マーケティングおよび会計担当者にヒアリングを実施する。
(4) 現在導入している指標のメリット、デメリットをまとめる。
(5) メリットをさらに強化し、デメリットを克服する指標を探る。

✐3　先行研究や参考文献があれば、2、3示したほうがよかったでしょう。MBAはわずか2年間しかなく、実際に論文に専念できる期間は2年目の夏以降の半年間程度です。すでにある先行研究に沿いながら、自身が抱いているテーマを深化させていく必要があります。

　アンケートを実施するとしていますが、実際にアンケート調査を実施できる会社があるかどうか非常に疑問です。ヒアリングについても、実際には難しいのではないでしょうか。

　アンケート調査は安易に使われやすいのですが、実際に信憑性のあるデータを取ることは非常に難しいものです。統計のとり方や分析手法の問題もあります。これらのことを十分検討してみる必要があります。

4. 修了後の計画

　貴研究科で培った総合的マネジメント能力と深い専門能力、これまでの経験を活かして、マーケティング戦略コンサルタントの職に就きたい。

　コンサルタントは職務に対して人材を割り当てる傾向が強く、ミッションが明確化されているので、プロとして専門能力をさらに深化できると思うからだ。研究成果を普及させ、我が国の競争力強化を後押しするうえでも非常に有効な職業だと考えている。また、研究成果を業務に取り入れることで従来指標と新指標の導入効果を測定し、新指標が経営にもたらす影響を複数の業界で継続的に追求できる。課題を抽出し、再考を重ねることで、最終的には業界横断的な統一指標を見出したい。

　<u>10年間戦略系コンサルティングファームで従事した後、自ら同業界で起業したいと考えている。10年とする根拠は、自身のキャリアを、20代は挑戦、30代は養成・深化、40代は社会還元、50代は再挑戦の期間と位置づけているからだ。</u>*4*

---

4 この研究計画書は、限られた字数のなかで（1）職歴、（2）志望動機、（3）入学後の計画、（4）修了後の計画について非常にコンパクトにまとめられている印象を与えます。
次の論文は、マーケティングと競争戦略の分野では必読書です。ご参考までに列挙しておきます。
・マイケル・E・ポーター著、土岐坤・小野寺武夫・中辻万治訳『グローバル企業の競争戦略』ダイヤモンド社、1989年
・竹内弘高・マイケル・E・ポーター著「国際マーケティングと競争戦略―新しい考え方と日本企業の現状」伊丹敬之・伊藤元重・加護野忠男編『日本の企業システム第2巻・組織と戦略』有斐閣、1993年

Column　一橋大学大学院

　一橋大学のMBAの入学試験は、例年9月の第1週目の週末と、他と比べて非常に早い時期に行なわれます。出願期間は、毎年8月下旬となっています。

　2次試験は、9月第3週目に「面接」が行なわれます。昼間開講の大学院では、慶應義塾と一橋の両校が代表的なMBA大学院です。両校を併願する受験者も多いはずです。

　日経HRと日本経済新聞社の2社が共同で行なった2013年の「ビジネススクール調査」によりますと、一橋大学MBAは「通ってみたいMBA大学院ランキング」で東日本第3位に選ばれました。「卒業生が優秀」「学費が安い」「専任教員に占める実務経験者の割合が高い」というところが評価されているようです。

　一橋大学MBAの案内には、下記のように書かれています。「本学では、日本のビジネス教育の最前線を開学以来常に走り続けてきた伝統を踏まえ、社会人・高度職業人育成のためのプログラムとして商学研究科に『経営学修士コース（MBAコース）』を設置しました。我々のビジョンは、アメリカのビジネススクールの物まねではなく、それを超えるグローバルに通用する特色ある日本型ビジネススクールを構築することです。本コースでは、現実の企業・産業の複雑な現象に対して深い分析と大きな視野を持つ人材、また本質的な変革と長期構想ができる人材の育成をめざします」。具体的には、（1）体系的に学ぶカリキュラム、（2）多彩な教育内容、（3）少人数ゼミ、（4）経営者マインド育成の環境などを挙げています（試験科目等については、最新の入試要項をご確認ください）。

立教大学大学院
ビジネスデザイン研究科

23

N・S（56歳）

> **研究計画書を読むにあたって**
>
> 　N・Sさんは都内の経営学部を卒業し、電機メーカーに入社します。会社内で順調にキャリアを積んでいきましたが、2012年春になって突如会社の経営危機が明らかになり、会社側から人員削減計画が示されました。このことはN・Sさんにとっては晴天の霹靂でしたが、早期退職に応じることを決めました。
>
> 　友人からのアドバイスもあり熟考した結果、この際思い切って大学院に進んで専門性を磨き、新たな仕事に挑戦することを決意。人生80年時代を生き抜くために、何としても専門知識を習得しようと考えたようです。
>
> 　現在N・Sさんはシステム開発会社に再就職し、仕事に研究に忙しい日々を送っています。大学院での勉強に面白さを大いに見出し、修了後は博士課程に進むことも視野に入れているとのことでした。

1. あなたの実務経験のなかで、仕事上直面した問題を採り上げ、その問題に対してあなたはどのように対処したか。その結果はどうであったか、その結果をどのように評価しているかについて、本研究科への志望動機、および入学後の研究課題と関連づけて述べなさい。

【ワープロまたは手書き　A4横書き　40字×35字。課題エッセイの字数は、各テーマ2000字以上、合計6000字以内】

　●●営業本部の大手法人担当として、A社情報システム部門（部門長）に対し、営業パーソン用のペン入力パソコン「●●」の提案と、キーボードがないパソコン「●●」の提案を実施した。かねてよりA社社長（当時）より「誰でも使えるパソコンを持ってきなさい」との指示を受けていたこともあり、製品のデモンストレーションを開始した瞬間、「これは社長の要望に答えられる製品だ、すぐ購入したい」と、即決で購入が決定した。

　役員システム担当と製品仕様、納入台数、価格、納期の交渉を実施、役員のなかでもトップマネジメント役員（会長、社長、副社長、専務）および秘書用として●●の発注をいただいた。また、初回取引が同社との今後の取引拡大につながるよう、当時携帯情報端末として普及していた携帯端末と●●の間でスケジュール等が連携できるアプリケーションソフトを独自に開発して提供するなど、全社をあげた積極的な対応を行なった。

1　立教のMBA、ビジネスデザイン研究科の試験は、事前にこのような課題文を提出し、面接に臨む方式です。課題文のテーマは①キャリアと大学院の志望動機を結びつけて答えるものと、②事例研究の2つから成り立っています。

　十分な下調べをすれば、自分のキャリアを総括し、大学院での研究テーマを見つけ出すことができるように工夫されています。経営学を学んでいない志望者にも配慮した課題と言えるでしょう。立教のMBAでは、これまで経営に携わってこなかった方でも、基礎から応用までの経営学を学ぶことができ、将来有能なビジネスパーソンに育つようなプログラムが立てられています。

このキーボードのない端末は、A社の全国の主要店舗向け受付端末として配備中で、キーボードが使えない素人でも簡単に入力が可能な、画期的な端末として高い評価を受けていた。
　製品納入後、A社の担当者が着荷検収のため、動作確認を実施。1台目の動作確認で電源をONにした後、動作確認中にハードディスクが停止することが判明した。早速私とサービスマンがA社に伺い、状況を確認した。2台目、3台目も、電源をONにして動作確認を実施したが、同様の故障が再発した。翌日全台数の動作確認を実施したところ、●●すべての製品が同様の不具合を発生する事を確認した。A社担当者より、早急な原因究明と対策を求められた。
　帰社してすぐに上司に報告すると同時に、端末を製造した事業本部に対してレターを発信し、早急な対応を要請した。それから1週間が経過しても、品質部門からは「ハードディスクメーカーに状況確認中」との連絡を受けた。A社は今までまったく取引実績がなく、弊社としてもA社との初回取引は大変重要な案件であることから、再三にわたり早急な原因究明と対策に関する対応について回答を求めた。
　2週間目に入っても、端末製造事業本部品質部門からの連絡はなく、痺れを切らした私は製造のPC事業部長に連絡をして、「今回の取引がA社との初回取引であり、今後の取引拡大につながる大事な商談である」旨を伝え、早急な対応を求めた。同時に技術部門に連絡をして、この製品は誰が設計したのかを聞き出した。
　偶然にも以前他の製品で付き合いのあった課長が設計をしていたことが判明した。本人を探し出し、PC事業部長に伝えた同様の内容（初回取引で今後の取引拡大に重要な商談であること）を伝え、「原因、対策を教えて欲しい」と要請した。しばらくして、設計担当の課長より「誠に申し訳ない、私の設計ミスが原因です」との回答を受けた。
　「その対策を教えて欲しい」と求めると、今回の不具合の原因と対策を語ってくれた。
　その後、正式な原因、対策に関する書面の作成を要請すると共に、

同社担当者に対し、電話にて原因、対策についての打ち合わせ日程を調整した。翌日、端末製造事業本部関係者と共に要請されていた、原因、対策、今後の対応について書面にして提出した。その結果、早期の端末の改修を求められたが、これを実施し、納入した。

　製品を設置後、キーボードが使用できない役員の方が簡単に使いこなし、入力したデータを他の役員の方に送信できることに大変感激し、役員端末として高い評価を頂いた。

　今回の課題を解決したためその後以下の採用につながった。
(1) 役員会議室ペーパーレス液晶モニター会議システム納入（A社本社に設置）
(2) OA用全社デスクトップパソコン液晶モニター納入（国内拠点に設置）
(3) CAD用大型液晶モニターの共同開発
　（●●、●●、●●3社の協業により●●ワークステーションに合った大型液晶モニターを開発し納入）

　このようにメーカーの営業であれば、自社製品販売後の品質不良対応等は数多く経験している。本件を問題として挙げた理由について以下に挙げる。
(1) 決定権者（キーマン）への商品提案が初の商談成立となった。（人脈を活用して情報収集）
(2) 早期に問題を解決することで、その後のビジネス拡大につながった。（課題の早期解決）
(3) ●●の新製品開発プロジェクトチームを参加させ、3社協業により●●の要望に合った新商品を設計し、納入した。（ユーザー目線に合った商品の開発）

　商品を特定し、決定権者を発掘し、課題が発生したときには早期解決により信頼を勝ち取り、ユーザーの要望に合った商品をつくっていく。これらが、さらなる大きなビジネスにつながると確信した。

志望動機

　本研究科で、今まで経験してきた実務と、研究科で修得する理論を融合させて、自己を確立させたい。さらに、多くの多才で専門分野に精通された質の高い教授の下で、さまざまな分野で活躍し、向上心溢れる若くて積極的な学生に刺激を受け、お互いに切磋琢磨しながら研究できる環境は大きな魅力である。貴研究科の学友とチームワークを重視し、意欲的な意見交換、議論を重ねていきたい。

　また、今後の社会貢献活動の一環として、本研究科で修得した知識やネットワークを地域の中小企業のコンサルティングに活かしたいと考えている。

研究課題

　私が勤務していた企業は、19●年、創業者の●●が東京の●●で●●を発明したのが始まりである。常に世の中にないものを生み出してきた。世界初、日本初の製品も多数ある。

　顧客を創造するためには、顧客の要望に合った商品を創出しなければならない。それが達成できるかどうかが、企業の継続、発展に大きく影響すると確信している。

　将来の日本のものづくりの進むべき方向性について、●●のものづくりの歴史を考察し、新たな商品創出のビジネスモデルの構築をテーマとして研究課題としたい。

2. 事業のグローバル展開に際して、たとえば現地の市場ニーズに適合させる企業がある一方で、標準的な製品やサービスをグローバルに展開して実績を上げている企業も見られます。あなたが意思決定者の立場にあるとしたら、どのように考え、どのようにグ

✎ N・Sさんの日々の仕事ぶりが大変具体的に書かれ、読み手を惹きつけます。

ローバルな事業展開を行ないますか。具体的な製品やサービスについての事業活動として論じてください。*3*

課題文

　日本企業のなかで積極的にグローバル展開を行なっている企業として、食品メーカーのキッコーマン、味の素が挙げられる。両社ともに海外で日本市場と同じ商品を販売して成功した企業である。その一方、電機メーカーのように、現地の仕様に合わせて商品企画や生産を行なっているケースがある。

　韓国のサムスンがグローバルに展開する際は、若手社員を数年現地に駐在させてその国の人々の生活様式を学び、そのなかからその国の人々の要求に合致した商品企画を行ない、商品を供給している。他の海外メーカーと比べて最も早くシェアを確保し、売上を図ることに成功した。この戦略を世界に展開することでサムスンの売上拡大は急速に進展し、世界有数の電機メーカーに成長することができた。

　以前、ソニー創業者盛田昭夫氏が「グローカル戦略」（グローバリゼーションとローカライゼーションを組み合わせた造語）を提唱した。企業がグローバル展開する際には、その国の人々が求めている商品企画を行ない、商品供給する必要があることを、すでに20年以上前に指摘している。日本の電機メーカーも同様の海外展開を図っているが、サムスンに追いついていない。

　自動車メーカー、ホンダの大ヒット商品であるスーパーカブは、日本だけでなく全世界にその商品を販売している。すでに発売から50年以上経過しているが、創業者本田宗一郎が設計した仕様をもとに、今も生産を継続している。日本では、蕎麦屋の出前や荷物の運搬等で

3 課題テーマに対して複数の企業の販売戦略を具体的かつ詳細に論じています。N・Sさんの経営眼が非常に的確であることをアピールできています。

大ヒットした。アメリカの場合、進出当初は大型バイクの市場開拓を考えていた。現地調査時にホンダの社員が乗っていたスーパーカブがアメリカ人の興味を引いた。バカンス時の乗り物として売り出し、アメリカでも大ヒット商品となった。ホンダのグローバル戦略は、「小さく産んで、大きく育てる」という戦略である。

具体的には、二輪車の工場を建設し、まず生産・事業拡大が可能かどうかについての判断を行なう。次に四輪工場の建設に進むというものである。

2008年のリーマンショック後、ホンダでは国内工場で生産した四輪の輸出が止まり、在庫過多になり、駐車スペースが確保できない状況に陥った。

しかしながら、二輪車はアジア（東南アジア含む）を中心に販売が好調であり、利益の大部分を稼ぎ出すことができた。

この商品が、50年以上基本仕様を変えずに全世界で売れ続けている理由は何か。以下3つが挙げられる。

(1) 高品質であること。（長年設計を変更せずに生産しているため、品質不良が少ない）
(2) 女性でも簡単に運転できること。（蕎麦屋の店員が出前時に片手で運転可能）
(3) 安価なこと。（長年生産しているため、製品原価が安い）

電機メーカーに勤務し、グローバル事業推進チームのチーフである私は、冷蔵庫のグローバル事業展開を考えた。

1950年代、白黒テレビ、洗濯機、冷蔵庫の家電3品目が「三種の神器」として宣伝された。日本経済が急成長した時期に、これら3品目の家電品は庶民でも手が届く商品であった。新しい生活の象徴として全国に普及した。

50年以上の長期間生産され続けている冷蔵庫は旧来の技術をもとに設計されているが、品質が大変安定している。電源をONにすれば動作し、誰でも簡単に使用ができる。長年製造しているため、部品も

安価に購入できる。製造コストが抑えられ、製造原価は安く、商品価格は安価に設定できるという特徴を持っている。

この商品をどの地域で販売すればよいのか、人口の多い中国、インド、東南アジアが候補として挙げられた。このなかで、日本の近隣に位置し、親日的でかつ政治、経済が安定しており、人口が多く、所得水準が上昇している、等の点から比較検討すると、インドネシアへの進出が最も妥当であるとの結論が出た。

私を中心とするグローバル事業推進チームは、インドネシア進出のロードマップを作製した。社内決裁の後、最初にインドネシアに駐在員を送り込み、現地の人と生活を共にして、生活習慣を把握させることにした。さらに以下の（1）～（5）の情報収集を依頼した。

（1）現在日本で商品化している冷蔵庫を現地でそのまま使用できるか。
（2）追加、削除すべき機能はあるのか。
（3）競合他社の商品動向（機能、価格設定含む）を確認。
（4）現地の要望に合った商品企画を行なう。
（5）商品販売ルート、代理店にもヒアリングを実施。

同時に、工場建設のための場所の選定を行ない、工場を建設した。実際に商品を販売していただく代理店の開拓をして売買契約の交渉を実施。商品売価の決定と商品納入価格の条件設定を行なった。

工場建設に伴い、従業員の募集、面接、採用、教育を現地で行なうことで、現地の雇用に大きく貢献し、従業員全員が一体となって働ける工場にするべく慎重に対応していく必要があった。

商品発売日が決定されると、その日程に合わせてプロモーション活動の調整が必要となった。商品は当然インドネシア人が満足する商品として設計されているため、そのポイントを大々的に訴求することによって、発売当初から垂直立ち上げができるほどの爆発的な売上伸長、トップシェア確保の達成が見込めるような仕掛けを行なった。その結果、過去に例を見ないほどの大成功となった。グローバル事業推進チームはこの事例を参考に更なる事業展開を行なうことになった。

Column　立教大学大学院

立教大学大学院 21 世紀ビジネスデザイン研究科は新たな価値を創造できるビジネスクリエーターを育てることを教育目的にしています。幅のある専門知識と総合力を持つ「ゼネラリストのスペシャリスト」の育成を目指した夜間開講制の MBA です。

入試は、事前に提出する「課題文」と「面接」が課され、小論文の試験はありません。

毎年、優れた大学院生の修士論文を何本か選び、1 冊にまとめて出版しています。丁寧な教育方針と言えるでしょう（試験科目等は最新の入試要項をご確認ください）。

法政大学専門職大学院
イノベーション・マネジメント研究科
イノベーション・マネジメント専攻

O・Y（36歳）

> **研究計画書を読むにあたって**
>
> O・Yさんは、都内にある大学の商学部経営学科を卒業後、メーカー系IT商社の会社に入社しました。会社において有用な人材になるためにMBAに入学することを決意します。仕事と大学院を両立させるため、法政大学専門職大学院イノベーション・マネジメント研究科を選びました。

プロジェクト実施計画書

1. はじめに

　自部門でつくり上げた中期計画および事業戦略を成し遂げるためにも、自らが変革創造を実行できる人材になり自社の成長を牽引していきたいと考えている。そのためには、組織のなかにあっても外部にいるような極めて高い客観性と、新たな成長の軌跡を描くための創造性を身につける必要がある。私は、貴研究科において、経営を体系的に

/1 O・Yさんは、勤務先のMBA派遣制度に見事選ばれました。一般的に企業派遣でMBAに入学する場合、MBAでの研究と所属する会社の業績を直結させなければなりません。

学ぶことはもちろんのこと、プロジェクト・メソッドを通じて、新たな事業の可能性と実現性を判断する力を養うことで<u>自社に投資価値があるビジネスプランを具現化し価値提供へとつなげていきたい。</u>*1*

2. プロジェクト名（ビジネスプラン）

　　●●における第2の収益源の確立

3. プロジェクト選定のバックグラウンド

　<u>昨今の経済不況の影響を受け、●●も全社的に苦戦を強いられている。円高の影響や競合他社との価格競争の波にさらされ、これまで事業の柱としてきたA事業は衰退傾向にある。●●に歯止めがかからない状況にある。</u>このような状況を脱すべく、大手市場のお客様を対象に、成長事業としてB事業を立ち上げたが、下記のような財務上のリスクを抱えている。
① <u>B事業は成長傾向にあるが、その成長のスピードがA事業の衰退スピードに追いつかない。</u>
② <u>A事業の利益率に比べ、B事業の利益率は低い。</u>
　<u>一方で、中堅・中小企業（SMB）市場におけるIT投資額の増加傾向やクラウドコンピューティングの普及など、B事業の追い風となる要因もある。</u>*2*

4. 競合動向とベンチマーク

　A事業において最大の競合である●●も、B事業拡大に舵を切り始めている。しかし、A領域でダントツの収益性を誇るチャンピオン

---

2 現在の会社の現状を詳細に述べています。

は、株式会社●●である。大手市場では競争が激しく飽和状態のA事業であるが、●●は三大都市圏のSMB市場にターゲットを絞り、低額な●●から●●、高額な●●まで、広範囲にわたる価値をワンストップで提供している。これは言い換えれば、お客様にとってのホームドクターのような存在であり、オフィスに困った事象があればどんなことでも、まず●●に相談するというような信頼関係を構築していると言える。そのための顧客カバレッジ体制や商材の品揃え、営業評価方法などについては見習うべきものがある。私は、SMB市場のチャンピオンである●●にチャレンジし、チャンピオンをある程度模倣することで、●●とシェアを二分した寡占企業を目指したいと考えている。

5. B事業のコンセプトと現状認識

　私は、「SMB市場をターゲットにした●●への変革」をコンセプトに掲げ、B事業の企画・推進に寄与したいと考えている。しかし、●●にとってのSMB市場におけるB事業は、内部保留する自社のケイパビリティがないため、現業の延長ではなく、多角化戦略であることを以下の二点が意味している。よって、採算性を得るのは容易ではないと認識している。
① カバーしていなかった市場をカバーすること。
② 扱っていなかった商材と、扱っていたが消費されていなかった商材を提案すること。

6. B事業の重要成功要因（KFS）

　B事業を成功へ導く要因について、下記のように考えている。
① お客様のオフィスのお困りごとすべてに応えることを提供価値とする。協力企業を精査し取扱商品の品揃えを増やす。また仕入れ先を少数に絞り込みロットを増やすことで価格競争力を高める。

② 採算性の高い重点サービス（提供価値）の設定と専門部隊を設置する。●●などの構築を手掛けることによって、利益率の高い●●サービス費で利益を得る。
③ IT保守領域を拡大し、A事業のストックビジネスに代替する定額保守の仕組みを構築する。
④ ターゲットは、すでに●●を利用しているお客様を基盤とし、オフィスにおけるIT投資のすべてを獲得する。順次、新規のお客様を対象に事業拡大を図る。
⑤ 案件規模が少額であることが予想されるため、インターネットや電話での営業など、多様なリーチ手段を検討し、採算性の高い最適な営業体制を構築する。

7. お客様にとっての●●

　大手市場とSMB市場では、IT投資に関する考え方に違いがある。たとえば、大手企業は「投資」という考え方に対して、中小企業は「経費」として考えている。大手企業にはIT専門家がいるが、中小企業は兼任者がほとんどである。このようなSMB市場の特性を踏まえて、お客様のお困りのIT運用に関わる問題をワンストップで受け止め、負担を大幅に軽減することで、●●がお客様にとっての「かけがえのないパートナー」という存在に近づけると認識している。

8. 最後に

　前述したアイディアは、「どれほどの収益性が見込めるのか」、また「どれだけの投資が必要になるのか」など、未検証である。貴研究科において、教授陣のご指導をいただきつつ、その実現性を確認し、磨きをかけていきたいと考えている。

第5章
その他大学院合格実例集

25. 筑波大学大学院 ビジネス科学研究科 企業法学専攻 I・K
24. 筑波大学大学院 ビジネス科学研究科 企業法学専攻 A・R
27. 青山学院大学大学院 会計プロフェッション研究科
　　会計プロフェッション専攻 K・S
　　　Column　青山学院大学大学院
28. 文京学院大学大学院 経営学研究科 経営学専攻
　　税務マネジメントコース K・M
29. 専修大学大学院 法学研究科 公法学（税法）専攻 N・W
30. 国士舘大学大学院 法学研究科 税法専攻 K・K
31. 日本大学大学院 法学研究科 公法学専攻（税法）K・Y
　　　Column　会計系大学院
32. 筑波大学大学院 人間総合科学研究科
　　生涯発達専攻カウンセリングコース M・K
33. 聖徳大学大学院 臨床心理学研究科 臨床心理学専攻 I・H
34. 早稲田大学大学院 公共経営研究科 W・M
35. 法政大学大学院 政策科学研究科
　　政策科学専攻 地域・コミュニティ政策プログラム T・W
36. 早稲田大学大学院 社会科学研究科 地球社会論専攻 H・D
37. 横浜国立大学大学院 国際社会科学研究科
　　国際関係法専攻（開発協力コース）A・Y
　　　Column　国際協力系大学院
38. 青山学院大学大学院 国際政治経済学研究科
　　国際コミュニケーション専攻 T・T
39. 東洋大学大学院 福祉社会デザイン研究科
　　社会福祉学専攻 S・M
40. 日本大学大学院 法学研究科 私法学（労働法）専攻 S・N

筑波大学大学院
ビジネス科学研究科
企業法学専攻

I・K（44歳）

研究計画書を読むにあたって

　I・Kさんは都内大学の法学部法律学科を卒業し、その後父親が経営する税理士事務所で働くことになりました。税理士試験の税法一部科目にはすでに合格しましたが、いまだ全科目に合格しておらず、このため大学院法学研究科で税法を専攻して税理士になろうと考えました。

　仕事と研究が両立できる夜間の大学院を探した結果、筑波大学大学院ビジネス科学研究科企業法学専攻に合格することができました。税理士業務に精通しており、資質の高い社会人です。筑波大学大学院は最適であったと思います。

研究テーマ　「同族会社等の行為又は計算の否認等（所得税法第157条）の適用範囲」

　私は会計事務所に勤務し、税理士補助としていわゆる同族会社に関する税務に携わってきた。同族会社とは、少数の株主や出資者に株式や出資が集中している会社をいう。

　実務において、「同族会社の特殊性」ゆえに、同族会社等の行為又は計算の否認等（所得税法第157条）の適用が問題となることがある。なかでも不動産管理会社（同族会社）と個人との取引への同規定の適用が問題となる場合、課税庁との見解の相違が生じることがあるか

ら、私にとって当該規定の適用範囲について考察することの意義は大きい。

不動産貸付業を営む個人が、不動産管理会社（同族会社）を設立し、その会社に管理業務を行なわせる形態が存在する。こうした不動産管理会社は、契約形態の違いにより通常（1）管理料（管理委託）方式と（2）一括転貸方式とに区分される。管理料（管理委託）方式とは不動産所有者たる個人が不動産管理会社に管理料を支払う方式（以下、（1）のケース）であり、一括転貸方式とは、不動産管理会社が個人から不動産を賃借し、第三者に転貸する方式（以下、（2）のケース）である。

こうした不動産管理会社（同族会社）は日本に数多く存在し、家族を役員や従業員と見なして報酬・給与を支払っており、実質的に個人事業と変わらないと言われている。これらは少数の株主によって支配されていて、所有と経営が分離していない。そのため、いわゆるお手盛りによる取引や家族間での所得の分散を図ることができ、税負担を減少させやすい傾向にある。そこで、国民の担税力に応じた課税の負担（課税の公平）の実現の見地から、税負担を不当に減少させることを防止するために、同族会社等の行為又は計算の否認等（所得税法第157条）の規定が設けられている。この規定の特徴は、税務署長が恣意的と思われる取引を「通常の取引」に引き直して課税する権限を有している点であるが、「不当に減少」という不確定概念が用いられており、その適用範囲は必ずしも明確とは言えない。

---

1 同族会社の租税回避の問題を詳細に述べています。税法上明確な論争点を取り上げることは非常に意義のあることです。この問題については、金子宏著『租税法(第19版)』(弘文堂、2014年)と八ッ尾順一著『租税回避の事例研究(第5訂)』(清文社、2011年)が参考になるでしょう。

2 現在扱っている業務と研究が一致していて、説得力があります。

不動産管理会社との取引における「通常の取引」は、当該管理業務に見合う適正な管理料（管理料相当額）の授受を意味する。通常、課税庁は、類似のマンション等の管理料の平均値から適正な管理料を算定し、この適正な管理料を上回る金額を、不動産所得の金額の計算上必要経費に算入することを否認し、所得税額の増額更正処分をすると主張するが、その際に実際に授受された管理料（管理料相当額）と適正な管理料との乖離が問題となる。

　この適正な管理料との乖離の程度を判断する際に対象とされるのは、(1)のケースでは不動産所有者が管理会社に支払う管理料であり、(2)のケースでは不動産管理会社に帰属する対外的な家賃収入と、会社が個人に支払う賃借料の差額（管理料相当額）である。

　ここで疑問となるのは、課税庁の示す適正な管理料（管理料相当額）を少しでも上回れば、直ちに所得税法157条により増額更正処分の対象となるのかという点である。これは、同規定の「不当に減少」すなわち「不当性」の判断基準について、明確な基準が示されていないために問題になる。

　この点について判例では、「同族会社の行為又は計算が『所得税の負担を不当に減少させる結果となるとみとめられる』かどうかは、専ら経済的、実質的見地において当該行為又は計算が通常の経済人の行為として不合理、不自然なものと認められるかどうかを基準として判断すべきである」としている。

　確かに、管理実態の伴わない不動産管理会社に著しく高額な管理料を支払っている場合等は、通常の経済人の行為として不合理、不自然であり、課税の公平の見地から是正されるべきである。この場合は、むしろ必要経費性そのものが疑われる。

　しかし、適正な管理料（管理料相当額）と乖離した場合であっても、不動産管理会社（同族会社）が行なった管理業務が実態を伴っていて、社会通念上許容される正当理由により、適正な額（管理料相当額）を上回る管理料の授受が行なわれている場合には、「通常の経済人の行為として不合理、不自然なもの」とは認められない場合もあ

る。すなわち、不当ではあるが違法とは言えない場合（グレーゾーン）も存在する。

　また、平成元年4月25日裁決は「その乖離は、画一的な線を引くことなく、具体的事案ごとに判断すべきものと解される。」としていることからも、「不当に」は、適正な管理料（管理料相当額）と相当程度の開きを許容していると解すべきではないだろうか。

　ただ、一定程度の乖離は許容されると考えても、適正な管理料（管理料相当額）に対してどの程度乖離した場合に「不当に減少」となり、違法との評価を受けて否認されるのかについては、個別具体的な判断によることになる。その際にどのような要素を考慮すべきか検討したい。

　また、この点については注目すべき関連事項が存在する。裁判事例では、個人が不動産管理会社から役員報酬を受けた際に給与所得として課税されている事実や、家族等も給与の支払いを受けた際に所得税を負担している事実、および管理会社が負担したであろう法人税の有無については、一切考慮する必要がないと判示されている。

　こうした要素を捨象して考えることが本当に妥当なのであろうか。「現代社会における合理的経済人にとって、税負担を考慮することなく法的手段、形式を選択することこそ経済原則に反するものであり、何らかの意味で税負担を考慮するのがむしろ通常であると考えられる」（名古屋地判平成16年10月28日）とされる。

　そうだとすれば、合理的経済人の行為として、不動産所得の給与所得および法人所得への転換までをすべて考慮したうえで行なわれていると捉えるのが自然であり、「不当性」の判断においてもこうした一連の行為全体を観察すべきではないだろうか。そのように捉えると、捨象すべきとされる要素は、むしろ考慮すべき要素と考えられる。このことについて検討したい。

　ところで、平成18年の改正によって、対応的調整規定（所得税法第157条3項）が創設された。これは、たとえば所得税法上行為計算否認規定の適用により増額更正処分がされた場合には、当該行為計算

と直接関係のある法人税について、反射的な計算をして減額更正をするという趣旨の規定である。この規定が創設されたことが、「不当性」の判断基準に影響を及ぼす可能性についても検討したい。

確かに、そもそも同規定は行為計算否認規定の適用があった場合に実質的に起こっている二重課税を排除すべく創設されたものであり、行為計算否認がなされた結果として調整すれば足り、「不当性」の判断にまで影響を及ぼさないとも考えられる。

ただ、具体的な執行面の問題として、行為計算否認規定の適用前の検討段階で「不当性」ありと判断して増額更正を行ない、その後に対応的調整を行なうとした結果、行為計算否認規定の適用する前後の税負担の総額がほとんど変動を生じない場合において、所得税法第157条の適用を見合わせるケースが生じることも想定される。

そうだとすれば、むしろ「不当性」の判断要素として位置づけることが妥当なのではないかとの疑問が生じるため、検討したい。

不動産管理会社に関する裁決や判例は数多く存在することからも、この問題の難解さや重要性が伺える。そして、研究方法としては、こうした裁決や判例を対象として、当該規定の考え方や問題点を把握し、関連する書籍や論文を通して深く学び、そのうえで、研究テーマに向けて真摯に取り組みたいと考えている。

具体的研究方法としては、まず、裁決や判例の事案について、事案の特殊性を加味しながら詳細に検討したい。その際、当該不動産管理会社（同族会社）の管理業務が客観的に必要なものであったか、また、管理業務が実態を伴ったものであったかという視点で検討したい。この視点により、裁決や裁判事例を2つに類型化したい。つまり（1）管理業務の実体がない、あるいは管理会社自体が形骸化している場合（形骸化事例）と、（2）管理実態はあるものの高額管理料を支払っている等、管理会社を濫用している場合（濫用事例）である。これは、租税法律関係に、安易に一般条項たる法人格否認の法理を持ち込むことを意図するものではない。こうした類型化を試みる意義は、修正申告の可否という点で、所得税法37条と157条の適用範囲を明

確に区分することである。

　すなわち、形骸化事例は管理料支出そのものが所得税法第37条に照らして必要経費性がないと認められる場合であり、修正申告が可能だが、濫用事例は所得税法第157条の適用により更正・決定される場合であり、修正申告は不可能と考えられることから、こうした区分の有用性を検討したい。ただ、形骸化と濫用の区分は不明瞭であるので、詳細な要件の検討が必要だと考える。

　そして濫用事例については、適正な管理料（管理料相当額）との乖離について不動産管理会社の管理度合いと適正管理料との乖離の程度との相関関係に着目して「不当に減少」とされる範囲を詳細に検討したい。さらに、とかく税務において同族会社はネガティブなものとして位置づけられるが、「同族会社の特殊性」を肯定的に捉える要素はないのかという視点でも検討を試みたい。

　研究テーマの検討を通じ否認規定の適用範囲を知ることで、税務上許容される私法領域の理解につなげたい。「不当に減少」とされる範囲を明らかにすることは、同時に税務上許容されうる私法領域を認識するという意味を有し、納税者の予測可能性の担保になると考える。

　今後は大学院の指導教員をはじめとする諸先生方のご指導を受け、しっかりとした土台を構築するため努力したい。そして、大学院で学んだことを土台として、少しでも実務に生かすことができれば幸いである。また、大学院の先輩方や同期生とのコミュニケーションを大切にしながら、少しでも社会に貢献できる人材になれることを目標とし、将来、法曹界の一端を担うことのできる税理士としても活躍できるように頑張りたいと思う。

　私は、強い熱意を持って貴大学院への入学を志望する。

参考文献[3]

・金子宏著『租税法（第17版）』弘文堂、2012年
・川田剛著『節税と租税回避－判例にみる境界線』税務経理協会、

2009年
- 八ツ尾順一著『租税回避の事例研究　5訂版』清文社、2011年
- 村井泰人「同族会社の行為計算否認規定に関する研究―所得税の負担を不当に減少させる結果となる行為又は計算について―」『税務大学校論叢』55号、税務大学校、2007年
- 今村隆「租税回避とは何か」『税務大学校論叢四十周年記念論文集』、税務大学校、2008年
- 増井良啓「所得税法157条を適用して過大不動産管理料の必要経費算入を否定した事例」『租税判例研究』第237回、1990年

以上

✒3　参考文献が多数明記されており、I・Kさんの研究レベルの高さが十分わかります。大学院でしっかり研究したいという決意が読み取れます。

筑波大学大学院
ビジネス科学研究科
企業法学専攻

A・R（38歳）

> **研究計画書を読むにあたって**
>
> 　A・Rさんは国公立大学の経済学部経済学科を卒業した後、大手生保に入社し、その後外資系コンサルティング会社を経て会計事務所に入りました。
>
> 　長年金融と税務に携わってきた実務家として、これまでの課題を整理し、研究を集大成すべく、税法に優れた教授陣を擁する筑波大学のビジネス科学研究科企業法学専攻に入ることを決意しました。金融商品への投資に失敗してキャピタルロスやデフォルト損失を被ったケースに焦点を当てて、租税のあり方を研究したいと思っています。
>
> 　11年間に及ぶ企業経験を踏まえ、かつ現在の会計事務所での仕事に役立つ内容である点が最も評価できます。

1. 研究テーマ

金融商品への投資の失敗に関する個人所得課税のあり方について

2. 研究の背景

(1) 個人のリスク増大に対応する税制構築の重要性
　我が国は、バブル崩壊後、雇用、年金、資産運用などさまざまな面

において個人がリスクを負う自己責任の時代に移行しつつある。

　私は大学卒業後、●●会社に長年勤務した後、外資系コンサルティング会社の金融コンサルタントを経て、2002年より金融分野へのコンサルティング、アウトソーシングサービスを行なっている会計事務所に勤務している。私は●●会社の経理業務経験により、租税政策がビジネスの判断にあたって大きな影響を与えることを幾度となく体験してきたため、税制・税法に関する勉強をする必要性を強く持つようになった。特にバブル崩壊期には、不良債権や外国証券の償却処理等を担当し、投資の損失処理を税務上早期に行なうことはいかに困難であるか身をもって経験した。

　会計事務所においては、資産流動化を中心とする業務に携わるなかで、投資家層の顔ぶれも個人投資家層も徐々にではあるが増えてきていることを肌で感じており、以前法人税で直面した投資の損失処理の問題が今度は個人所得税の問題として現れ始めている。[1]個人所得税制においては、必要経費・家事費の境界線が曖昧であることや、所得の分類の困難さ、分離課税などの特別措置など複雑多岐にわたる要素が加わってくる。

　特に金融商品は近年の一連の規制緩和の動きやIT革命の影響で大きく進化し、従来のカテゴリーに属さないJ-REIT（不動産投資信託）や変額年金保険などの商品や、デリバティブ技術を駆使した商品などが多数出現している。それに伴い、個々の金融商品が内在するリスクも多様化しており、税制はリスクをどのように捉えているのか、またどのようにあるべきなのか、問題意識を持つようになった。[2]

　このような背景の下、昨今話題になっている「二元的所得税論」を

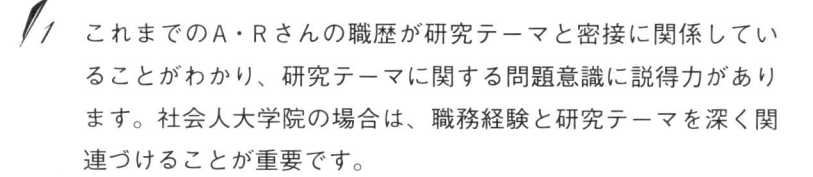

---

[1] これまでのA・Rさんの職歴が研究テーマと密接に関係していることがわかり、研究テーマに関する問題意識に説得力があります。社会人大学院の場合は、職務経験と研究テーマを深く関連づけることが重要です。

めぐる議論にも共鳴を覚えると共に、金融商品への投資の損失をこうむった個人を税制でサポートする必要性を痛感し、このテーマを選択した次第である。

(2) 社会的責任投資 (SRI：Socially Responsible Investment) の動き

　近年「収益性」とは異なる価値観での投資を行なう兆しが現れ始めている。いわゆる「社会的責任投資」の動きである。「収益性」の観点のみで投資を行なうのではなく、社会問題や環境問題の意識の高い個人投資家や年金などの受託を行なっている機関投資家などを中心にその動きは注目され始めている。また、東京大学の西村教授が提唱される「社会投資ファンド」のように、私的な収益性は低いものの、技術開発投資、都市開発投資、環境投資など今後の日本を支えるうえで重要な社会的収益性を持つファンドの動きも注目される（西村、2003）。*3*

　このようなファンドは、その投資特性から短期的にはキャピタルロスが発生することが想定され、税制上どう手当てしていくべきなのか基本理念が必要となってこよう。

　私は●●会社勤務時代に、3年間環境NPOに出向する機会に恵まれ、行政や他業界、NPOに所属する環境意識の高い人々に啓発され、環境と金融のつながりについて問題意識を持つに至り、個人的にもさ

---

2 従来のカテゴリーに属さない金融商品のリスクについての問題を取り上げています。このような従来の手法では解決できない新しい問題について研究の意欲を見せることは、大学院側から高く評価されることでしょう。

3 近年、技術開発投資や環境投資などのように、従来の収益性とは異なる価値観に立った投資について、どのように課税すべきかを研究したいと述べられています。前述のコメント2同様、評価のポイントになるでしょう。

まざまな活動を行なってきた。今後環境分野には投融資の必要性が認識されていながらも、現実に投資採算性の合わない事業への投融資は現在の我が国の民間金融機関では難しいところである。したがって、環境問題の意識の高い個人の理念に訴え、投資を引き出す金融の仕組みをつくるにあたって、経済的・社会的インフラである税をうまく活用できないか、という観点からも、本テーマを選択した。

3. 研究の目的

本研究において、金融商品への投資に関して特に失敗してキャピタルロスやデフォルト損失などをこうむった場合について焦点を当て、租税のあり方について研究することを目的とする。すなわち、リスクテークできる個人社会を築いていくにあたり、投資でこうむった損失を題材に、リスクという問題を税制がどう捉えていくべきなのかを考察することを目的とする。

また、証券・銀行・保険商品の垣根が崩れてきた現在、金融商品間における中立性・公平性の確保の観点から、さらに、キャッシュフローベースで見た中立性からの観点からもこの問題にアプローチしていきたい。さらに、「社会的責任投資」のような従来には見られなかった投資行動に関する損失の意義や個人所得税制での位置づけなどについても研究していきたい。

4. 研究計画

(1) 主要な金融商品投資に伴う損失の現行の個人所得税制の取り扱いの整理

預金、株式、社債、投資信託、保険、証券化商品などを中心に投資損失の現行の所得税法等関連規定上の取り扱い及びその考え方について整理する。ただし、国内法を研究対象とすることから、国際課税問題については、検討の対象外としたい。

(2) 主要な金融商品のリスク特性分析

（1）の主要金融商品に内在するリスク特性について分析を行なう。

(3) キャピタルゲイン・ロス課税の歴史的推移の調査

戦後のシャウプ勧告において、キャピタルゲインの全額課税とキャピタルロスの全額控除という基本理念が現実の我が国の税制でどのように歴史的に推移をしてきたのかを検証する。また、利子・キャピタルゲインの税制のあり方については、古くから貴重な研究が行なわれているが、この論点は古くて新しい論点であろう。

(4) 現行の投資損失に係る個人課税上の問題点整理

以上の検討を踏まえ、個人がリスクテークする社会を築くにあたって、金融商品への投資損失が現行の個人所得税制上どのような問題を抱えているのかを検討する。一方で、金融所得はデリバティブ取引などに見られるように、課税繰り延べの問題、所得の性格づけの変更、所得源泉地変更の問題、利益付け替えの問題等租税回避行為、タックスシェルターを誘発しやすいという指摘（中里、1999）があり、これら租税回避行為を生まないためにもどのような課税のあり方が望ましいのかという観点からも検討する。

(5) 諸外国における投資損失の実態調査

金融商品開発の先進国であるアメリカやイギリスなどの他、1990年代初頭「二元的所得税論」を実際の税制に取り入れたスウェーデン等の北欧諸国における投資の損失の取り扱いについて検討する。特に「二元的所得税制」下では、個人事業者における勤労所得と金融所得の配分について、租税回避行為などを誘発するという問題点の指摘（森信論文、馬場論文）があり、この点について詳しく研究していきたい。

(6) 金融所得課税に向けた個人所得課税のあり方について（提言）

以上の結果を踏まえ、現在の我が国において、個人がリスクテークし、社会資本への投資ができる社会を構築していくにあたって、どのような個人所得課税を行なっていくのが望ましいのか提言を行ないたい。

5. 結語・将来展望

　金融課税問題は古くて新しい問題である。また、金融商品は他の生産要素から発生する所得と比較すれば、「足の速い」性格から、課税当局から性悪説的な捉え方をされることが多く、長年金融業界に身を置く者としてはどことなく歯がゆい気持ちがあったのも事実である。

　私は、会計事務所において、主に資産流動化に必須の特別目的会社（通所SPC）の運営管理というアウトソーシングビジネスを行なっている。流動化案件に伴い、SPCを設立し、会計税務業務のみならず、会社運営や資産管理など一切合財の業務をクライアントのために遂行している。一見地味な業務であるが、このビジネスはまさに今後の我が国を支える新しいファイナンスのインフラであり、このビジネスを大きくすることは日本の金融・資本市場発展に貢献することになると自負している。

　一方で租税も経済的・社会的インフラであり、この問題を正面から捉え、貴大学院で税制・税法について体系的に研究することで、日本の金融インフラを支える税理士として活躍したいと考えている。さらに、前述した「社会的責任投資」のようなビジネス拡大のために一翼を担いたいとも考えている。金融・税・環境の三位一体のあり方につ

▲4　これからの税のあり方を研究し、社会的使命を果たさんとするA・Rさんの強い想いが伝わる文章です。
▲5　参考文献を見れば、その方の研究レベルを推し測ることができます。

いて考え、行動していくことは私の人生のテーマでもある。[4]

6. 参考文献[5]

- 金子宏編著「所得税の理論と課題」木下和夫・金子宏監修『21世紀を支える税制の論理 第2巻』税務経理教会、1996年
- 金子宏著『租税法（第9版）』弘文堂、2003年
- 佐藤英明「投資失敗と所得税」『税務事例研究』73号、2003年
- 田邊昇著『投資ファンドと税制』弘文堂、2002年
- 中里実著『キャッシュフロー・リスク・課税』有斐閣、1999年
- 西村清彦「社会投資促進のためのファンド創設と税制」『税務広報』2003年1月号、中央経済社、2003年
- 馬場義久「国際課税 スウェーデンの二元的所得税——その到達点と日本への教訓」『租税研究』日本研究協会、2002年11月号、2002年
- 森信茂樹「二元的所得税とわが国への政策的インプリケーション」『ファイナンシャル・レビュー』No.65、財務省財務総合政策研究所、2002年
- 森信茂樹著『わが国所得税課税ベースの研究』日本租税研究協会、2002年

青山学院大学大学院
会計プロフェッション研究科
会計プロフェッション専攻

K・S（22歳）

> **研究計画書を読むにあたって**
> K・Sさんは高校卒業程度認定試験に合格し、都内にある大学の総合文化政策学部に入学します。在学中から将来税理士になるべく勉強しており、科目免除を得るために大学院入学を希望しました。自分の将来をきちんと考え、非常に主体的な生き方をされている青年です。

租税回避行為の否認　否認規定の基準の検討

　私が研究したいテーマは、「租税回避」である。私は租税法を学んでいて「平和事件」や「航空機リース事件」という判例に触れ、大いに疑問を抱いた。/1

　会計や法律を学んでいない人々でも異常と感じるであろう行為に対して、真っ先に租税の公平性を損なうと私は感じたのである。しかし「平和事件」では「正当な理由」がないと認められ、「航空機リース事件」では課税庁側が上告を断念した。

　2つの事件に共通するのは、「租税回避」である。確かに、納税者

/1 「平和事件」や「航空機リース事件」という具体的な判例を挙げ、何を大学院で研究するかがしっかり述べられています。

ができるだけ租税負担を軽減しようとするのは、ごく自然な行動だといえる。しかし、それに対する判断が分かれていることに租税の予測可能性が損なわれると疑問を持ち、また興味をそそられた。はたして租税回避という行為はどこまで許され、どこまでが許されないのかを多面的に再検討し、大学院で深い知識と理論を学んで自分なりに何らかの基準を明示したいと思い、「租税回避」を研究テーマに選んだ次第である。

　まず、租税回避を定義したいと思う。租税回避とは、「本来なら用いられる課税要件の充足を回避するために、租税法規が予定していない異常な法形式を用いることによって税負担を軽減あるいは排除すること」と言えるだろう。これに対して脱税は、課税要件の充足の事実を全部または一部秘匿する行為であり、租税回避のように課税要件の充足そのものを回避する行為とは異なる。また、節税とも異なる。

✐ 「租税回避とは何か」について、的確に定義されています。
　このテーマに興味がある読者は、下記をご覧ください。アメリカでは、租税弁護士や会計士の手により、複数の一般措置の組み合わせ、一般措置と特別措置の組み合わせ、複数の特別措置の組み合わせ等の方法で、税負担を軽減・回避する仕組み（スキーム）がいろいろ考案され、利用されてきました。これらのスキームはタックス・シェルターと呼ばれています。
　我が国でもタックス・シェルターの利用が急速に増加しており、立法・行政、司法がこれにどのように対応すべきかが大きな問題になっています。一定の政策目的を実現するために形式的には税負担を免除ないし軽減している規定に該当する行為や取引であっても、税負担の回避・軽減が主な目的でその本来の政策目的も実現とは無縁であるという場合には、この適用を否定することができると解釈すべきとされています。（金子宏著『租税法（第18版）』弘文堂、2013年、p.126）

節税は租税法規が予定しているところに従って税負担の減少を図る行為であり、租税回避のように租税法規が予定していない異常な法形式を用いて税負担の減少を図る行為ではない。このように租税回避は違法行為である脱税と合法行為である節税との間に存在する。曖昧な位置に属することによって租税回避には問題が生じる。それは、納税者が用いた法形式を認め、それに対応する課税を行なうべきか、それとも納税者が用いた法形式を無視し、本来用いられるべき法形式に対応する課税要件が充足されたものとして課税を行なうべきか、である。

　我が国には、納税者が用いた法形式を租税法上では無視し、本来用いられるべき法形式に対応する課税要件が充足されたものとして課税を行なう「租税回避行為の否認」が存在する。これは、同族会社に対しては包括的否認規定として同族会社の行為計算の否認規定があるのみで、それ以外はかなりの数の個別的否認規定がある。ここでの大きな問題は、否認規定がない場合にも否認が認められるかどうかである。これが認められないと、租税回避を行なった者と本来の法形式を用いた者との間に不公平が生じることになる。私が当初抱いていた疑問通り、租税公平主義の見地からすれば否認を認めざるを得ない。

　しかし租税法律主義の見地からすると、行政庁側に法律の根拠なしに認めさせることは困難である。租税法の全体を支配する基本原則を満たしていないということになると、租税回避行為の否認は法律の根拠がない限り認められないと理解するべきである。

　そうなると、新しい租税回避の形が生まれるごとに個別的否認規定を設けて対応するべきなのだろうか。それではいたちごっこで根本的な解決ではない。私は、困難であることを承知で、根本的な解決に近づける多面的な否認の基準を明示するべきであると思っている。

Column　青山学院大学大学院

　会計プロフェッション研究科は主に昼間開講制ですが、平日の夜（6、7時間目）および土曜のコースもあり、働きながら学べるようにさまざまな工夫がなされています。

　入試種別は「一般」「自己推薦」「キャリア」「企業推薦」から成っています。理論と実務を結びつけた「考える会計学」を教育理念としており、幅広く活躍する公認会計士、税理士、企業内CFO、公的機関CAO、米国CPAなどの会計プロフェッションを育てることを目的にしています。

　国際マネジメント研究科（ABS）には、昼間開講のフルタイムMBAプログラム、平日夜間・休日開講のフレックスMBAプログラムという2つのMBAコースがあります。「企業家精神を持って事業推進や組織変革を行なう能力を持つ経営プロフェッショナル」や「グローバル企業が直面するさまざまな経営課題に応えられる実践的研究者」を養成することを目標にしています（試験科目等は、最新の入試要項をご確認ください）。

文京学院大学大学院
経営学研究科
経営学専攻税務マネジメントコース

K・M（34歳）

> **研究計画書を読むにあたって**
>
> 　K・Mさんは大学卒業後、就職します。その後税理士になるべく決意し、資格学校に通うかたわら、大学院に入って税法を体系的に学ぶことにしました。仕事と大学院生活を両立すべく、文京学院大学大学院の夜間・土曜開講である税務マネジメントコースに入学されました。非常に資質の高い生徒でした。

消費税法における事業者免税点制度の再検討

1. 研究の動機

『国税庁統計年報』によると、国税収入に占める消費税の割合は23.8%であり、所得税31.5%、法人税21.8%とともに基幹税となっている（国税庁編『第137回 国税庁統計年報（平成23年度版）』2013年、p.37）。また、消費税は、社会保障の安定財源の確保を図るため、平成26年4月1日から税率が5%から8%に引き上げられる。消費税は、今、最も注目され、国家の非常に重要な財源の1つである。

　私は、その重要な財源である消費税を規定した消費税法は税理士の実務に役立つと考え、平成24年9月から平成25年8月まで税理士試験受験のために消費税法を学習した。消費税法は、課税の要件から納

付・還付に至るまでさまざまな法律の規定によって成り立っていた。また、納付・還付税額算出までの一連の流れが、段階ごとに要件や計算方法などの細部にまでまとめられていた。ここに、租税法律主義が具現化されていることが分かった。

　そのなかで、消費税の課税期間に係る基準期間がない法人における納税義務の免除規定を学習している際、この規定を悪用して解散や設立を繰り返したり、課税期間の途中で増資や減資をするなどの事業者がいるのではないかという疑問を持った。実際にそのような事件が起こっていることが、会計検査院の報告書によってわかった（会計検査院『会計検査院法第30条の2の規定に基づく報告書「消費税の課税期間に係る基準期間がない法人の納税義務の免除について」』2011年、p.15)。本来、納税義務者であるはずの者が、法の網を潜り抜けて納税を逃れることはあってはならない。それが租税法律主義の限界と言ってはそれまでだが、真面目に納税している者との公平性が保たれない。そのようなことは、租税公平主義に反するのではないか。

　以上の疑問から、本研究を行なうこととした。

1　免税事業者制度についは、金子宏著『租税法（第18版）』（弘文堂、2013年）には下記の通り述べられています。「小規模零細事業者の事務負担を軽減する等のため、基準期間における課税売上高が3000万円（これは免税点であって控除ではない）以下の事業者は、消費税の導入依頼、国内取引にかかる納税義務を免除されてきた。ところが平成15年度改正によって、免税点は平成16年度4月1日以後、1000万円に引き下げられた。これによって免税事業者の数は大幅に減少し、課税事業者の数は大幅に増加した」

2．納税義務の有無の判定を悪用した実態の例およびこれに対応する法改正の変遷

上記の疑問を持つこととなった納税義務の有無の判定を悪用した実態の例およびこれに対応する法改正の変遷は、次の通りである。

(1) 納税義務の有無の判定を悪用した実態の例

納税義務の有無の判定を悪用した実態として、平成23年10月17日に会計検査院から財務省に対し報告された、消費税の事業者免税点制度のあり方について再検討を求める旨の報告書を例に挙げる。同院は、平成18年中に設立された資本金1000万円未満の新設法人などを対象に抽出検査を実施した結果、次のような問題点を指摘している。

① 資本金1000万円未満の新設法人において、設立2年以内の事業者免税点制度の適用を受けている法人のなかには設立当初の第1期事業年度から相当の売上高を有する法人が相当数見受けられた。

② 法人成り後も相当の売上高を有しているのに、第1期課税期間および第2期課税期間において免税事業者となっている法人が相当数見受けられた。

③ 1000万円未満の資本金で法人を設立し、第2期事業年度の開始の日の翌日以降に増資を行ない、資本金を1000万円以上にすることなどにより、第1期課税期間および第2期課税期間において免税事業者となっている法人が見受けられた。

④ 設立2年以内の事業者免税点制度の適用を受けた後の第3期事業年度以降に解散等している法人が見受けられた。

(2) 納税義務の有無の判定を悪用した実態の例に対応する法改正の変遷

納税義務の有無の判定を悪用した実態の後を追うように、平成15年度を皮切りに消費税の納税義務に係る規定が改正されていった。消費税法改正の変遷は、次の通りである。

① 平成15年度改正
（イ）内容
　事業者免税点制度の適用上限が1000万円（改正前：3000万円）に引き下げられた（消法9）。
（ロ）背景
「あるべき税制の構築に向けた基本方針（平成14年6月）」では、次のような問題点と対応策が明記されている（内閣府税制調査会「あるべき税制の構築に向けた基本方針」p.13、2002年）。事業者免税点の水準（課税売上高が3000万円以下）は制度創設以来据え置かれ、依然として6割強の事業者が免税事業者となっているため、消費者の支払った消費税相当額が国庫に入っていないのではないかとの疑念を呼び、これが消費税に対する国民の不信の大きな背景になっていると考えられる。個人事業者と法人の相対的な事務処理能力の差異も念頭に置きつつ、現行の事業者免税点制度を大幅に縮小すべきである。現行の高い免税点水準の下では、事業者間取引を行なう免税事業者が多数存在することを踏まえ、免税事業者からの仕入税額控除が認められている。その結果、消費税制度の透明性が低くなっているという問題については、事業者免税点の水準を大幅に縮減することで対応が可能である。

「平成15年度における税制改革についての答申（平成14年11月）」では、次のような指摘が明記されている（内閣府税制調査会「平成15年度における税制改革についての答申―あるべき税制の構築に向けて―」p.9、2002年）。我が国の免税点水準は諸外国と比べても極めて高くなっているため、事業者免税点制度を大幅に縮小する。法人については、すでに法人税法に基づき申告・記帳の事務を行なっていることから、免税事業者から除外すべきである。

② 平成23年度改正
（イ）内容
　個人事業者のその年または法人のその事業年度の「基準期間における課税売上高」が1000万円以下である場合において、当該個人事業

者または法人（課税事業者を選択しているものを除く）のうち、個人事業者のその年または法人のその事業年度に係る「特定期間における課税売上高」が1000万円を超えるときは、当該個人事業者のその年または法人のその事業年度については、事業者免税点制度を適用しないこととした（消法9の2）。

（ロ）背景

1期目から相当の課税売上高があるにもかかわらず、実際に課税事業者となるのは3期目からとなってしまうことや、こうした制度を悪用した租税回避等も散見されていた。

③平成25年度改正

（イ）内容

基準期間のない事業年度開始の日において、資本金1000万円未満の新設法人であっても、一定の大規模事業者等が設立した法人については、事業者免税点制度を適用しないこととされた（消法12の3①）。

（ロ）背景

近年、比較的規模の大きな人材派遣会社などによる資本金1000万円未満の子会社を利用した脱税事案など、現行の事業者免税点制度の不適切な利用による租税回避的な事例が散見されている。

3. 研究のポイント

結局、法律の穴をつく行為とそれを防止する改正のいたちごっこである。そこで、事業者免税点制度が本質的に必要かどうかを研究のポイントの1つとしたい。具体的な内容としては、次の通りである。

・事業者免税点制度の必要性の検討

免税基準となる課税売上高の水準はできるだけ低い水準とし、最小限、納税事務負担に配慮すべき程度の事業者だけに免税を認めるにとどめるべきであると思われるため、現在の中小企業の置かれた状況を加味し、租税公平主義の観点から、事業者免税点制度の必要性を検討

する。

・事業者免税点制度が設けられている理由およびその妥当性の検討

　事業者免税点制度が設けられている理由は、小規模事業者の事務負担や税務執行面に配慮するためであるという。実務経験者から聞いたところ、帳簿の記帳と保存について、消費税法30条8項および9項の要件を満たすことが難しいという一方、計算そのものについては、パーソナルコンピューターと会計ソフトの普及により事務負担度合は薄れているという。これらを踏まえ、事業者免税点制度の妥当性を検討する。

・帳簿の記帳と保存を義務づける理由とそれを簡便にする方法の検討

　仕入税額控除を認めるために帳簿の記帳と保存を義務づけることは難しい。義務づけることまでしないと、仕入税額の担保ができないかどうか疑問である。法人税法・所得税法が容認している帳簿代用書類を認めるべきという意見も加味し、仕入税額控除の要件を検討する。

・仕入税額控除の法的性質と帳簿・請求書等の要件の妥当性の検討

　消費税（付加価値税）の母国EUでは、仕入税額控除は請求権と捉えられている。それに対して日本の消費税法では、仕入税額控除は請求権なのか、納税額を算定するための計算要素の1つなのか、明確ではない。

　EUで採用されているインボイス方式は請求書等の記載金額しか控除できないが、日本の場合は、消費税法2条1項12号で課税仕入れは「他の者」と規定されているため、免税事業者や一般消費者からの仕入れも含まれる。そのため、本来納付すべき税額よりも過少な納税額で済む。事務負担の状況と照らし、この取り扱いが妥当かどうかを検討する必要がある。

4. 研究の成果

　消費税法の入り口である納税義務の有無の判定に焦点を当てることで、消費一般に幅広く負担を求めるという消費税の課税の趣旨に沿っ

た適正納税が実現されることを目的として、研究を行ないたい。本研究の成果として、より課税の公平に資することにより、社会に役立てたい。

5. 今後の研究の計画

入学前に租税法の考え方を学ぶため、租税法総論、法人税法、所得税法などの文献を読み、概要を掴む。1年次の前期は授業に重点を置き、租税法の考え方、理解の仕方を学び、判例の解釈の仕方を習得する。1年次の後期は租税資料館等に足を運び、研究内容に関する先行研究の論文および判例等の資料収集を行ない、論点を整理する。2年次の前期は依田俊伸教授のご指導の下で議論等をし、修士論文作成に注力し、大枠を固めていく。2年次の後期は早い段階で論文を精査し、完成させる。

6. 将来の進路計画

大学院在学中に税理士試験の消費税法に合格する。大学院2年次には会計事務所に転職し、税理士になるための実務経験を積む。税理士登録後は、租税法を学んだ者として法曹界の一端を担える補佐人として活躍できる税理士を目指して頑張りたいと考えている。

7. 結語

以上の研究をもとに依田俊伸教授にご教授いただき、今後ますます進展する情報化・国際化社会に真に適合し、また、実経済社会に受け

研究計画書全体が理路整然とまとめられており、K・Mさんの資質の高さを表しています。

入れられる課税制度のあり方を模索・研究し修士論文を完成させ、我が国の現代税法学を研究し続け、自己の能力を常に向上させたい。

8. 参考文献

- 会計検査院編『消費税の課税期間に係る基準期間がない法人の納税義務の免除について　会計検査院法第30条の2の規定に基づく報告書』2011年
- 川端康之「事業者免税点制度と簡易課税制度」『税研』Vol.28 – No.5、2013年、pp.26 – 30
- 国税庁編『第137回 国税庁統計年報（平成23年度版）』2013年
- 柴崎澄哉他「改正税法のすべて　平成15年版」『税協』日本税務協会、2003年
- 斎須朋之他「改正税法のすべて　平成23年版」『税協』日本税務協会、2011年
- 田井良夫「記帳義務・帳簿保存義務の再検討」『税研』Vol.28 – No.5、2013年、pp.45 – 50
- 内閣府税制調査会「あるべき税制の構築に向けた基本方針（平成14年6月）」2002年
- 内閣府税制調査会「平成15年度における税制改革についての答申〜あるべき税制の構築に向けて〜（平成14年11月）」2002年
- 増田英敏・林仲宣編著『はじめての租税法』成文堂、2011年
- 吉沢浩二郎他「改正税法のすべて　平成25年版」『税協』日本税務協会、2013年

専修大学大学院
法学研究科
公法学(税法)専攻

N・W(29歳)

> **研究計画書を読むにあたって**
> N・Wさんは都内の某大学工学部を卒業し、2年間歯科材料メーカーに勤務した後、税理士になるために資格学校に入学しました。大学院に入学したのは税法の科目免除を得るためです。

「消費税法における診療報酬の課税と非課税の線引き」

　私は歯科材料メーカーに勤務していたときに、疑問に思ったことがある。歯科材料は、成分・原材料が同じであるにもかかわらず、保険診療と自費診療に区別され、また、メーカーが希望する販売価格も異なっているということである。そのため、医師がこれらの材料を使う際、保険診療にするのか、自費診療にするのかにより、患者に対しての請求額も異なることになる。

　一方、消費税法は、社会政策的配慮から社会保険診療報酬等については非課税とされ、それ以外の自費診療報酬等については課税とされている。所得税法は、租税特別措置法26条のように社会保険診療報

---

1 医療保険制度の不備を研究テーマにしていた点は、大変よい着眼点です。

酬の総額に対して概算経費率を用いた金額を必要経費とすることができるなど、保険診療と自費診療を分けて税額を計算する方法がある。

そこで、私は消費税法上における保険診療（非課税）と自費診療（課税）の判断の線引きを研究し、消費税法における課税関係の曖昧さによって生じる問題を解消したい。

この差がどのような問題を引き起こすのか。医師の恣意的な判断のもと、保険診療とするのか自費診療とするのかにより、税金の徴収額が異なってしまう。これは課税の公平を阻害することになるだけでなく、国税徴収の面でも問題になるのではないのか。

また、医師は診療の専門家であり、租税の専門家ではない。課税の判定に対して誤って認識することにより、納税者側（医師）に対して不利になるという面も考えられる。双方が納得し、誰にでもわかりやすく理解できる明確な裏づけを伴うものにするべきと考える。

研究にあたり、医療法ではどこまでを保険診療とするのか明確な規定があると考えられることから、入学前に医療法についての学習を進めることを計画している。

入学後は、関連するさまざまな分野の論文や本を読み、さらに引用、言及される論点、論文を読むことが必要と考える。この作業を医療法と照らし合わせていきながら繰り返し行なうことで研究分野の全体像を把握できると考える。二年次の夏頃には修士論文のおおよその完成を目標にしている。

私は、貴学において研究テーマのみの学習に偏らず、租税法を広く専門的かつ論理的に学びたい。また、学校生活を通して諸先生方、先輩、同僚と積極的にコミュニケーションを取り、広く教養を身につけたいと考えている。卒業後は貴学で学んだ知識を活かし、法曹界の一端を担う税理士になりたいと考えている。

国士舘大学大学院
法学研究科
税法専攻

K・K（24歳）

> **研究計画書を読むにあたって**
> K・Kさんの父親は会計事務所を営んでいます。後継者になるべく税法専攻の大学院に入ることを決心しました。

研究課題「これからの税法体系と交際費等について」

　これからの税理士業界は変革を迎えると私は考える。現在は記帳代行を主な仕事とする税理士が大半である。時代の変革に伴い、これからの税理士には税務会計の専門家であるだけでなく、増えつつある税務訴訟にも対応できる租税法の専門家であることが強く求められている。租税法の問題点や改善すべき点を、判例や歴史などを研究することにより、理解を深めたい。

　私の研究テーマは交際費等である。交際費等は主に社会通念上からの判断であり曖昧さを感じる。

　現在の基準では5000円超の飲食は交際費等と判断されている。この基準では、会社が本当に必要な飲食であったとしても課税される可能性がある。外資系会社の社員と飲食をする場合、一流ホテル等で会食をすることは珍しくない。それが礼儀だからである。

　一流ホテル等で会食をする場合到底1人5000円の枠で会計するとは考え難い。5000円を上回る場合控除は受けられない。悪意を持って使う場合を除き、必要と判断される場合は、例外基定等を設けて対

応すべきではないか。

　近年、価値観の多様化、個人主義の拡大に伴い、社会的な共通概念が希薄になりつつある。個人個人の考え方が多種多様に存在することや、各世代に共通する言語や考え方も減少傾向にある。

　このような観点から、曖昧な表現をなるべく避け、誰にでもわかりやすく理解することのできる明確な基準を設けることが必要である。

　交際費課税については該当するものをすべて機械的に処理することが現時点では最善である。これからの交際費課税は、実質的判断を伴うものにするべきである。

　基準を守ることは大前提である。しかし基準のみを重要視し、課税

1　交際費・接待費・機密費、その他の費用で、法人が得意先・仕入先、その他事業に関係ある者に対する接待・饗応・贈答、その他、これらに類する行為のために支出するものを交際費と言います。交際費なども、事業と直接関係する場合は損金として算入されるべきでありますが、法人の支出する交際費のなかには事業と関連性の少ないものもあり、またこの交際費の損金算入を無制限に認めるといたずらに法人の冗費・乱費を増大させてしまいます。そこで交際費については一定の制限の下でこれを認めているわけです。

「交際費等の範囲から除かれる飲食等の行為」としては、「飲食その他これに類する行為のために要する費用」と定義されるわけですが、これは通常、自己の従業員等が得意先等を接待して飲食するための「飲食代」以外にも、たとえば得意先等の業務の遂行や行事の開催に際して弁当の差し入れを行なうための「弁当代」などが対象となります。このように「交際費等の範囲から1人当たり5000円以下の飲食費を除外する場合の一定の要件」は、この研究計画書にも述べられている通り、実際難しい問題だと言えます。

し続けることは、将来的な税制体制に悪影響を与えかねない。

　将来的には超高齢化社会が待っている。税制体制を破綻させず、日本が生き残るためには、今よりもさらなる効率化を図った体制にすることが喫緊の課題である。

　今よりもさらに実質的な処理をすることは、取る側、取られる側共に手間が増えるのは避けられない。しかし真に必要とされる税制、合理的で無駄のない税制体制に是正するためには必要事項である。そして、皆に理解されやすい法体制にすることが急務である。

　研究にあたり、入学試験後、この先さらに必要となるであろう知識、自分のテーマにおける先行研究を読み、見聞を深めることが必要である。

　入学までは約半年の期間があることから、この期間を有効に利用することにより、入学後の研究をより深く掘り下げることが可能となると考えている。

　目的の分野の論文や本を読み、さらに引用、言及される論点、論文を読むことが必要である。この作業を繰り返し行なうことで多くの論文で引用されている重要な論点を探すことが可能になるだろう。

　多くに引用される著者の研究を広く読み、著者が言及しているものを追っていく。そうすることで研究分野の全体像を把握できるのではないか。二年次の夏休み前での修士論文の完成が私の目標である。

　卒業後は、租税法のあり方を一市民としての目線から考えることのできる法曹界の一翼を担う税理士になりたい。

　私は貴学において専門的かつ理論的に租税法を学ぶことが必要不可欠であると考え、貴学への入学を強く希望する。

日本大学大学院
法学研究科
公法学専攻（税法）

K・Y（25歳）

> **研究計画書を読むにあたって**
> K・Yさんは都内にある大学の経済学部を卒業して、税理士になるべく専門学校で勉強してきました。税理士試験の科目免除を受けるのが大学院進学の目的です。

1. 研究テーマ

交際費の成立要件をめぐる問題とその展望

2. 研究目的

交際費課税制度は昭和29年に租税特別措置法により制定され、現在もなお改正されながら存続している。[1]

交際費はその概念が抽象的で会社の冗費とも考えられ、費用計上を認めることは租税回避につながるのではないかという懸念もある。

しかし私は、日本が戦後、中小企業を中心に成長し続けてきたこと、他国に比べ公私ともに縁を大切にする文化があることを鑑みて、

---

[1] 交際費については、『租税法』（金子宏著、弘文堂、2014年）が参考になります。

交際費が重要な役割を持っていると考えている。

中小企業は大企業のような大きなブランド力を持っていない。そのため交際や接待を通し、自社のことを知ってもらう必要がある。また慶弔や禍福の際には物品を贈答し、相手を敬う。このように取引先と円滑な業務を遂行するために用いた費用、すなわち交際費は損金として計上すべきだと私は考えている。

現在、租税特別措置法61条の4第3項によると交際費は
(1) 「支出の相手先」が得意先、仕入先など事業に関係ある者であること
(2) 「支出目的」が事業関係者との親睦の度を密にして取引関係の円滑な遂行を図るものであること
(3) 「行為の態様」が接待、供応、慰安、贈答その他これらに類する行為であること

これら3つの要件が成立して初めて認定される。そして、この成立要件をめぐって問題となった事件がある。

取引先である大学病院の医師等が執筆した英語論文の添削料を萬有製薬が負担したことについて、この費用が交際費に該当するか否かで課税庁と争われた事件である。2

課税庁は、添削料の負担は成立要件から鑑みて交際費だと認定した。しかし萬有製薬は医学の発展のための支援と主張し、またその医師等が添削料の負担の事実を知らされてなかったことや、医師等に医薬品を仕入れるなどの権限を持っていなかったことが考慮され、東京高裁は平成15年9月9日、添削料の負担は交際費の成立要件（1）に

---

2 交際費をめぐる萬有製薬の事例を述べており、研究テーマについて調べていることがアピールできています。なお、研究計画書では大学院に入ってから研究するテーマやその狙いを書くのが第一目的ですので、研究内容すべてについて完璧に仕上げておく必要はありません。

は該当しながらも、(2)と(3)に該当しないとして交際費認定をしない判決を下した。

日々企業形態が複雑化していくにつれ、このような問題が発生してくると考えられる。

3. 研究方法

1年次はまず、税法の基礎研究やテーマの周辺の研究を行なう。具体的には、租税法の講義を通して、租税法の考え方、理解の仕方を学び、それに伴い判例の解釈の仕方を習得したいと考えている。そして論文のもととなる資料の収集、読み込みを行なう。

2年次の前期においては、1年次に読み込んできた資料に基づき論文を構成し、具体的な内容を確定させる。後期では各章ごとに論文を作成し、完成させる。

4. 研究から期待される（本学で学んで得られる）成果

大学院での指導教官をはじめとした諸先生方のご指導、さらには先輩方との貴重な交流を通して、自分自身における租税法のあり方を確立させる。また交際費について、課税庁や裁判所がどういった考えをしているのか、その傾向を把握する技術を身につける。

Column　会計系大学院

　大学院で「税法」を専攻する大半の方は、研究者というよりも税理士になることを目指しています。税理士試験は5科目が合格基準に達すれば合格ですが、大学院修士課程に入学して税法に属する科目等の研究で学位を授与され「税法に属する科目」1科目に合格すれば、残り2科目の免除、会計学に属する科目等の研究で学位を授与され「会計に属する科目」1科目に合格すれば、残り1科目が免除されるという大変なアドバンテージがあるからです。

「税法」専攻の社会人に人気のある主な大学院を挙げます。
・国士舘大学大学院法学研究科
・国士舘大学大学院経済学研究科（税法もあります）
・駒澤大学大学院法学研究科
・駒澤大学大学院商学研究科（税法もあります）
・東洋大学大学院法学研究科
・日本大学大学院法学研究科
・日本大学大学院経済学研究科（税法もあります）
・千葉商科大学大学院会計ファイナンス研究科税理士コース
・文京大学大学院経営学研究科経営学専攻税務マネジメントコース（夜間）
・専修大学大学院法学研究科（昼夜）
・青山学院大学大学院会計プロフェッション研究科（税法もあります）
・立正大学大学院法学研究科
・東京冨士大学大学院経済経営システム研究科税法専攻
・白鵬大学大学院法学研究科
・帝京大学大学院法学研究科
（税理士試験については、最新の受験案内をご確認下さい）

筑波大学大学院
人間総合科学研究科
生涯発達専攻カウンセリングコース

M・K（47歳）

研究計画書を読むにあたって

　M・Kさんは地方の国立大学で海洋生物学を専攻した後、大手総合電機メーカーに入り、管理職として働いています。プロジェクトリーダーを務め、企業内のキャリア形成やメンタル問題に係わってきました。

　M・Kさんにはすでにキャリアコンサルタントと産業カウンセラーの資格がありますが、さらに専門性を磨くべく、大学院に進むことを決意しました。2014年4月から、ある公立大学のキャリア講座の教員に就任しています。

研究計画書A　（志望動機および入学後の学習計画）

貴大学院のカウンセリングコースを受験する理由

　私は社会人経験が25年を越え、企業や組織のなかで経験したことを活かして企業人のキャリア育成支援として「個人」への支援を行ないたいと考えていた。2006年6月に日本キャリア開発協会のCDA（キャリア・デベロップメント・アドバイザー）資格を取得後、社内で自己キャリア開発やメンタル問題を有する社員の支援を行なうと共に、キャリアスーパービジョン経験などの研鑽を続けてきたが、個人支援だけでは打破できないいくつかの壁を感じている。

そのために、生涯発達を包括的、組織的に問題解決するための実践的生涯発達科学を研究している貴大学院において研鑽を積み、企業と企業人が共に成長するキャリアカウンセリングや、問題解決のための企業内仕組みへの取り組みに活かしたいと考えて入学を希望するものである。貴大学院の過去の論文には「上司の部下育成」「組織内の説得スキル」など、多様な視点での企業組織・企業人への取り組みが多く見られ、私が希望する実践的な研鑽が貴大学院で得られるものと考えるからである。*1*

本コースで何をどのようなスケジュールで学びたいか

　私は「組織」をつくるのは「個人」であり、個人の人生観や組織への認知を重点的に支援していきたい。それにより「組織」のパフォーマンスが発揮でき、そしてその成果が「個人」の達成感につながり、また多様な社員がそれぞれに活躍できると考えるからである。

　まずは個人・心理面と組織・経営面との専門的な知識習得が重要である。人格心理学、行動理論、認知心理学、生涯発達心理学、産業・組織心理学、人間関係論、臨床社会心理学、経営組織論などと、各種の調査法、事例研究を通して、研究テーマや調査方法などについて明確化ができる段階まで、知識とスキルの向上を図りたい。さらに組織内のソーシャルサポートを個人の視点で「認知」の観点から研究に取り組みたいと考えている。

　これらの知識習得の集大成とキャリア支援スキルの集大成を貴大学院での研究と位置づけて、日々進歩する社会状況や経済動向のなかで揺れ動く企業と企業人を、タイムリーな解決手段を用いることで支援する柔軟な発想とスキルを養いたいと考えている。

---

1 キャリアカウンセラーとしての筆者の課題と、実践的生涯発達を研究している大学院の目的がきれいに一致している例です。

本コースで学んだことを、修了後にどう生かしたいか

　すでに兆候が出始めている少子高齢化、ダイバーシティ（女性、外国人、障害者など）などを前向きに捉えて、日本社会、日本企業と社員がハイ・パフォーマンスを出せる「個人の認知」と「組織内関係づくり」につながる活動に貢献したいと考えている。
　「個人」と「日本の競争力」は一見違ったものに見えるが、実は強く関係している。私は職務内容調書に記述した通り、現在は業務改革・風土改革の推進事務局であり、修了後は、人材育成と上司部下等の人間関係に着目した改革運動に対して、貴大学院の研究で得られた研究法や知見を活用していきたいと考える。これによってメンタル不全や組織の機能不全が改善し、社員1人ひとりが意義ある人生を歩める一助になればと思っている。
　65歳定年（55歳の役職定年）の壁にやる気をなくしてしまう管理職、男性社員以上の能力を持ちながら早々と退職する女性社員、言葉や知識など自分の得意能力が発揮できない処遇に悩む外国人社員、メンタルで休職・復帰を繰り返す社員、私はこういう「個人」の力の発揮を支え、社会基盤となっている企業の「組織」の活性化に活かしたい。2

研究計画書B（入学後の研究計画）

問題と背景

　職場のメンバー間において、意見の対立や不一致を対人葛藤とい

2　社員をもっと生き生きと仕事に取り組ませるためにはどうすればよいのかということがM.Kさんの研究目的です。職務経験と結びつけられているため、説得力があります。

い、さまざまな要因で対人葛藤が起こることが指摘されている（大西、2002）。さまざまな要因のなかでも、最も対人葛藤が起こりやすい対象として「上司」が挙げられ、対人葛藤対象全体の50％にも及ぶ（藤森、1994）。この結果は、職場において上司と部下の関係が非常に重要であることを示唆するものと思われる。

職場での対人葛藤に影響を及ぼすものとして、いくつかの職場のストレスが想像される。厚生労働省の調査によれば、職場において感じているストレスのなかで、人間関係が一番多いという結果になった（厚生労働省、2004）。また職場におけるストレスを概観するうえで、有用なモデルとして「職務ストレス・モデル」が挙げられる（Cooper, C.L. & Marshall, J., 1976）。このモデルにおける職務ストレスとは、ストレッサーのみに重点が置かれ、組織内ストレッサーと組織外ストレッサーに分けて検討されている。とりわけ組織内ストレッサーはさらに詳細に分類され、そのなかの1つに上司や部下等といった人間関係が含まれる。上司との関係は、上司が評価者であり、仕事の権限者であることから、上司・部下の関係が部下のメンタルヘルスに大きな影響を与えることが指摘されている（金井、2007）。

目的

そこで、本研究において、上司・部下の関係性を一義的ではあるが「ソーシャルサポートを受け取った」と部下が認知した量と仮定し、(1) 部下が認知する上司からのソーシャルサポート量が気分にどのように影響を与えているかを検討する。加えて、(2) 上司からのソーシャルサポート量を少ないと感じている部下のなかで、抑うつ気分や、不安気分が高い群を対象に半構造化面接を行ない、個人対応の観点ではストレス・コーピングスタイルについての検討、また組織の観点では危機介入について検討を試みたい。

研究方法

研究（1）：勤労者ソーシャルサポート尺度（片桐・庄司、1996）、Depression and Anxiety Mood Scale（以下DAMS、福井、1997）を使用し、部下の認知している上司からのサポート量が、抑うつ気分や不安気分にどのように影響しているかについての検討を行なう。なお、今回、従属変数として、SDS（Zung、1965）やSTAI（Spielberger, Gorsuch & Lushene、1970）を採択せず、DAMS（気分の評価尺度）を実施したのは、上司・部下の関係性を問ううえで社会的望ましさが変数に影響を及ぼすことを考慮したためである。[3]

研究（2）：上司から受け取ったソーシャルサポート量を少ないと感じている群のなかで、抑うつ気分得点、不安気分得点が高い被験者に半構造化面接を行なう。面接で得られた回答から、部下個人への対応や組織への危機介入のあり方を質的に検討する。質的検討はKJ法を採択し、専門家による類型化を行なう。

研究の意義

本研究は、職場における人間関係のなかでも上司と部下の関係に焦点を当てるものである。先にも触れたように、上司と部下の関係性はメンタルヘルスにも関連しており、職場におけるうつ病等の精神疾患の予防と復職支援につながる可能性を内包している。[4]

---

[3] 勤労者のソーシャルサポート尺度の分析手法について、複数の方法を検討したことをアピールし、かつDAMSを採用した理由も明確に述べています。

[4] 予想される成果に触れ、M・Kさんの研究テーマが意義深いものであるとしっかりアピールできています。

聖徳大学大学院
臨床心理学研究科
臨床心理学専攻

I・H（22歳）

研究計画書を読むにあたって

　大学で心理学を学んだI・Hさんは臨床心理士になるため臨床心理士資格認定協会が定める指定大学院に入学することを希望します。臨床心理士指定大学院の試験は「英語」と「心理学」、そして「面接」から成っていますが、事前に「研究計画書」を提出する必要があります。I・Hさんは無事合格・修了し、東京近郊の病院で臨床心理士として働いておられます。

日常的解離とストレスの関連性についての検討

1. 問題と目的

　解離とは、「意識・記憶・同一性・知覚・運動（意図）・感情などの通常は統合されている心的機能（やその情報）の統合性の喪失」と定義されており（田辺、2002）、具体的には、歩けない、息が苦しい、記憶がないなどの症状が本人の意志のコントロールから隔離された形

✒ 「解離」とは、好ましくない体験が自我を傷つけるのを防ぐため、その出来事だけを残し、それにまつわる感情を記憶から切り離すことを言います。

で出現するものであり（中根、1999）、幅広い現象が含まれる。

　DSM-Ⅳ-TR（2000）では、失歩や知覚の部分的脱出などを転換症状として身体表現性障害に組み入れており、それとは別に解離性障害という臨床単位が設定されており、解離性健忘、解離性遁走、解離性同一性障害、離人性障害、特定不能の解離性障害に分類されている。

　解離性障害は児童にも発症し、成人期では減少傾向にあるものの、児童・思春期では減少傾向は見られていないという報告もなされている（中根・山田、1993）。

　Putnam（1997）によれば、解離はある特有の臨床患者のみに見られるという類型学的モデル（非連続体モデル）と、正常なものから病的なものまでが幅広く連続するという解離連続体モデルの2つのモデルが存在しているとされている。類型学的モデルでは、正常な解離と病的な解離には質的に差異があると考えているのに対して、連続体モデルでは、没入や鮮明な空想活動などを非病理的・日常的な解離性体験と捉え、それが通常範囲を超えて極端に頻繁に生じたり（程度）、あるいは健忘や離人を含む多用な解離現象が生じるとき（種類）、初めて病的解離とすると考えている（田辺、2002）。

　これについては明確な結論は出ておらず、Putnam（1997）は両者の考えを合わせた理解が必要であると指摘している。

　舛田（2006）は、病的解離を意識しつつも連続体モデルにより健常者の解離体験視野に入れることは、体験の種類と程度をどこで線引くかという解決困難な解離の定義範囲の問題を抱えることを意味すると指摘しており、また、実際の臨床場面では、没頭や空想、あるいは思い出そうとしてもはっきりと思い出せないなどの経験をしているクライアントは存在しており、軽度の解離を経験している人がいると指摘している。こうした点から考えれば、連続体モデルに基づいて非病理的な解離を捉えることは非常に重要なことであり、実際の臨床的対応において多くの示唆を与えることになると言える。

　しかしながら、これまでの精神医学、臨床心理学における解離研究は、解離性体験尺度（Dissociative Experience Scale：DES、Bernstein

& Putnum、1986）を用いた病的な解離の発見が主であり、健常者が体験する日常的で非病理的な解離についてはほとんど研究がなされてこなかった（舛田・中村、1994）。近年になって、Wallerら（1996）が非病理的な解離についての尺度を開発している。しかしながら、健常群と臨床群において没入・没頭得点での弁別妥当性が得られなかったという結果が示されており、依然として病理と非病理の弁別をできるだけの尺度は開発されていない。また我が国では、中村（2003）が日常的解離尺度を開発しているが、信頼性が低く離人感などの他の類似概念との弁別妥当性に問題があることが指摘されている。また、舛田・中村（2005）は、中村（2003）の日常的解離尺度は回答者の心的負担が高いという理由から、短縮版の作成を行なっているがここでも信頼性と妥当性のある尺度は得られていない。

以上のように、非病理的な解離については、いくつかの研究がなされているものの、病的な解離と非病理的な解離についての明確な弁別はなされていないのが現状である。また短縮版の作成の結果からも、心理的負担が少なく、さまざまな内容をそろえた多因子を特徴とした解離を想定することが病的／非病理の弁別には重要だと思われる。

そこで本研究では、高い信頼性と妥当性を有する多因子を想定した日常性解離尺度を作成することを目的とする。さらに、日常的な解離の臨床的有用性について指摘がなされているものの、これまで日常的な解離と臨床的反応との関連性については検討が行なわれていない。そこで、本研究では、一般的な臨床的反応であるストレス反応と日常的解離の関係を検討することも目的とする。

2. 方法

研究1 日常的解離尺度の作成

中村（2003）の日常的解離尺度を参考に、さらに専門家3名の協議により心理的負担の少ない項目を収集し、大学生を対象に因子分析により質問紙を作成する。信頼性は α 係数により算出する。また、基準

関連妥当性を検討するために、Wallerら（1996）の作成した「正常解離指標」を同時に配布する。

研究2　日常的解離とストレス反応との関連性

　日常的解離が、ストレス反応にどのような影響を及ぼしているかを検討するために、研究1で作成された日常的解離尺度の各因子を説明変数、ストレス反応を目的変数とした重回帰分析を行なう。ストレス反応を測定するために、村上（1994・1999）の作成したMini-27を使用する。

2　I・Hさんは大学の心理学科を卒業し、現役で大学院を目指しました。社会人で臨床心理士を目指される方の多くは心理学を学んでこなかった方が多いため、I・Hさんのように専門的な研究内容に裏打ちした計画書を作成することが困難なようです。

早稲田大学大学院 公共経営研究科

W・M（21歳）

研究計画書を読むにあたって

　W・Mさんは都内にある大学の法学部政治経済学科に入りました。大学時代、政治研究会というサークルに入って活動していたそうです。ある国会議員の手伝いをしているうちに、将来政治家になりたいと強く思うようになりました。

　そこで大学卒業後は大学院の公共経営研究科に入って、本格的に地方自治行政について研究してみたいと思うようになりました。修了した現在、大手新聞社の記者になっています。東京近郊の県庁担当として日夜活躍しています。

研究テーマ（ターゲット）
本研究科修士課程修了時に作成する修士論文のテーマとなります。

地方自治体の活性化について
〜地域格差を是正し、日本の活力を取り戻すために〜

概要（1000字程度）
「研究テーマ」について研究概要や研究目的の説明を行ってください。

　戦後日本の経済・金融が「護送船団方式」によって復興したよう

に、自治体も官僚主導で復興がなされた。確かに高度経済成長期まではその手法は効果的であったが、バブル崩壊後は官僚が策定した途方もない公共事業の影響などで地方に莫大な借金が残る結果となってしまった。そのため最近では夕張市が財政再建団体になるなど、全国各地の地方自治体は財政的に貧窮していて財政赤字を解消することが各自治体にとって最大の課題となっている。さらに、地方と都市の格差が広がっているのが現状だ。また2003年に閣議決定された「経済財政運営と構造改革に関する方針」で、補助金の廃止・縮減、地方交付税の見直し、国からの税源移譲（三位一体の改革）の工程が示された。そして北海道の特定地域団体化（道州制のモデル事業）や「ふるさと納税」構想のように、地方分権化が目前に迫り、いかに国から自立して行政活動をするかが地方自治体に問われている。このような状況から、地方自治体の活性化や地域政策について研究することは意義深く、重要な研究分野だと考える。[1]

　自治体のなかでも企業誘致（三重県亀山市のシャープ工場の誘致）で成功し財政的に余裕がある自治体もあれば、観光事業による地域振興（「小江戸」と呼ばれる埼玉県川越市の街づくり）によって文化的に活性化した自治体もある。また人口が減少するなかで出生率や移住者が増え、人口増加に成功した自治体もある（長野県下条村）[2]。財政的に苦しい状態に陥り、地域政策に失敗した自治体がある一方で、上記のように地域政策の取り組みに成功し、活性化している自治体があるのも事実である。そこで地域政策および活性化に成功した自治体

---

[1] 地方自治体の財政再建問題を研究する理由を、明確に述べています。

[2] シャープの工場誘致に成功した亀山市、「小江戸」をうたい観光の町として町興しに成功した川越市など、具体的な地方自治体に触れており、W・Mさんが地方行政に対して高い関心を持っていることが読み手に十分伝わってきます。

と、財政難に苦しみ、地域政策の運営に失敗した自治体を比較検討し、いかにして地域政策や地域の活性化に成功したのか、一方なぜ政策運営に失敗したり財政難に陥ってしまったのかなどを考察する。

また海外で実施されている自治体運営および地域活性化策、自治体の財政面の負担を軽減し、民間の力を活用する政策（PPP、PFI、NPO法人の活用）、地域の文化的活性化のための政策（フィルムコミッション、観光政策）などの考え方や先行事例を研究する。そしてそれらの政策を自治体に導入することによって、どのような効果がもたらされるのかを検討していきたい。

以上のような研究を通して、自治体の現状を把握し、いかにすれば自治体・地域が活性化できるのかをまとめ、今後の自治体・地域政策のあり方について検討する。最終的には私なりの自治体モデル・地域政策モデルを提示したい。

私の目標は、政治家になることである。そこで大学院で学んだことや「地方自治体の活性化について」の研究成果を大いに活かして、私が生まれ育った街でもある●●県●●市を地方議員として活性化させたいと考えている。さらに全国各地の自治体を活性化させるためにも国会議員として自身の研究成果を社会に還元する。そして元気のない全国各地の自治体を活性化させて、活力に満ちた国、「強く輝ける日本」にしたい。

研究テーマとした経緯・理由（2,000字程度）

「研究テーマ」について、着目した理由や背景を書いてください。

着目した理由

私の研究テーマは「地方自治体の活性化について」である。このテーマを数ある選択肢のなかから選んだのは、将来の目標である政治家として活動する際に、自治体の活性化について考えておくことが必要不可欠だと考えたからだ。また学生秘書として国会議員の下で働いたことが直接の契機であり、この体験を通していろいろと考えさせら

れ、地域格差に関わる解決すべき課題を多く見出し、何らかの対策を講ずる必要があると考えたからである。

　私は、A市を選挙区とする衆議院議員の下で働いていた。代議士は次期A市長選に立候補することを検討していたため、市全域にわたる有権者宅に戸別訪問する機会があった。私は市内中を歩き回ったことで地域格差があることに気がついた。県庁があるa区やターミナル駅が存在するb区は行き交う人が多く街全体が活気に溢れていて、中小企業や自営業店の経営状態も良好である。有権者も自治体に対してほとんど批判することはなかった。一方、平成●●年にA市と合併したc区やd区では、上記に挙げた区に比べ見かける人は少なく、駅周辺も閑散とし、活気が感じられなかった。またこの地区では中小企業の経営が難しく、シャッターの閉まった小売店が立ち並び、大型ディスカウントストアに人が集まる状態である。さらに多くの有権者からは行政サービス・自治体に対する不満の声を聞くことがあった。たとえばそれは下水道の完備の嘆願であったり、市の対応の悪さや遅さなどである。地方と都市の格差是正が叫ばれていて久しいが、地方の内部どころか1つの市のなかでさえ、格差が広がっているのが現状であり、私は身をもってそのことを実感した。

　また私自身はB市に住んでいる。そこでA市とB市を比べ、今後数年のうちに両市の間に格差が生じるのではないかと思った。A市のなかで格差があると言っても、全体的には人口は多く企業の活動も活況であり、税収は十分確保できる。また都心に近く、交通インフラが整っているという条件もあって、企業の移転や人口はいまだ増加傾向にあるのだ。一方B市では、企業（たとえば●●や●●）の撤退が相次ぎ、人口増加も少ないため、近い将来法人税や住民税などの税収が落ち込み財政的な面において市の運営が厳しくなる可能性がある。ただ、高速が市内を走り、都内まで要する時間が1時間、そして緑に囲まれているという好条件であるのにもかかわらずそれを市が活かしきれていないのが現状である。[3]

　行政サービスでもB市と周辺自治体との間で格差が生じつつある。

日本経済新聞社の行なった「行政サービス調査」において、B市周辺の自治体すべてが総合評価で全国上位60位以内に入っていたにもかかわらず、B市は60位以内に入れなかった。この数字が示しているように、実際、提供する行政サービスの質・利用料金などにおいて格差が生じている。私は上記のような魅力を活かせずにいる市の対応に歯がゆさを感じているし、このまま対策を講じなければ市の活気がなくなり、B市が衰退するのではないかと危惧の念を抱いている。

　さらに地域格差は全国的に広がる可能性があり、格差が広がれば行政・福祉サービス等でも格差が生じ、日本は不均衡な状態に陥ってしまうだろう。これは行政・福祉サービスが充実している自治体に人口が集中することを招き、さらなる地域間の格差を生む悪循環となる可能性がある。事実、都市部に人口が集中している。総務省の住民基本台帳に基づく人口調査によると、東京・名古屋・関西の3大都市圏の人口が6353万9326人（2007年3月31日現在）になり、総人口の半分を都市圏が占めているという結果が出た。このように都市圏における人口が総人口の半分を上回ったのは、調査開始以来初めてのことだという。一方37道県では軒並み人口が減少しているという対照的な結果になった。

　また少子高齢化の影響を受け、地方自治体は今まで以上に自治体運営をめぐって難しい対応を迫られることになるだろう。以上のような解決すべき課題を見出したことから、私はいかにして地方自治体の格差を埋めるか、これ以上格差が広がらないためにもどうすればいいのか、そして全国各地の地方自治体を活性化させるためにはどのような手立てを講ずればいいのかを検討したく「地方自治体の活性化について」を研究テーマとした次第である。

💡3　W・Mさんが住んでいたB市の実情が詳しく分析されています。ここからも、地方自治に対する研究意欲が高いことをアピールできています。

公共経営研究科を志望した理由

　私は選挙区で活動するだけでなく、国会や議員会館内で働く機会があった。この経験のなかで感じたことは、多くの政治家たちに将来に対するビジョンがなく、このままでは日本が直面する重大な問題に対し、打開策を講じられないのではないかという不安だった。また国会議員が官僚の提案する政策・法案を検討することなく受け入れていて、本当に理解できているのだろうかと疑問に感じた。たとえば自由民主党の政務調査会（政策・法案の審議過程の1つ）では、官僚が今後施行すべき政策案や法案について議員に説明するが、議員の多くは官僚の提案・説明に対して疑問を呈したり、議論をしようともしない。言い換えれば「議員は専門能力を欠いていて、政策・法案について議論することができない」とも言える。上記に挙げた状況は、マックス・ウェーバーが政治家に必要な資質とした「情熱・判断力（先見性）・結果責任」が日本の議員に欠けている何よりの証左である。

　私は、多くの人によって選出されるからには、陣笠議員ではなく有権者代表としての職責を十分果たせるような議員になりたいと考えている。また日本に横たわる問題（莫大な財政赤字など）を正面から取り組み、国民が将来に対し希望を抱けるような国にしたい。この目標を達成するためにも、「公平と効率の均衡に立った政策判断力、具体的な政策立案・評価能力を備えた高度専門職業人の育成」を掲げている貴研究科でぜひとも勉強・研究したい。そして政策を積極的に提案、議論する政治家（政策プロフェショナル）になりたいと念願している。*4*

---

4 現代の若年層は、一般的に政治に無関心と言われています。そうしたなかでW・Mさんは積極的に政治に取り組む意欲を抱いています。「その志やよし」と大学院側に評価させることができるでしょう。その意味で、全体的にこの「研究計画書」はよくできていると思います。

詳細計画（3,000〜5,000字程度）

入学前から研究科修了後までの研究計画を書いてください。ここでは、同期間を5つに分けてありますが、いくつの期間に分けていただいても構いません。書式は自由とお考えください。

第Ⅰ期　研究に必要な学力・知識、並びに解析方法の修得

当期ではまず、大学院での研究に必要な基礎学力・知識を身につけ、解析方法の修得に努める。基礎学力・知識をないがしろにしてしまっては私の研究は核心をつかない表面的な研究になってしまう可能性があるので、そのようなことにならないためにもしっかりと学び、修得しなければならないからである。また地方自治や地域政策についての理解を深めるために、これに関連した基礎的な授業を受講する。

さらに、研究の準備として自治体の現状を把握する必要があり、自治体に関する情報を収集する。たとえば、財政状態や人口比率などである。その収集方法としては、(1) 講義内での情報、(2) 総務省をはじめとする各省庁や地方自治体のホームページや刊行物による情報、(3) 新聞紙上の記事、(4) インターネットや書籍による情報、(5) 自由民主党の政務調査会の情報などを集めることである。

そして先行研究として、活性化に成功した自治体と衰退してしまった自治体を比較し、なぜそのように明暗を分けてしまったのか考察する。そうすることによって、自治体活性化のための道筋が見えてくるだろうし、その教訓から失敗しない活性化策を検討できるはずだ。

第Ⅱ期　専門知識の修得・情報収集

当期では第Ⅰ期で得た知識をさらに深めるため、専門知識を修得していく。そのなかでも自治体の格差是正、活性化のためには、税源移譲や新税導入などの財政政策が重要になってくると考えるので、財政学・財政政策に重点を置いて勉強する。

また海外の自治行政と日本の自治行政を比較し、国際行政に関する授業で得た知識を発展させるためにも、海外の自治体に関する情報・

資料を集める。さらに地域の財政負担を軽減するための方策（PPPや市場化テストなど）の、今後の自治体の活性化・地域政策のあり方として議論されている政策や先行事例について調べる。

そして可能な限り地域の活性化に成功している自治体に出向き「活性化された街」を実感したい。やはり「百聞は一見に如かず」ではないが、自らの目で見て歩くことで「元気な街」が実感できると思う。また「生の声・情報」を得るためにも活性化に成功した自治体の職員や住民と直接話をして、自治体において何が問題であってそれをいかに対処して活性化を成功させることができたのかなどを聞きたい。

第Ⅲ期　インターンシップへの参加

いくら基礎学力、専門的知識を身につけ、優れた理論を学んだとしても、それを活かしきれなければ無意味なものとなってしまう。そこで私が大学院で修得した知識・研究成果を実際に用いられるようにするためにも、実践・実現する力を身につけたい。また、どのように行政の現場で政策の取り決めや実施がされているのか、直に見たことがないので自分自身の目で見てみたい。そこで当期では行政インターンシップに参加する。学生秘書として現場で政治を学んだように、やはり実地で学ぶことで、実践力などの力が身につくだろうし、政策がどのようにして実施されているかなど現場の状況がよく理解できるはずである。

そして、この実践の場で体験したことや学んだことを参考として、自治体の活性化の手法、地域政策のあり方の骨組みをつくり、修士論文作成のための準備をする。さらに将来議員となった際に、行政システムのどこを改善・改革すべきなのか、活性化のために行政のどの部門に働きかけることが効果的なのかを、インターンシップの体験から検討し、その考えをじっくり練り、まとめたい。

第Ⅳ期　自治体における問題の考察および解明

当期では、勉学を通して学んだことや収集した情報から自治体にお

ける財政的、構造的な問題点、そして地域格差の問題を解明し、その解決方法を考える。自治体ごとに異なる問題を抱えているだろうが、研究によって共通する本質的な問題が浮かび上がってくるはずである。

E.H.カーは『危機の二十年』（原彬久訳、岩波文庫、2011年）のなかで、「政治団体の疲弊を治療しようという願望が、政治の研究を刺激して政治学をおこすことになった。我々が意識するとしないとに関わりなく、目標を立てることが、考えるという行為の条件となる」と言っている。彼が言うように私の研究においても自治体の問題点を解明し、問題をどのように解決するかという目標を立てることが重要になってくるだろう。その結果、問題の解決方法や自治体の活性化ついて模索し、検討することが容易になってくるはずである。

第Ⅴ期　自治体活性化策の検討・修士論文の作成

当期では、第Ⅳ期で明らかになった問題を活性化策（第Ⅱ期で得た知識・情報をもとに）によって解決できるのか、そしてその活性化策によってどの程度の効果が自治体に見込めるのかを検討する。たとえば財政的に疲弊しているところでPPPやPFIによってどのくらい財政的な負担が軽減できるのか。観光事業による地域振興によって街の文化的活性化は可能なのかなどである。また、政策による自治体活性化策を考える。たとえば、政府は人口に比例した税源移譲を行なったり、地域で行なう特定の事業に交付金を出すなどの財政運営を実施している。だがこれでは地方の自立を促すことは難しく、自立・活性化させるためにも、自治体が自由に使える交付税と確かな税源を確保するべきだと思う。そのようなことからも、地方を自立・活性化させるための政策についていろいろと検討したい。具体的には、農業政策、新税の導入、地方交付税の活用法、道州制などが挙げられるだろう。

さらにこの期では、活性化策の効果、政策のあり方を検討しながら、修士論文の作成に着手する。

第Ⅵ期　修士論文の完成および修得した知識の再確認

　当期では、第Ⅰ期～第Ⅴ期までに修得した理論・知識、自ら体感した経験、研究成果を大いに活かし、その集大成として「地方自治体の活性化について」の修士論文を完成させる。内容としては、「政策提案」のようなものにしたい。

　また、演習授業などを受講して、大学院で修得した理論・知識の再確認をし、かつ研究成果を実践・実現させられるようにするためにも、政策形成の勉強に取り組む。

　そして2年間の勉強、研究の総決算として、私が議員になった際に行なう、自治体の活性化を含めた地域政策の基本となる考えを築く。ただ、1人で考えるだけではひとりよがりの考えになってしまうので、そのようなことにならないためにも、教授や仲間と議論・検討して、多くの人に受け入れられるようなより高次元の考えにしたい。

　さらに地方自治体の活性化・地域政策だけでなく、政治分野全般にわたる総合的なビジョンを築きたい。やはり政治家を志す者には、「国家100年の計」と呼ばれる将来に対するビジョン・理想がなければならないだろう。

修了後　政治家になることを目標に邁進する[5]

　政治の要諦は、道理にかなった「公平・公正」、多様性を認める「寛容」、強きに屈せず弱きを侮らない「正義」だと考える。また、格差を奨励し、弱者を切り捨てる非情がまかり通る社会であってはならない。以上のことを念頭に、修了後は政治家として活動したいと考え

---

[5] 当初W・Mさんは、大学院を修了したら政治の道に進みたいと思っていました。しかし実際には新聞記者になりました。大学院入学前と修了後では実際に就く職業は違っていても当然のことです。研究計画書では、あくまでも現段階の志望動機と志望動機に関連のあるキャリアビジョンを描けばいいのです。

ている。

　だが政治家になりたいと考えていても、大学院卒業と同時になれるわけではない。そこで大学院で修得した知識や研究成果を活かすことができ、政治家となる一里塚とするためにも、まず修了後は上級公務員か政策担当秘書として働きたい。またその仕事において、私の研究した「地方自治体の活性化策」を活用し、自治体の振興に努めていく。さらに仕事や自発的な活動を通して、私の考え（自治体の活性化を含めた政治的なビジョン）を多くの人に訴えかけていき、私に共感し、応援してくれる支援者を草の根的に増やしていきたい。

　そして地方議員になることができたら、公共経営研究科で研究した自治体活性化策や地域政策をベースに、つらい状況下にあるB市を活性化させる。さらにB市を住民が満足し、多くの人々が住んでみたいと思えるような、魅力的な市にしたい。

　チャンスがあれば国会議員にも挑戦し、全国各地を活性化させ、閉塞感漂う日本を変革したい。だが社会を変えていくうえで、批判にさらされたり、一部の人たちの賛同を得られないなど、大きな壁にぶつかり、悩むことになるだろう。そういった厳しい状況に立たされた際に政治家が取る行動として、J・F・ケネディは、「政治は、勇気に特殊な試練の土俵を提供するに過ぎない。人生のどの領域でも勇気の試練に遭遇するものだが、良心に従えば、直面する犠牲がなんであろうとも、友人や財産を失い、仲間の尊敬さえ失っても、進むべき道を決断しなければならない」と、『勇気ある人々』（宮本喜一訳、英治出版、2008年）のなかで述べている。私の前にどんな障害が立ちはだかろうと、ケネディが示したように私は進むべき道を「信条と信念を持った政治家」「闘う政治家」として進む。そして眼前に横たわる障害を乗り越えて、日本をよりよい社会に改革していく。

研究を達成するために必要と考えるIssue[6]

　研究計画に必要な分野（2つ以上5つ以内）を挙げて、その理由、自己分析、関連授業科目を書いてください。

Issue（分野）1
公共経営

理由
　国および地方自治体では、採算を度外視した公共事業が行なわれてきた。また第3セクターでも採算が合わなく、赤字を計上する有様である。このような地方自治体の慢性的な赤字体制を変えるためにも、公共経営は必要不可欠だ。

　そして政治・行政の仕事に携わるのなら、行政の制度疲労を取り除き、少ない予算・資源のなかで最大限のサービスを可能にするような公共経営的思考で考える必要がある。

自己分析
　大学で行政学や公共政策論を受講していたが、公共経営に関する知識はない。

　しかし経営学を受講していたため、民間会社におけるマネジメントや管理についての知識はあり、それを「公共経営」の勉強・研究に活かせると考える。

関係があると考える本大学院授業科目
　公共経営論、行政を経営する、公共事業とPFI、自治体経営と地域自立、世界と公共経営、ケーススタディ

---

*6 「研究を達成するために必要と考えるissue」が非常に具体的で詳細に練られ、相当準備してきたことがわかります。

Issue（分野）2
地方自治・地域政策

理由
　地方自治体の活性化を研究するのだから、自治体の仕組みや自治体の置かれている現状を把握することは必須だ。そして複雑な自治体運営システムについても理解しておきたい。
　また研究内容を濃いものとするためにも、地域政策についてより詳しく勉強しなければならないだろう。
　以上のことを十分理解したうえで、どのようにして自治体における問題を解決し、地域を活性化できるかが検討できると考える。

自己分析
　行政学や地域政策論を受講していたので、地方自治や地域政策に関する基礎知識はある。だが、それだけを専門に学んでいたわけではないので、専門知識があるとは言えない。
　しかし基礎知識は身についているのでそれを応用することはできるし、専門的なことを理解するまで比較的時間はかからないと思う。

関係があると考える本大学院授業科目
　地方自治論、地方分権論、自治制度論、地域政策論、地域主権、地域再生システム論、地域政策演習

Issue（分野）3
経済・財政

理由
　自治体の活性化には、経済・財政的な視座からも検討しなければならないだろう。まず政策の効用を測るためにも経済学的アプローチが必要であり、経済学をしっかりと学ばなければならない。

そして地域の活性化、地方分権のために、税源移譲、新交付税の導入などが行なわれることになるので、財政的な見識が必要となる。
　以上のようなことから、経済・財政に関する理解と知識を修得することが不可欠なのである。

自己分析
　経済学、財政学、経済学原論、経済政策論を学んでいたので、経済・財政に関する基本的なことは理解している。
　そのうえで、大学で得た知識を、大学院での授業・研究のなかで確認しながら、それを応用し、発展させる。

関係があると考える本大学院授業科目
　基礎経済学、経済政策、社会資本政策、財政学、地方財政論、予算制度論、経済構造改革

Issue（分野）4
国際行政

理由
　1980年代に、イギリスのサッチャー首相はイギリス行政の建て直しのためにPPPやPFIを行政に導入した。PFIの採択基準であるVFMも、イギリス発祥の考え方である。またフィルム・コミッションは1940年代にアメリカで誕生したものだ。さらにスウェーデンにはコーポラティズムと興味深い政策がある。
　このように行政運営に関する先行事例が海外においてたくさんあり、他国の行政やその事例について研究することは重要だと考える。

自己分析
　海外における行政や諸政策について学んだことはない。しかし、社会政策論を受講していて知識を深めるためにも、ポール・スピッカー

の『社会政策講義』（武川正吾・上村泰裕・森川美絵訳、有斐閣、2001年）を個人的に読んでいた。そして海外における興味深い政策をテレビや新聞で見た際には、メモを取ったり、記事の切り抜きをしていた。

　上記に挙げたことを個人的にしていたので、世界で実施されている行政に関して簡単な知識はあるだろう。

　しかし、より詳細な情報を集め、日本と海外の行政を比較するためにも、頑張って勉学に励まなければならない。

関係があると考える本大学院授業科目
　国際公共政策、北欧の経済と社会、世界と公共経営

Issue（分野）5
実践力・実現力

理由
　私の研究は修士論文を書き上げることで達成するのではない。研究したことをいかに実践し、実現させるかが重要なのである。

　ただ机上で研究していただけでは研究成果を実践・実現させるだけの力は身につかないだろう。

　以上のことから、インターンシップを通して実践力を身につけ、そして政策形成の勉強をして実現力を養うことは大切なのである。

自己分析
　国会議員の下で働いていたため、多くの方と話したり、人前で演説する機会が多々あった。そのため「話す」ということに抵抗感はない。そして何事をするにも先頭に立って行動してきたので、リーダーシップにも不安はない。政治家を目指す学生としてテレビに出演したり、秘書の仕事を得るために政治家の事務所に直談判しに行くなど度胸と行動力にも自信がある。また多くの人脈を築くなど、政治家にな

れるだけの力量があると自負している。

　しかしそれだけでは、私の研究成果を実践・実現させることはできないので、インターンシップを通して実践力を身につけたい。そして政策形成の仕組みなどを勉強して、実現力を養いたい。また私が自信を持っている話す力、リーダーシップにも磨きをかける。

関係があると考える本大学院授業科目

　インターンシップ、政策形成ワークショップ、実務公共政策、交渉学、パブリック・リーダーシップ、指導者論

法政大学大学院
政策科学研究科
政策科学専攻地域・コミュニティ政策プログラム

T・W(32歳)

> **研究計画書を読むにあたって**
> 　T・Wさんは東京近郊にある大学の経済学部経済学科を卒業して地方公務員になりました。市町村合併、地方分権時代において政策立案に携われるような優れた人材になるべく、大学院に進むことを決意します。

1. 研究テーマ

「少子高齢化時代の地方自治体におけるPPP（Public Private Partnership）の確立」

2. 研究の背景

　地方分権システムへの転換期を目前にして、地方自治体は市町村合併や行財政改革などの手段により、自らの基礎体力強化に懸命である。バブル経済崩壊による長期間の経済不況により、地方自治体の税収入は減少の一途を辿った。この厳しい状況により近隣市町村同士の合併や経費削減を主とした行財政改革が進行した。

　T・Wさんが勤務する自治体の合併に関する問題について、研究したいことが詳細に述べられています。

私の勤務先であるＡ市もその例外ではなかった。平成●●年4月にＢ市との合併によりＣ市●●区となった。その背景には、市の財政状況が改善しないことや地下鉄誘致問題が存在した。東京都心へ乗り入れる鉄道のないＡ市にとって地下鉄●●号線誘致は長年の悲願であった。しかし、建設には膨大な費用と時間を要し、また建設主体である●●県がＡ市までの地下鉄延伸の見直しを検討したことから、Ａ市単独での誘致は事実上不可能となった。これにより旧Ａ市は同じ地下鉄沿線の区画整理事業を推進するＢ市との合併を選択した。

　地方自治体を取り巻く環境の険しさが増す一方で、今後は少子高齢化という大きな波が押し寄せてくる。「団塊の世代」の大量退職により高齢者の人口に占める割合は大きくなり、介護保険費や老人医療費などの社会保障給付額は天井知らずに膨らむ。その受け皿となる現役世代は逆に減少し、彼らの負担増は避けられない状況である。だが、さらなる負担は彼らの労働意欲を削ぎ、さらなる税収不足や少子化を引き起こしかねない。地方自治体にとっても経費削減や職員数逓減などを余儀なくされる。だが、安易な職員削減は、市民の需要に見合う公共サービスの供給不足や粗悪なサービスを市民に強いることにつながる。結果的には、非効率な自治体運営を招く危険性をはらんでいるのである。

　少子高齢化社会の到来は地方自治体の経営を揺るがす一大事である。地方自治体側も行政の限界を市民に説明して、自治体自身のスリム化は無論、場合によっては公共サービスの直接的受益者負担をお願いしなくてはならない。したがって行政と市民（企業なども含む）の協働による効率的な自治体運営システムの確立が急がれている。

3. 研究の目的

　地方自治体におけるPPPの確立について研鑽に励む。PPPとは公共と民間の共同という意味であり、公共サービスにおける公共と民間の協力体制を敷くという意味合いを含む。また、PFI（Private

Finance Initiative）や業務委託を包含する大きな意味合いでも使用されている。

　小泉政権の「骨太の方針」において、少子高齢化社会における公共サービスのあり方が示された。「民間にできることは、できるだけ民間に委ねる」の原則である。

　このPPPの主旨は、「骨太の方針」にも当てはまる。効率的かつスリム化の自治体運営を目指すには、公共サービスを民間企業や非営利法人（NPO）あるいは個人など多方面に委ねることを真剣に考える必要がある。

　この小泉政権の公共サービスの原則に私は共感する。この原則は今後の潮流でもある。

　私は、旧A市時代に窓口サービス封筒の業務委託化に携わった経緯がある。旧A市は、平成●年●月から1年半、市民の方が住民票などの各種証明書を持ち帰る際に利用する封筒の管理から、印刷・搬入に至るまでを広告代理店に一括委託した。広告代理店は、市内から封筒の広告主を募り、広告デザインと広告記載の責任を負い、広告入り封筒を市役所に無償提供する（寄付）。市側は寄付された封筒を市民の方に利用してもらうことに徹するだけである。この手法により、年間13万円計上していた封筒印刷費は翌年度以降から削除された。すずめの涙程度ではあったが市の経費削減に貢献した。その際に広告代理店からのアドバイスにより封筒サイズを変更した。当時の住民票や印鑑証明書はA5サイズであったことから、旧来型の長3封筒から証明書が折らずに入るA5版へと切り換えた。鮮やかなデザインもあいまって市民の評判も上々であった。旧A市の封筒の件を聞きつけた各市町村からの照会は枚挙に暇がなかった。

　この経験により、民間企業のノウハウや経験知識を活用して公共

---

2 自身の経験とも絡め、公共サービスにおける公共と民間との協力について研究したいことが具体的に述べられています。

サービスを供給することや、業務全面委託化しても問題はないと実感した。だが、サービス自体が民間企業などを経て粗悪なものになっては公共の名を汚すものになる。民間企業や非営利法人（NPO）に業務委託する際には、最も効率よくかつ質の高いサービスを供給できる主体であることが絶対条件である。

　C市でも、行政と民間が多様な形で連携して公共サービスを提供する社会、いわゆる「協働」社会の実現を標榜している。現在、●●区役所新庁舎建設においてはPFI手法を活用して着工している。他にも市内の公園を民間企業などに委託する「指定管理者制度」を今後導入する。だが、C市は平成●●年に誕生したばかりの市であり、旧A市時代の事務処理などに時間を費やさざるを得なかった。最近になってようやく少子高齢化社会におけるC市の将来像を示したばかりである。このような事情から、どの事業が民間会社や非営利法人（NPO）に委ねられるか手探り状態にある。

4. 研究計画

(1) 現状の把握
　C市における公共サービスの現状を勘案したうえで、どのサービスをいかなる手法によってどの主体に委ねられるかを研究する。
(2) 国内および海外における先行事例を調査
　C市職員を対象とした海外視察研修制度に志願する。
　主にブレア政権以降の英国におけるPPPの現状を把握し、C市に有効活用できる手法を検証する。また失敗例も検証して、PPP確立にC市が担うべき役割を構築する。
　上記(1)(2)の研究に基づいた修士論文を完成させ、それをもってC市におけるPPP確立のための政策提言とする。

5. 結び

戦後の日本経済は国家主導の「護送船団方式」によって復興を成し遂げた。地方自治体も同様であった。戦後の復興時期には通用したが、成熟した社会ではその神通力は通用しないことが多い。地方分権が目前に迫って、地方はいかに自立するかが喫緊な課題となっている。少子高齢化社会を乗り切るためには、市民と行政との協働関係の構築が欠かせない。公務員の視点と論理だけでは、この大きな課題の解決は不可能である。

　貴大学院に進学を希望する理由は、単にC市の発展に資するためである。貴大学院では、今後の地方公務員が修得すべき幅の広い視野と修養を積むことができると確信している。業種・年齢・経験の異なる方々と机を並べて議論を交わすことで、多大な啓発が得られることを期待している。

　これからの地方公務員には、国際社会でも政策提言が行なえるくらいの専門性と力量が必要だと考える。そのためには、国内問題にとどまらず、海外の事例研究にも時間の許す限り携わっていきたい。「国内の事例だけを研究すればいい」などの狭隘な精神の公務員ではこの難局を乗り越えることはできないと考えている。

早稲田大学大学院
社会科学研究科
地球社会論専攻

H・D(24歳)

> **研究計画書を読むにあたって**
> 　H・Dさんは教育学部社会学科に在籍する現役生でした。ミッシェル・フーコーの研究を通して、「権力の虚構性とメカニズム」について研究することが、大学院進学の目的です。

研究計画書

　私の大学院における研究テーマは「権力の虚偽性とメカニズム」についてである。フーコーによれば、権力とは、個人の内部に入り込み、快楽を誘発し、言説を生み出すものであり、人々をして主体的に選択させ、関与させることで、個人を内側から拘束する力を産出する装置である。/

　フーコーの権力論は近代を理論的対象としているがゆえに、時代錯誤であるという批判もあるが、現実とは出発点や根拠を持たない差異の網の目であり、権力とは単一の中心から生まれるのではなく、無数の点から拡散する力の関係であるという見解は、現在においても示唆に富んだ分析である。

/1　論文の書き出しで「権力の概念」を規定しています。対象の定義から始めることは、論文として非常に重要です。

私が分析していきたいのは、私たちを巧みに操る権力の不可視的な戦術と、力関係を温存するために装置が時としてつくり出す虚飾性についてである。

　具体的な流れとしては、まず主体的に差異を生み出し、それらを寄せ集めて構築する自己形成のあり方について検討を行なう。私たちは自分で自由に望みかつ選んだつもりで他人と異なる行動をとっているが、この行動が実は権力による差異化の強制であるということを示したい。次に、差異との関わり合い自体が差異に力を宿し、その結果、自身への働きかけが強まるという自縄自縛の構造について検討を行なう。私たちが羨み、追い求めるモデルや理想が効力を持つのは、それ自体に何か特別な属性があるからではなく、ただそれが希少であるがゆえに、私たちが注目し、意識してしまうからだということを示したい。そしてこの希少性、一部の人々しか保持することができないという事態を再生産するために用いられる「無根拠の根拠化」に焦点を当て、支配関係を蘇生するために欺瞞が正統性を獲得していく過程を究明していきたい。

　研究にあたっては、ミシェル・フーコーのテキストを初めの手がかりとし、自分の行為によって自身の支配者を生み出しているという仕組みを徹底的に追求していきたい。

横浜国立大学大学院
国際社会科学研究科
国際関係法専攻(開発協力コース)

A・Y(22歳)

研究計画書を読むにあたって

　A・Yさんは都内にある大学の文学部仏文学科を卒業した後、国際関係論を学んで国際協力の分野での仕事に就くべく大学院を目指しました。横浜国立大学大学院では、留学生の方が多数学んでいることも選択した理由の1つのようです。

　なお、この研究科は現在、国際社会科学府・研究院に改組されています。

研究計画書

　現在、人類は地球規模で起きているさまざまな問題に直面している。少し前からは地球温暖化などの環境問題が叫ばれるようになり、今はギリシャから始まった欧州債務危機などが解決急務の問題となっている。そして、世界人口の8割を占める開発途上国の人々を苦しめている貧困をはじめとした南北問題も、その1つとして挙げることができる。

　南北問題を解決しようと先進国は開発途上国に対して援助を行なっている。政府によるものやNGOなどの民間団体によるものなどその形態はさまざまである。日本ももちろん政府をはじめ、多くのNGOが援助を行なっている。政府開発援助(ODA)もアジアを中心に中東やアフリカなど世界各国で実施されている。また、最近では草

の根レベルで行なわれているNGOによる援助も存在感を増し、注目を集め、重要視されるようになった。

しかし、地球規模の問題もさることながら、各国国内でも問題が山積している。それは日本も同様であり、数々の問題・課題を抱えている。他国を大きく上回る債務は現在も増え続けており、日本財政は悪化の一途を辿るばかりである。また、少子高齢化が引き起こす社会保障の問題なども深刻である。

そんななかで、日本政府は海外援助への予算を削減し続けており、平成初期には世界一を誇っていたODA実績も現在では第5位となってしまった。もちろん援助額が多ければそれでよいというわけでは決してない。むしろ自国の財政が逼迫しているのだから、他国を援助している余裕などないと考え予算を削り、自国の問題のために使うことは当然のことだと言えるかもしれない。国内の問題も地球規模の問題も解決するのが大変困難でかなりの時間を要するが、どちらも解決への取り組みが急務のものである。そのため、一方を解決させてからもう一方に取り組むというのでは遅すぎる。我々はどちらの問題にも目を向け取り組んでいかなくてはならないのである。

2011年、東日本大震災が起きた。その直後、世界各国から多くの救援物資や義援金が日本へと届けられた。そのなかには、アフリカなどの開発途上国からのものも含まれていた。彼らは厳しい暮らしにもかかわらず日本のために援助をしてくれた。先進国である日本が援助をされる側に回ったのである。他国を助ければ、他国に助けられるこ

---

1 ここでいうNGOとは、主に開発援助を行なっている団体のことを指しています。主に2種類あり、農村開発、教育、医療など実際に案件を実施するプロジェクト型NGOと、政策提言などを得意とするアドボカシー型NGOです。

2 日本では開発NGOの数は増加しているものの、財政的基盤が脆弱な団体が多いようです。

ともある。世界はつながっている。そのようななかでまだまだ援助は必要とされているが、ただ単に「援助」ということではなく、これからはいかに互いに「協力」しあっていけるかが重要なのだと気づかされた。

　南北問題はこの先の数年で解決するような問題ではない。何十年、もしかすると何百年と解決に向けた継続的な努力・取り組みが必要になる。また開発途上国が単に経済的に成長すればいいというわけでもない。環境問題も深刻になっている昨今、環境への十分な配慮も重要となる。そしてそれぞれの国がそれぞれに持つ文化も守らなければ、その国が真に発展したとは言えないだろう。この真の発展を遂げるためにはまず、1人でも多くの人間がこれらの問題に対して興味・関心を抱き、理解を深めていくことが何よりも重要ではないだろうか。

　大学でも国際協力や開発援助に関する授業は増えている。しかし、学生みんながみんなそういった授業に関心を示すかと言えばそうではない。NGOや青年海外協力隊の途上国での活躍・取り組みが注目されるようにはなったが、実際にどの国でどのような成果を残したのかを実際には知らないという者も少なくないだろう。

　やはりまだ、南北問題はどこか遠い国の話と感じてしまうのも無理はないし、このような地球規模の問題について自分たちも当事者であるとの意識を持つのは難しいかもしれない。しかし、私たちは現実に今同じ地球上に存在しているし、世界規模で相互依存が進んでいるなかで私たちの暮らしにも関係している問題であることは間違いないのである。確かに距離的にも文化的にも遠い国もあるが、まずはその国のことを理解することからでも始めなければならないし、私たちもこの問題の当事者であるとの認識を持たなければならない。今後ますます開発教育というものが重要さを増してくると私は考える。

　各年代に向け、各年代に見合った開発教育をさらに強化する必要がある。そのためにも、教育機関での開発教育のさらなる充実や、政府によるより積極的な広報活動が重要となるだろう。そして、NGOの開発教育への取り組みが大きな役割を果たすのではないかと私は考え

る。現在もNGOの活動が日本の開発教育に大きく寄与しており、今後もその役割を担う存在となるだろうことは間違いない。

　そこで、日本のNGOが開発教育においてどのような取り組みを行ない、どのような成果が見られたのか、NGOや教育機関への訪問取材などを通して研究していきたい。特に、当事者意識という観点から、地域からの開発教育に取り組むNGOに重点を置きたいと考えている。「ローカルからグローバルへ」というアプローチがどのように実践されているのかを確かめたい。また、日本のこれまでの開発教育への取り組みを辿り、問題点を考えることで、これからの取り組みに向けて何が必要となるのかを考えてみたい。さらに、日本よりも早くに取り組みが開始された外国のNGOの開発教育について、日本のそれと比較しつつ、新たな開発教育の可能性について考察したい。また海外青年協力隊のOB・OGの開発途上国での経験をよりいっそう活かすことが今後の日本の開発教育に大きく寄与するのではないかと私は考えている。そのため、その面においても訪問取材を通して調査・研究したい。*3*

3　国際開発について学びたい方は、下記の参考文献を読むとよいでしょう。
　　・小浜裕久著『ODAの経済学』日本評論社、2013年
　　・外務省経済協力局編『わが国の政府開発援助』国際協力推進協会、2001年
　　・国際開発ジャーナル社編「特集　2014　援助激需　問われる日本の針路」『国際ジャーナル』656号、国際開発ジャーナル社、2014年
　　・国際協力機構編『mundi』国際協力機構、2013年〜
　　・渡辺利夫著『開発経済学』日本評論社、1996年
　　・渡辺利夫・三浦有史著『ODA（政府開発援助）』中公新書、2003年

Column 国際協力系大学院

開発学が学べる主な大学院は、主に下記の通りです。
- 東京外国語大学大学院総合国際学研究科国際協力専攻
- 東京大学大学院総合文化研究科国際社会科学専攻国際関係論コース
- 東京大学大学院総合文化研究科人間の安全保障プログラム
- 東京大学大学院新領域創成科学研究科国際協力論専攻
- 横浜国立大学大学院国際社会科学府・研究院
- 拓殖大学大学院国際協力学研究科
- 名古屋大学大学院国際開発研究科
- 神戸大学大学院国際協力研究科
- 国際基督教大学大学院行政学研究科
- 広島大学大学院国際協力研究科

試験科目は「研究計画書」の他に、「外国語(英語)」と「国際関係論」が一般的です。TOEFL® や TOEIC® の点数が一定以上の場合は「外国語」が免除されることもあります。「外国語」が英語の他にもう1つ課せられたり、卒論提出が課せられる場合がありますので注意してください。

国際関係論や国際協力学を学べる主要な大学院は下記の通りです。
- 慶應義塾大学大学院法学研究科政治学専攻
- 国際基督教大学大学院アーツ・サイエンス研究科(公共政策・社会研究専攻)
- 東洋英和女学院大学大学院国際協力研究科(夜間)
- 筑波大学大学院人文社会科学研究科国際公共政策専攻
- 一橋大学大学院社会学研究科

- 早稲田大学大学院アジア太平洋研究科
- 早稲田大学大学院社会科学研究科

　いずれの大学院の入学試験科目も「英語」と「国際関係論」「面接」が課されるのが一般的です。高い語学能力が要求されるほか、「国際関係論」の専門的知識は絶対に必要です。下記に主要文献を挙げますので志望者は参考にするとよいでしょう。

- 野林健・大芝亮・納家政嗣・山田敦・長尾悟著『国際政治経済学・入門』有斐閣アルマ、2007年
- 渡辺昭夫著『アジア・太平洋の国際関係と日本』東京大学出版会、1992年
- 高坂正堯著『国際政治―恐怖と希望』中公新書、1966年
- 高坂正堯著『現代の国際政治』講談社学術文庫、1989年
- 中西寛著『国際政治とは何か―地球社会における人間と秩序』中公新書、2003年
- 賀来弓月著『地球化時代の国際政治経済―情報通信化革命と運輸革命の衝撃』中公新書、1995年
- 中嶋嶺雄著『国際関係論―同時代への羅針盤』中公新書、1992年
- 武者小路公秀著『転換期の国際政治』岩波新書、1996年
- 藤原帰一・李鐘元・古城佳子・石田淳著『国際政治講座（全4巻）』東京大学出版会、2004年

青山学院大学大学院
国際政治経済学研究科
国際コミュニケーション専攻

T・T（45歳）

研究計画書を読むにあたって

　T・Tさんは東京にある大学の外国語学部日本語学科を卒業後、アメリカの大学を卒業しました。帰国してからは、都内の日本語学校で専任講師として教鞭を執っています。講師として働くうち、大学院に入って異文化・国際コミュニケーションを本格的に学んでみたいと考えるようになりました。この分野の大学院としては、都内では青山学院大学大学院と立教大学大学院が有名です。青山学院大学大学院は昼夜開講制、立教大学大学院は夜間開講制の大学院です。

研究テーマ
日本語学習者の教室内外におけるコミュニケーション意思について

出願動機

　日本語教師の職について15年になり、これまで日本を含む3カ国においてさまざまなニーズの学習者に日本語を教えてきた。現在は、進学希望者が多数占める日本語学校（2013年1月現在・●●名在籍）に専任講師として勤務している。具体的には、授業、シラバスや教材等の作成、成績管理、生活や進路指導などといった業務を行なっている。授業以外の業務が増えたことで学習者と接することも多くなり、

そこで気づいたのが学習者のコミュニケーション能力不足だった。それを機に、コミュニケーションを意識した教室活動を多く行なうようになったが、いくら教師がさまざまなアプローチで挑んだとしても、日本語の発話に対する学習者の態度や意欲は簡単には変化しなかった。変化しない学習者のコミュニケーションの行動や様子から、練習の場を提供しているにもかかわらず、なぜコミュニケーション能力が身につかないかを考えるようになり、自らの教室活動を振り返ることも増えた。私は今まで教師が意図的に設定する状況下で発言させよう、コミュニケーションさせようとしていた。しかし、それは教師側の話させたいという欲求であり、必ずしも学習者の話したいという欲求ではなかったのではないか。学習者が自発的に話したいという気持ちにならなければコミュニケーションは成立しない。そして、強いるコミュニケーションではなく、学習者が自発的に発するコミュニケーションとは何かを考えるようになった。

以上の体験から、改めて学習者の視点でコミュニケーションについて理論的に考えたいと考え、大学院での学びと研究を選択した。貴研究科を志望した理由は、日本語教育という制限された視点ではなく、第二言語教育という広い視点でコミュニケーションを捉えたかったことと、現在の職を続けながら研究したかったからである。

研究目的

日本語教育機関においても、教室をコミュニケーションの場と捉え、学習者中心の授業が繰り広げられている。しかし、学習者のなかにはそのような能動的授業形態を苦手にしたり、避けたりする者や、

> 1　T・Tさんは、都内の日本語学校で専任講師としてすでに10年以上のキャリアを積んでいます。実際の職務上から導き出されたテーマであるだけに、非常に説得力を持っています。

日本語母語話者との関わりや会話に消極的な者もいる。そのような学習者に対し、日本語学校卒業後の進学先で必要不可欠なコミュニケーション能力を育成するには、どのような対策や活動が考えられるのだろうか。

　学習者が常に受身姿勢で言語知識が不十分な場合、他者から開始されたコミュニケーションにはついていけなくても、自分主導のそれにはついていけることが多い。そのような学習者の場合、後者のような自発的な言語行動の積み重ねが、第二言語をどのような場面や状況でも話そうとする積極性につながっていくと考えられる。これまでの研究で、第二言語を学習する際の情意要因が、学習言語を話す量の抑制や消極性を生むことが指摘されている。このような視点に立てば、積極的なコミュニケーション行動の実現には学習者の不安などの負の情意要因を可能な限り軽減することが必要となる。そのためには、どのような場面や状況時に、不安を感じず話す行動を起こしやすいのかを把握する必要がある。日本語学習者を対象にした情意要因の研究はこれまでにも進められてきたが、場面や状況別（教室内外）での情意要因を比べた研究は少なく、また日本語学校に在籍する学習者を対象にした研究も十分だとは言えない。さらに、情意要因と日本語能力の関係性という視点からの考察も不十分である。

　そこで、本研究では、教室の内と外において学習者の情意要因はどのように変化し、その変化が学習者の日本語でコミュニケーションを取ろうとする意志にどのような影響を及ぼすのかを明らかにすることを目的とする。

研究方法

(1) 東京日本語センターに在籍する学習者を対象に質問紙調査を行なう

　尺度は、元田（2005）により作成された不安を測定するための「日本語不安尺度」を参考にする。

(2) (1)の質問紙調査の結果を踏まえて面接調査を行なう。

　面接対象者は、質問紙調査の結果から特徴ある対照的な者を抽出する。
(3) **日本語能力と学習者要因の相関性について検討する。**

　日本語能力は、日本語能力試験と日本留学試験の結果を利用する。

期待される成果

　日本語教育振興協会の調査によると、平成22年度中に国内の日本語教育機関を修了した3万877人のうち、2万1,978人（約7割）が大学などへ進学しており、大学などで学ぶ正規留学生の約6割が国内の日本語教育機関から入学している。その進学先からは留学生のコミュニケーション能力不足を問題視する声が聞かれる。実際、大学の授業科目を概観すると、多数の大学で日本語が留学生の必修科目となっている。以上のことから、進学希望者を抱える日本語学校の役割として、文法や語彙などの言語知識の提供はもちろん、大学学部などの生活が円滑に開始できるだけの基礎的コミュニケーション能力の育成も欠かせないだろう。[3]

　八島（2003）は、教室のなかでも外でも積極的に英語を使わないとコミュニケーション能力が育成されない。その結果自信がつかず、

---

[2] よく実現不可能なアンケート調査を盛り込む学生がいますが、T・Tさんの場合は実際に日本語学校で主任として働いていますので、調査は十分可能です。

[3] 現実的な問題をしっかり述べています。日本語学校の受講者の大半は日本の大学に入学することを希望しており、このとき問題になるのが当然日本語能力です。日本語学校の主任としてのT・Tさんの最大の悩みも、大学入学希望者の外国人をいかにして日本の大学に入れるかだそうです。

コミュニケーションを図る意欲はさらに低下し習得は停滞する。教室においても、実際の異文化接触場面でも、この悪循環を断ち切ることがコミュニケーション能力の育成を目指すうえでの要であると述べている。その視点に立てば、その悪循環を断ち切るうえで欠かせない学習者の情意要因を研究し、知ることは、学習者のコミュニケーション能力を伸ばすうえで重要な一歩であると考える。

参考文献

・末田清子・抱井尚子・田崎勝也・猿橋順子編著『コミュニケーション研究法』ナカニシヤ出版、2011年
・八島智子著『外国語コミュニケーションの情意と動機』関西大学出版部、2004年
・八島智子「第二言語コミュニケーションと情意要因─「言語使用不安」と「積極的にコミュニケーションを図ろうとする態度」についての考察」関西大学教育研究機構編『関西大学外国語教育研究』第5号、2003年、pp.81-93

東洋大学大学院
福祉社会デザイン研究科
社会福祉学専攻

S・M（40歳）

研究計画書を読むにあたって

　S・Mさんは、放送大学教養部（生活と福祉）を卒業し、都内で重度心身障害者と重度知的障害者支援の仕事に15年にわたって携わってきました。大学院に進んで、知的障害者の支援を援助できる仕組みについて研究したいと考えています。

テーマ
東京都●●区における重度知的障害者のサポートシステムに関する研究

研究概要

　現在の障害者自立支援法では、重度知的障害者であっても地域で生活し続けていくことが求められている。重度知的障害者が地域で生活し続けていくためには、サポートしていく人や学校、団体などが一体となって地域におけるサポートシステムを構築していかなければならない。また、時には、本人にも地域生活をするうえで必要なスキルを身につけられるような訓練や支援が必要になってくる。しかし、現在の●●区には、そこまで踏み込んだ支援体制をトータルコーディネートする団体や人材はない。障害者本人を含めた支援体制をトータルでコーディネートし、サポートしていくシステムは、行政機関が中心になって構築すべきであるとの考えをもとに、その基本となるサポート

システムの構築に関する研究を行ないたい。

研究の目的

　●●区に住んでいる重度知的障害者（児）のための、生涯にわたりサポートしていくシステムを構築することを目的とする。

研究内容

　2005年10月に障害者自立支援法が成立し、翌年4月から段階的に施行され始め、徐々に、人々の間にも障害者の自立に対する意識が高まってきた。
　この「3障害（精神、身体、知的）一元化」の方針が採られたため、障害者施策では障害別の特徴や障害程度に合わせたサービス提供が困難になった。そのため、自分でサービス利用を選択できない重度知的障害者でさえ、一元化されたサービス内容から自分が必要としているサービスを選んで利用しなくてはならない状況になった。このことにより、結局、親や家族の都合により、サービス内容を選択して利用させているという現状を生んだ。これでは、本人本位のサービス利用にはなっていない。この状況の打開策と、生涯にわたってサポートできるシステムの構築を研究する。/1

/1　この「障害者自立支援法」の制度の狙いは、少子高齢化社会に向けて、障害に対する継続的な医療費の自己負担比率を5%から10%に倍増し、障害者の福祉サービスを一元化することで、保護するのではなく自立を促す支援に切り替えるところにあります。また同時に、国の財源負担の義務を課しています。

研究方法

(1) 障害者自立支援法　●●区の障害者施策のなかから、重度知的障害者が使えるサービスを抽出する。
(2) NPO法人、民間サービスの実態を調査し、そのなかから、重度知的障害者が利用できるもの、現に利用しているものを抽出する。
　　●●区内の重度知的障害者通所施設の利用者と家族に、利用しているサービスと利用したいサービスについてアンケート調査をする。
(3) 学齢期の知的障害児のサービス利用についてもアンケート調査を行なう。

　これらの調査をもとに、重度知的障害者の自立支援をサポートするシステムについて考察し、さらに、実現可能なサポートシステムを構築する。

期待される成果

　提案されたシステムの実践により、各サービス供給主体の連携とサービス内容の向上と標準化が期待される。
　また、このシステムをサービス提供者、NPO法人等と協働でより実践可能なシステムにつくり上げ、新システムとして成立させたい。

日本大学大学院
法学研究科
私法学（労働法）専攻

S・N（34歳）

研究計画書を読むにあたって

これまで教えてきた学院生のなかで、S・Nさんくらいの苦学生をあまり知りません。S・Nさんは定時制高校を卒業し、夜間の大学に通われ、さらに働きながら学ぶことのできる大学院で研究したいと考えました。勤労学生だからか、労働法、特に社会的弱者である若年者や障害者の雇用について研究したいと考えています。

研究計画書

具体的にいうと「雇用」がテーマである。通常、経営者や個人事業主ではない限り、民間・公務員ともに雇用されて、日々の生活を送っている労働者が少なくないはずである。私も民間会社に雇用されているが、私以外でも雇用者、または多様な雇用形態の人がこの日本国内には存在する。その労働者を客観的に観察し、どのような法的な問題が日常で起こりうるのか。労働法を研究する私にとってこの点が興味深い。研究成果が少なからず社会の役に立てば幸いである。

今回、民間に照準を絞って検討してみたいと思う。その際、カテゴリーがいくつかあるので具体的に申し上げたい。

それは、若年者雇用についてのアプローチである。さらに具体化すると、採用内定についてである。採用内定は、新規学卒者を対象に

したものと中途者を対象にしたものがある。そしてさらに余力があれば、若年者雇用と障害者雇用や、若年者雇用と外国人労働者雇用とが複合した場合はどうなのか検討してみたいと思う。この場合、公法的に解釈するのか、それとも私法的な解釈で足りるのか興味深いところである。

こうした研究をすることで実際に問題が生じたときに、どのような解決方法があるのか検討してみる。そうすることによって将来的に起こりうる問題に対して、解決する手がかりになればよいという趣旨である。その際、法解釈の手法もこの研究で得てみようと思う。

法解釈の手法を得るといっても容易なことではない。そこで基本になる採用内定の大日本印刷事件の評釈をじっくり読みながらさまざまな背景や経緯を押さえていく所存である。特に、解約権留保付・就労始期付労働契約説(大日本印刷事件)と解約権留保付・効力始期付労働契約説(電電公社近畿電通局事件)は押さえておく[2]。そして、指導教授の指導の下に研究を積み重ね、どんな些細なことでもつかみ取る姿勢で励む。その他にも、その関連で触れている裁判官や学者、実務家も念頭に置きながら研究を進める。

研究する者にとって忘れてはならないことがある。それは、たとえ問題が複雑になってもわかりやすく論ずることである。わかりやすく論じて読者に伝わって初めて、研究成果を得るものだと考えている。

---

[1] 「若年者の雇用問題」を研究テーマにすると明確に述べています。

[2] 雇用問題に関する係争事例を具体的に挙げています。

巻末付録

人気大学院合格者
ホンネの合格体験記

自分の経験をベースにした研究計画書は読み手に響く

早稲田大学大学院商学研究科
専門職学位課程ビジネス専攻 2012年入学
Y・M(30歳)

大学卒業後、公認会計士試験に合格、監査法人に勤務。2013年11月に金融会社に転職し現在に至る。

①大学院を目指したきっかけ

　大学卒業後は監査法人で働いていました。業界の特性なのかもしれませんが、非常に狭いんですよね。長い間働いていると、業務内容や触れ合う人も決まってくるところがあって。このままずっとここにいて、得られるものが限られてくるんじゃないかという危機感がありました。もともと大学時代からMBAをとってみたいと思っていたことあり、もうちょっと広く経験を積もうと、大学院に進学することを決めました。特に、ふだんの実務家の学生や教授の方と触れ合うことで、いろいろ得られるものがあるのではないかと思っていました。

②入学準備のスケジュール

　2011年の夏から準備を始めました。その年の秋が試験だったので、2、3カ月ほどしか準備期間がありませんでした。公認会計士試験を受けた際に論文を大量に書いていたので、それが活きたのかもしれません。

③計画書で苦労したこと

　CSR（企業の社会的責任）活動を積極的に行なっている会社の財務は、そうでない会社と比べてどのような特徴があるのか、ということをテーマに研究計画書を書きました。先行研究を読んでもCSRの定義をあまり明確にしていないもの

が多く、まとめるのに苦労しました。「自分だったらこう考える」という仮説をベースにして、自分の業務経験を持ち出して何とか書き上げました。研究計画書は自分がこれまで経験したことを映し出すものでないと、なかなか読み手に響かないのではないでしょうか。また字数制限が厳しく、何度も書き直しました。

　研究計画書は履歴書みたいなものだと思うんです。その人の今までの集大成というか。内容もそうですし、日本語の使いまわしなど、その人の持っているものを表している部分があって。ふだんから新聞や雑誌を読み、自分の引き出しを増やすのが重要だと思います。

④会社・家族との関係

　大学院進学時、私は現場を統括するポジションにいたので、ある程度自分の仕事を自分で管理することができました。だから学業と仕事はなんとか両立できたと思います。逆に言うと、仕事を自分でコントロールできないと、両立は難しいかもしれませんね。

　監査法人に勤務していた頃は、前例がないということもあり、職場の理解はまったく得られませんでした。上司に報告した際、「お前は何を考えているんだ」という目で見られていたのを覚えています。業務に支障が出るほどではありませんでしたが。

　大学院に進学した2013年の秋に金融会社に転職したのですが、ここはMBAホルダーが多いため学業についてとても理解があります。まわりに大学院進学を経験した人が少ないと、職場の理解を得るのは難しいかもしれませんね。

⑤学費の工面

　前々から大学院に行こうとしていましたから、新卒の頃から少しずつ資金を貯めていました。いざ行こうと思ってもすぐ行けるものではありませんから、やはり準備は必要です。

他者の指摘を素直に受け、教授の著作を必ず読むべき

筑波大学大学院ビジネス科学研究科
経営システム科学専攻　2004年入学
F・H（27歳）

大学院卒業後、コンテンツビジネス会社を起業。慶應義塾大学大学院メディアデザイン研究科の客員所員なども兼務。

①大学院を目指したきっかけ

　2001年11月、勤務先会社のグループで新規事業会社が立ち上がり、出向することになりました。連日会社に泊まり込むような激務が続きましたが結局うまくいかず、立ち上げから1年半後には事業を縮小することが決まってしまいます。

　当時は経営陣の責任でこのような事態になったと思っていましたが、仮に自分が経営陣なら事業縮小せずに済んだだろうかと自問自答しても自分自身で納得できる答えを見つけられませんでした。そのときに初めて、自分は経営に関する理解が足らず、独自の見解を持っていないことに気づかされました。人のせいにして愚痴を言っているだけの自分に対して、非常に恥ずかしい気持ちになりました。そんなこともあって経営学の本を何冊か読んでいたら、その時の仕事に役立ちそうなフレームワークを見つけたんです。自分への恥ずかしい気持ちと、学問の面白さの発見。その2つがきっかけで、大学院で経営学を学ぶことに決めました。

②入学準備のスケジュール

　2003年の春に準備を開始し、半年後の秋試験に合格しました。

③計画書で苦労したこと

　本を読むのはもともと好きで文章も書けるほうだと思い込んでいたのですが、

大学院予備校の添削では当初あまりいい評価を得ることができませんでした。社説200字要約（p.22）を続けて、少しずつ文章力を身につけていきました。文章力上達のためには数をこなさなければなりません。

　説得力のある研究計画書を書くためには、他者から客観的にダメ出しを受けることが重要です。そのために大学院予備校だけでなく3名の大学院合格者にも研究計画書にコメントをいただきました。そのダメ出しを素直に受け入れることも大事なことです。私的に勉強会などを開いていたのですが、優秀な人ほど他者の意見を素直に受け入れる傾向があると思います。

　他には、行きたい大学院の教授について前もって調べておくことも不可欠。志望する大学院の教授陣の中で自分の研究テーマと合いそうな先生を事前に選んでおいて、その教授の研究内容と自分の研究テーマの間に親和性が出るように研究計画書を調整するのです。参考文献欄に教授の著作を加えるなどして、研究内容について知っていることをアピールするのも必須。教授側も、自分の研究内容を知らない学生を指導するのは不安に思うでしょう。

④会社への報告

　私はそうではありませんでしたが、働きながら通学すると、職場の上司や同僚など、いろいろな人に足を引っ張られると聞いたことがあります。そうならないためにも、業務内容と研究テーマを結びつけ、大学院に行く正当な理由を主張できるようにしておくといいと思います。会社に報告する際は、大学院に行く理由をストレートに伝えることが大事です。私の場合、上司は新規事業立ち上げの際に苦労を共にした間柄なので、私がなぜ勉強したいと思うのか事前に理解してくださっていたようで、すんなり報告できました。上司に理解があったとしても、どうしてもよく思わない同僚がいます。大学院に通っている間、職場で直接苦言を呈されたことはありませんが、なんであいつだけ学校に通っているんだと思われているなと勝手に感じていました。

⑤学費の工面

　学費は当時付き合っていた彼女（妻）が貸してくれました。銀行から借りるぐらいなら私が貸すということになって。他に奨学金も受けました。

研究計画書の段階では明確な結論がなくてもいい

筑波大学大学院ビジネス科学研究科
企業法学専攻　2013年入学
I・K（44歳）

立教大学卒業後、社会人経験を積んだのち実家の税理士事務所に就職。働きながら大学院に通っている。

①大学院を目指したきっかけ

　10年以上、税理士事務所に勤務しています。法律が関わる問題については独学に限界を感じていました。特に課税庁との間で法律の見解について相違が起こったときは、信義則を問われないようにするためか、問題の所在を明言してくれないことが多々あります。そのようなケースについて知り合いの税理士の方などに聞くと「それは大学院に行って学ぶのがよい」と口々におっしゃいます。もともと勉強が好きであり、税理士試験にも有利なので、思い切って大学院に入学することを決意しました。

②入学準備のスケジュール

　2012年の9月に大学院予備校に入って勉強を始め、翌年2013年2月の春入試を受験しました。年明けになってやっと志望校を決めましたが合格できました。小論文が好きだったため、それが多少有利に働いたのかと思います。

③計画書で苦労したこと

　業務に直結するテーマだったため、問題意識はすでに持っていました。ですがどういう形で問題にアプローチして、どういう仮説を導くか、雲をつかむような話で非常に苦労しましたね。大学院予備校の先生に「研究計画書の時点では

結論は要求しない」と言われ、多少気が楽になりました。「間違ってもいいんだ」くらいの気持ちで作成していいのだと思います。

　研究計画書をもとに行なわれる面接ではかなり鋭い質問をされるので、どのような返答をしておくかをある程度事前に考えておくとよいと思います。たとえば、わからない部分について聞かれても「わからないので、それを大学院で学ぶつもりです」と返すなどです。

④会社・家族との関係

　父親の税理士事務所で働いているということもあり、職場の理解は得やすかったと思います。逆に大学院に通っていようと関係なく、時期によっては忙しくなることもあります。そういった場合は授業のない平日を仕事に充て、土日の勉強時間を増やしてカバーするよう工夫をしています。私の場合、職場から大学院まで非常に近く、通いやすくて助かりました。大学院選びという意味では、職場と大学院との距離は重要なポイントです。

　また家族の理解を得ることも大事です。子どもの運動会なども、朝だけ顔を出してそのまま大学院へ行く、ということがどうしても起きてしまいます。ただ妻も僕の勉強好きな性格は知っているので、ある程度了承は得やすかったのかなと。

　一方、親が勉強している姿を子どもに見せるということは、非常に意味のあることだと思っています。そういう観点でも、大学院に通う意味はあるのではないでしょうか。

⑤学費の工面

　国立の大学院なので私大よりは安いということはあったものの、それでも年間で50万円以上かかります。私の場合は、入学前にもともと定期預金をしていたので、そちらを充てることで工面しました。働きながら通っているので、事前に貯めた分だけでなく入学後も学費用の定期預金を積み立てています。どうしても普通預金だと他の用途に使ってしまいがちなので……。

とにかく添削を繰り返すのが文章力上達の王道で近道

立教大学大学院ビジネスデザイン研究科
ビジネスデザイン専攻　2013年入学
N・S（56歳）

メーカー勤務中に早期退職制度を利用し、辞職。現在は、前職の上司が経営する人材派遣会社に勤務。

①大学院を目指したきっかけ

　もともと30代の頃からずっと勉強したいと思っていました。その頃の上司は他社からの転職組で、たえず社内で勉強会を開くような方でした。勉強する文化があまりなかった職場に勉強を持ち込まれて、知的好奇心にあてられました。起業した会社の先輩からも、人脈づくりと勉強の2つは続けるよう言われていたので、「仕事が忙しいだけの生活でいいのか」「何か忘れていないか」という思いが常に心のどこかにありました。

　そのような状況のなか、2012年に勤務先で経営危機があり、希望退職者を募集するという話になりました。このようなことは社史上ほとんどなかったことだけに、とても衝撃を受けました。ちょうど地方勤務から東京に戻っていたこともあり、これを機に会社を辞めて大学院に進学しようか考えるようになりました。まわりは「会社を辞めるなんてとんでもない」と止めることが多かったのですが、アーティストの友人が「君はもう十分仕事をしたんだから、勉強したらいいじゃないか」と言ってくれて、長年勤務をした会社を辞めることを決意しました。

②入学準備のスケジュール

　会社を辞めた2012年の12月から準備を始め、翌2013年2月の春入試を

受けました。実質3カ月ほどですが、会社を辞めていて勉強に集中できたこともあり、無事合格できました。

③計画書で苦労したこと

　文章を書くことそのものが大変でした。文章を手書きで書くことから離れていたので、漢字が思い出せなくて歯がゆい思いをすることもありました。会社で日報などの社内文書を作成することはあっても、パターンが決まっているため、研究計画書や小論文には役に立ちません。文章に慣れるためには、ひたすら書いては添削の繰り返ししかないと思います。私は地方から東京に戻ってきたばかりで見てもらう相手がいなかったので、大学院予備校で添削を受けました。

④会社・家族との関係

　大学院入学とほぼ時を同じくして新しい会社に入りました。職場の理解はいただいていると思います。経営陣が前職の上司だったこともプラスに働いていると思います。ただ経営陣以外の方は、私が大学院に通いながら働いていることは知りません。

⑤学費の工面

　前職の退職金もあり、特に問題なく準備できたと思います。学校の奨学金も受けています。

　学費以外の出費が予想外に多いということは知っておいたほうがいいと思います。大学院の研究で関東以外に住んでいる方にヒアリングをするのですが、旅費や宿泊費、手土産代などはもちろん自腹です。あと書籍代が馬鹿にならない。授業で使う指定図書が古本でしか手に入らないという場合は特に高額になりがちです。年間何十万という単位で見ておいたほうがいいと思います。

問題意識が明確なら研究計画書は一晩で書ける

慶應義塾大学大学院経営管理研究科
経営管理専攻　2013年入学
A・Y（51歳）

大学卒業後、流通小売業、製造業、飲食業など8社に在籍。8社目の製造小売業のとき51歳で辞め、大学院に進学。

①大学院を目指したきっかけ

　私は約30年間にわたって流通業に関わってきました。大学院を意識したのは製造小売業で営業をしていたときです。当時は、自社店舗以外に製品を卸売販売し始めた頃でした。顧客である飲食店や卸店などからさまざまな商品開発の依頼を受けるのですが、当時の自社工場は従来通りにしか生産をしようとしない。効率は悪く、原材料費にコストをかけられない。結果として顧客の要求を満たすことができず、商品が採用されない日々が続きました。しかし、現状の乏しい知識では会社を説得することができず、どうすることもできない。この頃から、もっと勉強しなければならないという問題意識を強く持ち始めました。

　そんな中、たまたま自己啓発の一環として参加していた慶應義塾大学大学院にある社会人講座の授業中に、「自分が求めているものはこれだ！」と閃いて、大学院に入って本格的に学ぶことを決意しました。

②入学準備のスケジュール

　2012年8月末日に会社を辞め、翌9月から予備校に入って準備を始めました。最初は翌年2013年2月の春期募集に焦点を当てていたのですが、予備校の先生の勧めで1カ月後の秋期募集を受けたところ、運よく合格できました。

　ふだんから会議の議事録をすすんで書いていたり、業務日報を欠かさない会

社に在籍していた経験があることから、文章を手短にまとめることに慣れていたのが幸いし、論文は乗り越えられました。むしろ私の場合は英語が問題だったので、毎日英字新聞を2紙購読し、とにかく英語に慣れようと努力しました。

③計画書で苦労したこと

　入学調書（研究計画書）は意外にスムーズに書けました。長年携わってきた流通業界に関することを研究テーマに設定。これまでずっと培っていた問題意識をそのまま形にしただけだったので、一晩で書き上げることができました。

④会社・家族との関係

　会社を辞める際、自分の気持ちをしっかり伝えたので、上司には納得していただけたのではないかと思います。私には70歳まで働くという目標があるのですが、普通の会社は65歳で定年のため、目標を実現するには新しくキャリアを形成する必要があったのです。当時の年齢は51歳。「これが最初で最後のチャンス」だと上司を説得しました。会社に辞意を伝える際は、何より大学院に行く理由をきちんと言わなければダメだと思います。

　退職の際は、会社の早期退職制度を利用しました。この制度を利用するには7月と1月のどちらかに申請しなければならないのですが、1月に合格を待ってから辞めると仕事の繁忙期に当たってしまい、会社に迷惑がかかるという事情がありました。そこで、たとえ合格する前の退職だとしても、他の大学院と併願して受ければリスクは多少なりとも回避できると考え、7月に申請し8月末に退職しました。周囲のことも考え、退職は円満にすべきと思います。

⑤学費の工面

　退職金が多少なりとも入るので、それを原資に考えていましたが、予想以上に出費がかさみます。書籍代、飲み会代のほか、在学中何度か行われる自己負担の合宿もあり工面するのに一苦労です。

経験に基づく強くて明確な問題意識が合格の鍵

早稲田大学大学院公共経営研究科
専門職学位課程
公共経営学専攻　2008年入学
W・M（21歳）

大学卒業後、そのまま大学院に入学。現在は大手新聞社で首都圏の県庁担当記者として活躍中。

①大学院を目指したきっかけ

　もともと高校の頃から政治に興味がありました。膨れ上がる財政赤字など現代日本に大きな問題がたくさんあるというのに、自分は何もせずただ指をくわえて待っているだけではとても嫌だと常々思っていました。

　政治の現場を自分の目で見てみたいと思っていたなか、大学時代にちょっとしたご縁で複数の国会議員の下で3年間書生をさせてもらえることになりました。先生の車の運転手をし、先生の代理で会合に出席し、有権者宅に訪問して話を聞くなど、得難い経験をたくさんさせていただきました。もちろん選挙期間になれば、先生と自転車に乗って市内を遊説したり、駅でビラを配ったりなど、選挙も手伝いました。

　大学3年次に就職活動もしましたが、自分が将来何をやりたいか真剣に考え、政治家を志そうと大学院で政治や行政について専門的に学ぶことを決意しました。

②入学準備のスケジュール

　大学4年次の2007年4月に大学院を目指し、半年間の準備の末、その年の秋入試に合格することができました。

③計画書で苦労したこと

　大学院で学ぶ科目と自分の問題意識がどのようにつながるか明確にイメージできなかったので、具体的な研究計画を考える際に苦労しました。

　ただ自分の問題意識はとても明確だったので、少し自信はありました。早稲田大学大学院の公共経営研究科は実地研究を大事にする大学院です。3年間の書生経験で実際に目の当たりにした、地域間格差を何とかして解消したいという強い思いがあったので、この点は公共経営研究科に合っているのではないかと思っていました。

④会社・家族との関係

　専門職大学院ということもあり、1年間の学費が約200万円と高額で、両親に頼らなければなりませんでした。もともと勉強が好きではなかった僕が机に向かって黙々と勉強をしているのを見て、両親は「夢を追う息子のために」と学費を出してくれました。

⑤学費の工面

　奨学金も受け、アルバイトもしましたが、基本的に両親に頼りました。

　学費以外にも実費が予想以上にかかりました。フィールドワークが多く、旅費や宿泊費を合わせて1年間で50万円はかかったのではないでしょうか。書籍代も年間20万円と想像以上にかかりました。もちろんすべて自腹です。

税理士試験の科目免除を目指して税法を専攻

専修大学大学院法学研究科
公法学(税法)専攻　2013年入学
N・W(29歳)

玉川大学卒業後、歯科材料メーカー、専門学校を経て、大学院に進学。税理士で開業を目指している。

①大学院を目指したきっかけ

　僕の両祖父が会社を経営していたこともあり、将来は経営者になることを目指していました。新卒で入社した歯科用医療機器メーカーの勉強会で上司が簿記を教えてくださる機会があり、とても興味を持ったのがきっかけで、税理士資格を取得して独立しようと考えるようになりました。

　2年間通っていた会社を辞め、専門学校で税理士試験の勉強を始めました。合格に必要な5科目のうち2科目には合格しましたが、3年間もかかってしまいました。ある程度の年齢になると就職が難しいと聞き、それなら税法専攻で大学院を卒業して税理士試験の科目免除を受け、確実に合格しようと思ったのが大学院に入学するきっかけです。(注：税理士試験は「会計に属する科目」2科目中2科目と「税法に属する科目」9科目中3科目について合格基準に達すれば合格できる。また大学院で「税法に属する科目等」の研究で学位を授与され、かつ試験で「税法に属する科目」に1科目以上合格すれば、残りの「税法に関する科目」2科目分について免除を受けることができる)

②入学準備のスケジュール

　2012年8月に、専門学校の知り合いに大学院予備校を紹介してもらい、入りました。そこから準備を始め、翌2013年の春入試に合格しました。

③計画書で苦労したこと

　税理士試験で「税法に属する科目」の一部免除を受けるためには税法の研究をしなければならないのですが、最初に書いた私の研究計画書は政治学に寄った内容になってしまいました。面接官に「これでは修士論文が書けない」と言われてしまい、そこから急いで修正し、合格できました。これには苦労しましたね。

　そもそも自分の思っていることを文字で伝えることに難しさを感じました。理系出身であり、もともと国語力に自信がなかったので、意外にも、漢字の書き取りに苦労しました。大学院予備校に入り読書量が増えて改善されたと思います。今までほとんど読書をしていませんでしたから。

④会社・家族との関係

　会社を辞めて大学院に入ったので、特に困ることはありません。

⑤学費の工面

　独立志向がありましたので、大学時代からずっと貯金をしていました。メーカー勤務時代はもちろん、専門学校時代にもアルバイトで貯めていたので学費には特に困りませんでした。

経営の現場では得られない理論を学ぶ

早稲田大学大学院商学研究科
専門職学位課程ビジネス専攻 2012年入学
K・T（41歳）

外資系海運会社、外資系コンサルティングファームを経て、外資系3PLオフィスの取締役に就任。

①大学院を目指したきっかけ

　学生時代から好奇心は旺盛でしたが、社会人になってからより本を読むようになり、知的好奇心が芽生えて勉強したいと思うようになりました。仕事を長い間続けていると、慣れというか、仕事がワンパターン化してしまい、余裕が出てきたということも要因としてあったと思います。

　2009年に東京工業大学大学院の社会人向け講座「キャリアアップMOT」に参加したのが1つの契機です。研修と人脈づくりという理由から、サプライチェーンマネジメントについての授業に参加しました。講座には、実務家のみならずコンサルタントや学者など、日本でサプライチェーンに関わるあらゆる人たちが集まります。アカデミックの理論と実務、両方バランスよく経験されている教授にも会い、非常に知的好奇心を刺激されましたね。

　もっとアカデミックの知識を得たいという要求は日に日に強くなり、大学院への入学を志すようになりました。ちょうど業務に適したグローバル・マネジメント系のモジュールが早稲田大学大学院にあったので、入学を志望した次第です。

②入学準備のスケジュール

　2011年の5月頃に入学準備を始めました。その年の9月に入試を受けて合格しました。

③計画書で苦労したこと

　コンサルタントの業務でアウトプットを常に意識してきたからか、文章を書くことにそこまで苦労はありませんでした。ただ手書きに慣れるには少し時間がかかりましたね。

④会社・家族との関係

　特に会社からの理解で困ったことはありません。会社には言ってありますが、経営者ということもあり、ある程度時間はフレキシブルに調整できます。大学院と会社の距離も近くて幸いでした。

　家族からの理解も同様です。もともとの仕事が忙しいですから、大学院に通うようになったところであまり変化はありません。ただ子どもがまだ小さいので、授業がない日は意識して遊ぶようにしています。平日、特にレポートが集中する期末の時期はあまり構えなくなってしまうので。

⑤学費の工面

　貯金の取り崩しで工面できました。奨学金も受け、学生ローンも少しだけ利用しています。

おわりに

　これまで私が指導してきた元学院生で、大学院に進んだことを「無駄だった」とか、「役に立たなかった」として嘆いた方はただ1人もいませんでした。皆それなりに大学院生活に意義を見出しているように見受けました。人生は1回限りです。大学院に入りたいと思って躊躇している人にとっては、拙著を読むことによって合格の道筋が見えてくるはずです。皆さんの合格をお祈り申し上げます。

　拙著が読者にとって有益だとしたら、それは構成が非常に綿密に立てられているからだと思います。
　この本を担当されたのは、株式会社ダイヤモンド社書籍編集局の上村晃大氏です。その上村氏の助言と編集の冴えが、ひとえに拙著を引き立たせていると考えています。
　読者の視点に立って考えられた上村氏のレジュメに従って、私は原稿を書き進めてきました。思考過程や研究計画書作成のやり方を詳細に解説することによって、これまでの私自身の指導のあり方を振り返るいい機会になりました。ここに深く感謝申し上げます。
　最後に拙著を刊行することに対して大変ご尽力いただきました、株式会社ダイヤモンド社第三編集部編集長の和田史子様に対しても、心から御礼申し上げます。

2014年5月
工藤美知尋

[著者]
工藤美知尋（くどう・みちひろ）

1947年、山形県長井市に生まれる。山形県立長井高等学校を経て、1970年3月、日本大学法学部卒業。1972年3月、日本大学大学院法学研究科政治学専攻修士課程修了。1972～74年、オーストリア・ウィーン大学留学。1979年、東海大学大学院政治学研究科博士課程満期退学。1985年東海大学より政治学博士号を取得。博士論文は【日本海軍・太平洋戦争開戦原因論】。
日本大学法学部専任講師の後、1992年4月社会人入試・大学院のための本格的な予備校・青山IGC学院を設立、学院長に就任。社会人入試・大学院入試予備校の先駆者として多くの著作を手がける。社会人入試・大学院入試「小論文」の第一人者として、社会人の圧倒的な支持を得ている。また日本海軍研究、日外外交史研究の研究者としても著名。日本ウェルネススポーツ大学教授。

大学院に合格できる！
研究計画書　書き方実践講座

2014年5月22日　第1刷発行
2025年6月13日　第5刷発行

著　者──工藤美知尋
発行所──ダイヤモンド社
　　　　　〒150-8409　東京都渋谷区神宮前6-12-17
　　　　　https://www.diamond.co.jp/
　　　　　電話／03・5778・7233（編集）　03・5778・7240（販売）

カバーデザイン──重原隆（ソラノマド）
装丁画像──ⒸUmberto Shtanzman, ⒸGuru 3D
本文デザイン──玉造能之（デジカル）
DTP・製作進行──ダイヤモンド・グラフィック社
印刷────勇進印刷（本文）・新藤慶昌堂（カバー）
製本────本間製本
編集担当──上村晃大

Ⓒ2014 Michihiro Kudo
ISBN 978-4-478-02764-6

落丁・乱丁本はお手数ですが小社営業局宛にお送りください。送料小社負担にてお取替えいたします。但し、古書店で購入されたものについてはお取替えできません。
無断転載・複製を禁ず
Printed in Japan

大好評！グロービスMBAシリーズ

改訂3版 グロービス MBAマネジメント・ブック グロービス経営大学院 編著

改訂3版 グロービス MBAアカウンティング 西山 茂 監修／グロービス経営大学院 編著

改訂3版 グロービス MBAマーケティング グロービス経営大学院 編著

新版 MBAビジネスプラン グロービス経営大学院 著

MBA経営戦略 グロービス・マネジメント・インスティテュート 編

新版 グロービス MBAファイナンス グロービス経営大学院 編著

MBAゲーム理論 鈴木 一功 監修／グロービス・マネジメント・インスティテュート 編

新版 グロービス MBAクリティカル・シンキング グロービス・マネジメント・インスティテュート 編

グロービス MBAクリティカル・シンキング コミュニケーション編 グロービス経営大学院 著

MBAオペレーション戦略 遠藤 功 監修／グロービス・マネジメント・インスティテュート 編

MBA定量分析と意思決定 嶋田 毅 監修／グロービス・マネジメント・インスティテュート 編著

新版 グロービス MBAリーダーシップ グロービス経営大学院 編著

グロービス MBA組織と人材マネジメント 佐藤 剛 監修／グロービス経営大学院 著

グロービス MBA事業開発マネジメント 堀 義人 監修／グロービス経営大学院 編著

グロービス MBAビジネス・ライティング 嶋田 毅 監修／グロービス経営大学院 著

グロービス MBA事業戦略 相葉 宏二／グロービス経営大学院 編

ダイヤモンド社